| 多维人文学术研究丛书 |

语义整合研究
篇章语义多维度系统分析

周小成 | 著

中国书籍出版社
China Book Press

图书在版编目（CIP）数据

语义整合研究：篇章语义多维度系统分析/周小成著.—北京：中国书籍出版社，2020.1
ISBN 978-7-5068-7713-8

Ⅰ.①语… Ⅱ.①周… Ⅲ.①语义学—研究 Ⅳ.①H030

中国版本图书馆 CIP 数据核字（2019）第 290898 号

语义整合研究：篇章语义多维度系统分析

周小成 著

责任编辑	刘舒婷 李田燕
责任印制	孙马飞 马 芝
封面设计	中联华文
出版发行	中国书籍出版社
地　　址	北京市丰台区三路居路 97 号（邮编：100073）
电　　话	（010）52257143（总编室）　（010）52257140（发行部）
电子邮箱	eo@chinabp.com.cn
经　　销	全国新华书店
印　　刷	三河市华东印刷有限公司
开　　本	710 毫米×1000 毫米　1/16
字　　数	235 千字
印　　张	17
版　　次	2020 年 1 月第 1 版　2020 年 1 月第 1 次印刷
书　　号	ISBN 978-7-5068-7713-8
定　　价	95.00 元

版权所有　翻印必究

目 录
CONTENTS

绪 论 ·· 1
 0.1 本书的现实性 ·· 1
 0.2 本书的研究对象、目的、任务、方法 ······························ 4
 0.3 本书的理论和实践价值 ··· 5
 0.4 本书的新意 ··· 6
 0.5 本书的理论基础和材料来源 ·· 7

第1章 篇章语义整合系统分析理论 ·· 8
 1.1 篇章语义分析方法论 ·· 8
 1.2 篇章语义整合分析 ··· 10
  1.2.1 篇章整体性 ·· 10
  1.2.2 篇章多维空间语义场 ··· 11
  1.2.3 篇章语义整合 ··· 12
 1.3 语言单位多层级体系 ·· 15
  1.3.1 语言单位 ·· 15
  1.3.2 语言单位层级 ··· 18
  1.3.3 语言单位层面（стратум）······························· 24

1.3.4　语言单位多层级体系 ……………………………………… 28
1.4　**篇章语义整合系统分析理论** ………………………………………… 29
　　1.4.1　篇章的符号性 …………………………………………… 29
　　1.4.2　语言符号表义单位与篇章语义整合分析的关系 ………… 31
　　1.4.3　语言符号多层级体系与篇章语义整合分析的关系 ……… 37
　　1.4.4　篇章语义整合系统分析理论 …………………………… 38

第 2 章　篇章语义整合的语音分析 …………………………………… 41

2.1　**语音与篇章** …………………………………………………………… 41
　　2.1.1　篇章语义内容和信息与语音物质形式的有机统一 ……… 41
　　2.1.2　篇章语音意义 …………………………………………… 42
　　2.1.3　产生篇章语音意义的典型形式 …………………………… 46
2.2　**篇章语义语音整合** …………………………………………………… 50
　　2.2.1　篇章语义语音整合 ………………………………………… 50
　　2.2.2　篇章语义语音整合的生成机制 …………………………… 51
　　2.2.3　篇章语义语音整合的生成类型 …………………………… 53
　　2.2.4　篇章语义语音整合的功能 ………………………………… 55
　　2.2.5　篇章音型 ………………………………………………… 56
　　2.2.6　篇章语义语音整合的效应 ………………………………… 58

第 3 章　篇章语义整合的形素分析 …………………………………… 63

3.1　**形素与篇章** …………………………………………………………… 63
　　3.1.1　词素的功能和分类 ………………………………………… 63
　　3.1.2　词缀与篇章 ……………………………………………… 64
　　3.1.3　具有篇章功能的形素分类 ………………………………… 67
3.2　**篇章语义形素整合** …………………………………………………… 68
　　3.2.1　篇章语义形素整合 ………………………………………… 68

3.2.2 篇章语义形素整合的生成机制 ………………………… 70
3.2.3 篇章语义形素整合的生成类型 ………………………… 71
3.2.4 篇章语义形素整合的功能 …………………………… 72
3.2.5 篇章语义形素整合的关系 …………………………… 73
3.2.6 篇章语义形素整合的效应 …………………………… 74

第4章 篇章语义整合的词分析 ……………………………… 78
4.1 词与篇章 …………………………………………… 78
4.1.1 词及其功能与分类 …………………………………… 78
4.1.2 词与篇章 ……………………………………………… 80
4.1.3 篇章中词的分类 ……………………………………… 82
4.2 篇章语义词整合 …………………………………… 84
4.2.1 篇章语义词整合 ……………………………………… 84
4.2.2 篇章语义词整合的生成机制 ………………………… 85
4.2.3 篇章语义词整合的生成类型 ………………………… 89
4.2.4 篇章语义词整合的功能 ……………………………… 95
4.2.5 篇章语义词整合的关系 ……………………………… 95
4.2.6 篇章语义词整合的场效应 …………………………… 100

第5章 篇章语义整合的句素分析 …………………………… 106
5.1 句素与篇章 ………………………………………… 106
5.1.1 句素及其功能与分类 ………………………………… 106
5.1.2 句素与篇章 …………………………………………… 108
5.1.3 篇章句素分析的内容 ………………………………… 110
5.2 篇章语义句素整合 ………………………………… 112
5.2.1 篇章语义句素整合 …………………………………… 112
5.2.2 篇章语义句素整合的生成机制 ……………………… 116

5.2.3　篇章语义句素整合的类型 …………………………… 118
　　5.2.4　篇章语义句素整合的功能 …………………………… 122
　　5.2.5　篇章语义句素整合的序模关系 ……………………… 123
　　5.2.6　篇章语义句素整合的效应 …………………………… 126

第6章　篇章语义整合的语句分析 …………………………… 130
6.1　语句与篇章 ……………………………………………… 130
　　6.1.1　语句及其功能与分类 ………………………………… 130
　　6.1.2　语句与篇章 …………………………………………… 132
　　6.1.3　篇章中语句的分类 …………………………………… 133
6.2　篇章语义语句整合 ……………………………………… 134
　　6.2.1　篇章语义语句整合 …………………………………… 134
　　6.2.2　篇章语义语句整合的生成机制 ……………………… 141
　　6.2.3　篇章语义语句整合的生成类型 ……………………… 144
　　6.2.4　篇章语义语句整合的功能 …………………………… 147
　　6.2.5　篇章语义语句整合的关系 …………………………… 150
　　6.2.6　篇章语义语句整合的场效应 ………………………… 153

第7章　篇章语义整合的篇素分析 …………………………… 160
7.1　篇素与篇章 ……………………………………………… 160
　　7.1.1　篇素及其功能 ………………………………………… 160
　　7.1.2　篇素与篇章 …………………………………………… 163
　　7.1.3　篇素的分类 …………………………………………… 167
7.2　篇章语义篇素整合 ……………………………………… 168
　　7.2.1　篇章语义篇素整合 …………………………………… 168
　　7.2.2　篇章语义篇素整合的生成机制 ……………………… 173
　　7.2.3　篇章语义篇素整合的生成类型 ……………………… 174

7.2.4　篇章语义篇素整合的功能 ·· 175
　　7.2.5　篇章语义篇素整合的关系 ·· 177
　　7.2.6　篇章语义篇素整合的场效应 ··· 181

第8章　篇章语义整合的多层级分析 ··· 185
8.1　篇章 ·· 185
　　8.1.1　篇章及其功能 ·· 185
　　8.1.2　篇章与语篇 ··· 186
　　8.1.3　篇章的分类 ··· 187
8.2　篇章语义的场能量说 ·· 188
　　8.2.1　篇章词汇语义的场能量 ·· 188
　　8.2.2　篇章语义的场能量说 ··· 191
8.3　篇章语义多层级整合 ·· 193
　　8.3.1　篇章语义多层级整合 ··· 193
　　8.3.2　篇章语义多层级整合的生成机制 ···································· 202
　　8.3.3　篇章语义多层级整合的生成类型 ···································· 205
　　8.3.4　篇章语义多层级整合的功能 ··· 205
　　8.3.5　篇章语义多层级整合的关系 ··· 208
　　8.3.6　篇章语义多层级整合的场效应 ·· 210

第9章　篇际语义整合分析 ··· 213
9.1　篇际与篇章 ··· 213
　　9.1.1　篇际 ··· 213
　　9.1.2　篇际的本质 ··· 216
　　9.1.3　篇际的分类 ··· 219
　　9.1.4　篇际与篇章的关系 ·· 221

9.2 篇际语义整合 ·· 222
    9.2.1 篇际语义整合 ·· 222
    9.2.2 篇际语义整合的生成机制 ·· 224
    9.2.3 篇际语义整合的生成类型 ·· 225
    9.2.4 篇际语义整合的功能 ·· 226
    9.2.5 篇际语义整合的关系 ·· 237
    9.2.6 篇际语义整合的效应 ·· 240

结　语 ·· 243

参考文献 ·· 248

语料来源 ·· 259

绪 论

随着篇章语言学的发展和语言语义学越来越受到语言学家的重视,借助作为篇章表达平面的材料——语言单位分析篇章语义,逐渐成为篇章语言学家感兴趣的方法。无论从语言学的发展方向来看,还是从社会实践对语言学提出的历史要求来看,运用语言单位层级体系全面而系统地分析篇章语义,成为当前篇章语言学研究中一项需要解决的课题。

0.1 本书的现实性

篇章语义问题的提出,一方面是语言学本身向前发展的必然要求,另一方面也是社会实践对语言学提出的历史使命。

篇章语义是篇章语言学与语言语义学各自研究领域不断发展扩大的必然相交之处。虽然古老的语文学传统上就以篇章为出发点,旨在钩沉古义的文献学也积累了不少有关篇章的知识,但是真正意义上的篇章语言学在俄语界始于 20 世纪 40 年代末。到 20 世纪 70 年代末,篇章语言学主要集中在句法研究上,复杂句法整体和句际联系是这个时期的研究重点,有些语言学家开始关注复杂句法整体的结构、语义和交际的统一性。70 年代末至 80 年代,俄罗斯篇章语言学开始重点关注篇章全文,而不再重点关注作为语言句法单位的篇章片段,探讨的问题主要集中在篇章的一般结构、指称以及关联性上。有些语言学家开始关注篇章的整体性和篇章与语言的关系及篇章的组合与聚合研究。自20世纪90年代以来，随着认知、交际语言观作为新的语言学范式的进一步确立，篇章语言学开始重视和研究交际主体的心理、认知因素和社会、文化因素以及交际场合等语境因素对篇章生成和理解的影响，与篇章的生成和理解及语言交际相关的问题成为研究的主流话题。篇章的生成和理解及语言交际都离不开对篇章语义的分析。因而，篇章语言学也如同语言学的其他分支学科一样，走过了从重点研究语形（句法）结构过渡到研究语义和语用功能之路。对篇章语义的深入探讨既是篇章语言学对我们提出的时代要求，也构成了语言语义学一个必有的研究领域。

语言语义学可追溯至19世纪。但是，当时的语义学集中探讨词源和词汇的历史演变等问题，主要针对的是词汇的意义，绝非我们现在所理解的语言语义学。语言语义学达到今天这样如火如荼的研究局面，其间经历了一个长时间的孤寂期。在20世纪50年代以前，结构主义语言学一直独领风骚，人们无暇顾及语言意义的研究。但正如结构主义语言学家所认为的那样，意义只有通过结构才能认识。从客观上来讲，对语言形式结构的认识为研究语言意义做了理论准备。因而，当前语言学对语言意义、语言交际过程和语言运用等问题的重视，既是为了摆脱"结构主义语言学的危机"，也是语言学合乎自身发展规律的必由之路。

现在，语言教学中越来越重视交际能力的培养，篇章语言学为语言教学做出贡献责无旁贷。篇章是语言交际的基本单位。教学中的篇章语义分析，一方面有助于理解课文的语义内容，帮助学生获取课文的语义信息；另一方面有利于认识客观世界、提高个人道德素质和审美能力及培养高尚情操，也符合语言研究应服务于语言教学的要求。因而，探讨按照有利于语言教学的方法进行篇章语义分析，成为当前摆在篇章语言学工作者面前的一项重要任务。

我们在本书中提出篇章语义整合系统分析理论，既是从篇章系统性出发，又是从语言教学的角度出发。

现代系统论认为，对整体的认识是先从系统成分到结构，再到功能的思维过程；每一个系统都是更高层次系统的构成成分，而其本身也由更低一级的子系统构成；系统存在于特定的外部环境中，并通过与外部环境进行物质、信息、能量交换而保持生存平衡状态。

篇章具有典型的系统性特征。Гальперин И. Р. 认为："作为言语行为事实的篇章是系统性的。"（Гальперин 1981：18）

第一，篇章的系统性表现为篇章能指和所指的多层次性。篇章能指是由篇章结构和构成成分（语言材料、篇章载体等）所组成的表达平面。① 篇章所指是由篇章语义内容和语义信息构成的内容平面。篇章表达平面和内容平面的多层次性或多维性，构成篇章系统性的一个表现方面。篇章表达平面表现出篇章的组织原则，是内容和语言单位各自关系及其相互关系的系统。篇章内容平面表现出篇章语义具有明显的层级性。正如 Новиков А. И. 所认为的那样，篇章的内在形式（语义内容——本书作者注）具有自己的结构，结构元素处在特定的相互关系之中；这些关系可能具有不同的表现，层次关系就是一种。……这种层次关系也反映在篇章主题关系上。主要事物及其几个方面构成主题，反映主要事物特定方面的几个次要事物构成分主题，反映次要事物特定方面的更次要事物构成子主题或微主题。（Новиков 1983：80）

第二，作为语言使用结果和过程的篇章，必然体现出其构成质料——语言的层级性特点。Лотман Ю. М. 认为，篇章可以分解为次篇章（音位层次、语法层次等），其中每一个次篇章都可看作是独立组织的层次；层次内部和层次间的固定联系，给篇章赋予恒常特征，给篇章整体赋予确定性特征。篇章不是其构成成分的无序集合，篇章的构成成分及其相互之间都处在严格的附属关系之中，构成一个复杂的、有组织的、层级性的整体。（Чередниченко 2001：20）这些层次的表现，可以分解为语言单位的层次。因此，我们可把

---

① 语符学理论通常把符号分为表达平面和内容平面，而在表达平面和内容平面又各自分出实体和形式层次。篇章语言学认为，篇章也可分为表达平面和内容平面。篇章表达平面和内容平面也都有各自的实体和形式。

篇章看作由语言单位（音位、词素、词、句位、句子、篇位、语篇、语篇际）机制所形成的次篇章层级系统。

篇章系统性特征两个表现方面之间的关系，揭示了运用语言单位层级对篇章语义整合进行系统分析的可行性，这个语言单位层级中的大部分单位，如音位、词素、词、句子、语篇都是学生和教师所熟知的概念，也是我们多年来一贯注重的教学内容。运用语言单位层级分析篇章语义整合，有利于促进语言教学的篇章语义分析。篇章语义是一个多维空间语义场，运用语言单位层级分析篇章语义整合旨在尽可能地提供所有可能的方法，对篇章语义空间场的多维性进行多层面多角度分析，弄清由语义空间场能量产生的整合效应——对受话人的全方位影响。这说明了运用语言单位层级分析篇章语义整合的必要性。并且，正如 Каменская О. Л. 所言："把篇章看作含有低层级单位（如音位、词素等——本书作者注）篇章实现的完整系统，提供了揭示和描写这些单位未知特征的可能性。"（Коменская 1990：52）因此，运用语言单位层级对篇章语义整合进行系统分析，不仅在实践上而且在理论上都具有现实意义。

0.2 本书的研究对象、目的、任务、方法

本书的研究对象是篇章语义整合。众所周知，篇章语义是一个极其复杂的语言现象，几乎涉及人类社会所创造的一切物质文明和精神文明，以及千差万别、多姿多彩的个体意识世界。篇章的生成和理解都离不开对这些语义整合的分析。篇章语义具有多维结构。因而，学者们提出了多种不同的语义分析理论模式。例如，有人认为，篇章语义结构可分为所指层、心理层和价值层；也有人提出，所指、情感、意图、意蕴（денотация、модальность、интенция、сигнификация）四个层次构成篇章语义结构。研究目的的不同，就会产生不同的视角和理论模式。本书遵循有利于在语言教学中操作运用的宗

旨，探讨篇章语义整合这种复杂的人文现象，揭示篇章中可能的语义整合途径，为篇章语义分析提供可资利用的引导手段和方法。因而，本书的写作任务在于，探讨篇章对单个语言单位层次和多个语言单位层次构成的层级体系进行系统语义整合的概念、生成机制和类型、整合功能和关系及其整合效应。我们在本书中所提出的理论模式——篇章语义整合系统分析模式，旨在从语言单位的角度，给出分析篇章多维语义的系统方法。我们认为，每一个语言单位层次都按归并关系自成系统，所有语言单位层次按从属关系构成一个整体系统。因此，系统方法是本书的主要研究方法。

本书在分析篇章语义整合时，注重从语言交际和现实语言材料出发阐释所研究的语言现象，而不拘泥于语言理论的某些概念。因而，从语言交际的实践出发分析与阐释篇章语义整合，是本书所遵循的第二个方法论原则。另外，图示法、表格等也是本文所采用的方法。

0.3　本书的理论和实践价值

从理论上来讲，本书把语言看作语言系统、使用系统和言语的统一体，从语言交际、认知角度分析篇章对各个语言单位进行整合的概念和机制及类型、整合功能以及所产生的语义关系和效应，不仅有助于我们从语言实践的角度重新认识一些语言单位的特性和对语言单位进行重新分类，而且有助于我们依据有形且并不陌生的可靠手段——语言单位，做到有凭有据地有效把握无形的心理意识活动——篇章语义整合。

本书不仅解决俄语篇章分析的一个重要课题——篇章语义整合，而且提供在俄语教学实践中可直接运用的方法和材料，有利于外语教学改革和提高教学质量。

0.4 本书的新意

本书的新意主要表现在以下方面。

第一，语言单位在本书研究中所处的地位与语言单位在传统语言学中的地位不同，语言单位与篇章处在全新的关系之中。如果说传统上对语言单位的分析研究，大多只是从众多篇章之中发现和选取要说明的句子和小于句子的语言单位等材料，篇章只发挥一个语料库的作用，那么在本书中，语言单位是篇章生成和理解中的动态语言机制。如果把语言单位比作手段，那么篇章就是结果；如果把语言单位看作篇章表达平面的实体，那么篇章语义内容和信息就是篇章内容平面的实体。研究语言单位，是为了弄清篇章语义整合。语言单位是篇章系统或篇章交际系统中的语言活动机制，不能脱离篇章来谈语言单位，篇章是运用语言单位及其他非语言符号建构的思维现实。

第二，运用语言单位多层级体系全面分析篇章语义整合，揭示篇章整体性和篇章语义内容及信息，是我们的一次尝试。如果说诸如词素、词、句子等语言单位的篇章实现各自都有人做了一些探讨，而对句位等语言单位的篇章功能人们还重视不够，那么对于篇章语音整合和篇章全文的语义整合及篇际语义整合则涉及得更少。并且，各个语言单位在篇章中的实现，涉及面广，问题复杂，会产生许多新的研究课题，我们在这方面做了一些有益的探讨。例如，在篇章语义整合的语音分析一章，提出了篇章语音意义概念；在篇章语义整合的形素分析一章，提出形素篇章功能表现的新划分；在篇章语义整合的词分析一章，提出了篇章视野下词的分类，并对篇章词整合的语义空间场作了独到的阐释；在篇章语义整合的句素分析一章，探讨了篇章语义句素整合应涉及的内容；在篇章语义整合的语句分析一章，探讨了篇章语句命题语义的整合；在篇章语义整合的篇素分析一章，提出了篇素语义整合概念；在篇章语义整合的多层级分析一章，给出了一个运用多层次语言单位层级体系对篇章全文语义整合进行系统分析的理论框架和实例，提出了篇章语义的场能量说；在篇际语义整合分析一章，提出了作为语言活动机制的篇际概念的本质和类型划分，等等。

0.5 本书的理论基础和材料来源

贯穿全文的是作为语言活动机制的语言单位多层级体系理论。另外，本书还应用了普通语言学、篇章结构学、心理语言学、诗学、交际理论等多门学科的观点和材料，涉及的语料主要选自俄文书报杂志以及我国现行的俄语教材。在此对各位作者一并致谢。

第1章

篇章语义整合系统分析理论

篇章语义整合系统分析理论，是指尝试运用逻辑思维的现代整体观方法，把篇章整体性和篇章多维空间语义概念、篇章整合思想和语言符号在篇章中的表现有机结合，形成运用语言单位多层级体系进行篇章语义整合的系统分析理论。

1.1　篇章语义分析方法论

人类的文明思维史大致经历了古典的整体思维和近代分析、实证思维，进入了现代整体思维。现代整体思维观是在古典与近代思维的基础上产生的分析与综合相统一的整体思维。古典整体思维是概览森林，却未详考树木，只着眼于事物的共同性，从整体上作直观考察，常用类推逻辑；近代的分析、实证思维，其特征是详考树木，未整体把握森林，或把森林简单看作树木之和，着眼于专项研究，纵向深入；现代整体思维，则既详考树木，又概览森林，认为森林是树木的生态系统整合。现代整体思维观是一种在整体上有序的、动态的、部分与整体相互关联的思维方式，是定性分析与定量分析相结合的系统思维。

现代整体思维观，要求语言研究同时从微观和宏观上对部分（如音位、词、句子）和整体（如篇章）进行分析综合，在整体中研究部分，在整体的动态发展中考察部分，把整体看作部分的有机整合系统，通过部分间联系考察整体。因此，篇章语言学，应在篇章全文框架内研究各个语言单位，在篇章生成和理解中考察各个语言单位的功能，在表达篇章全文思想观念内容过程中分析篇章基本语义要素（общесемантический компонент текста）的整合，把篇章看作各个语言单位与篇章基本语义要素的有机整合系统，运用整合方法，借助各个语言单位与篇章基本语义要素间的联系探究篇章多维语义。

毫无疑问，篇章是一个复杂的人文现象。篇章语言学不仅研究具体的某一个篇章，而且探讨抽象的一般篇章即语篇，因为这种抽象构拟层的单位更接近事物的本质。篇章语言学在发展初期就已提出了关联性和整体性两个基本特征，但以往的研究大多集中在关联性或衔接性，而对整体性研究不够，"这与人们以往对整体性理解不够和把句法的路数延伸到篇章的纯粹章法学研究方法有关，也与把握篇章复杂的整体性难度相当大不无关系"。（华劭 2003：308~309）因此，为了全面、深刻地理解我们碰到的每一个具体篇章，尤其是为了揭示篇章深层意义，需要进行语义整合分析。作为复杂整体的篇章，不同于词素、词等其他语言单位，不等于各部分的简单相加。整体大于部分之和，这大出来的就是篇章整体性体现出的篇章基本语义要素。篇章语义分析，就应从认识篇章的整体性开始，以揭示篇章的总体意义为目的，对篇章语义进行整体综合分析，既要详细考察篇章基本语义要素，又不能离开篇章语境，进而把篇章基本语义要素及其表达手段（语言单位）放在篇章交际（篇际）的大语境中，采用定性分析与定量分析相结合方法，既从宏观又从微观把握研究对象，对篇章多维语义复杂现象进行系统分析。

篇章也是人运用语言进行交际的产物，语言是形成篇章的物质手段。语言与篇章之间的这种关系，决定了语言符号、语言单位、语言单位体系在篇章生成和理解中发挥着不可忽视的作用。仔细观察语言符号、语言单位及其体系在篇章中的表现，对于揭示篇章深层意义十分重要。因此，篇章语义整合系统分析应涉及篇章整体性、篇章多维空间语义、篇章整合、语言符号、语言单位、语言单位多层级体系和篇章的符号性等概念。

1.2 篇章语义整合分析

1.2.1 篇章整体性

整体性是结构的属性之一，结构也可以叫作一个整体、一个系统、一个集合。"各种结构都有自己的整体性，这个特点是不言而喻的。"（皮亚杰 1996：3）不仅词的语义有整体性，而且篇章及其单位也都有整体性。无论是抽象的语篇，还是具体的篇章，其根本的成篇性，或者说本质属性是整体性及其变化规律。整体大于部分之和，是许多结构的规律。"结构在整体上比部分之和大"就表现为整体性，篇章的整体性在于具有完整的共同意思。正如华劭先生所说："篇章及其结构单位的整体性主要体现在有了共同的意思上。它们可能是主题思想、内容上的观念信息、作者写作意图、价值取向甚至审美观点。"（华劭 2003：303）**Валгина Н. С.** 认为："篇章的整体性体现在主题、概念和情态的联系之中。"（Валгина 2003：43）因此，我们认为篇章整体性表现为篇章多维语义中的基本语义要素及其联系组合。它是通过篇章中所出现的各种语言单位及其组合表达的总体意义和总体意思。篇章全文的整体性制约其完整性（завершённость）。篇章全文整体性的特点在于依据说话人的意向性（интенциональность）而变化。篇章是人通过语言而控制的交际过程和产品。作者的意向性是决定篇章是否完整的主导因素。请看下例：

Происшествие на улице

Однажды один человек соскочил с трамвая, да так неудачно, что попал под автомобиль. Движение уличное остановилось, и милиционер принялся выяснять, как произошло несчастье. Шофер долго что-то объяснял, показывая пальцами на передние колеса автомобиля. Милиционер ощупал эти колеса и записал в книжечку название улицы. Вокруг собралась довольно многочисленная толпа. Какой-то человек с тусклыми глазами все время сваливался с тумбы. Какая-то дама все оглядывалась на другую даму, а та, в свою очередь, все оглядывалась на первую даму. Потом толпа разошлась и уличное движение восстановилось.

Гражданин с тусклыми глазами еще долго сваливался с тумбы, но наконец и он, отчаявшись, видно, утвердиться на тумбе, лег просто на тротуар. В это время какой-то человек, несший стул, со всего размаха угодил под трамвай. Опять пришел милиционер, опять собралась толпа и остановилось уличное движение. И гражданин с тусклыми глазами опять начал сваливаться с тумбы.

Ну, а потом опять все стало хорошо, и <u>даже Иван Семенович Карпов завернул в столовую.</u>（选自 Почепцов 2002：260）

这是一篇微型小说，初看似乎最后一句话与前面内容缺乏连贯，舍去该句话，篇章的结构才显得完整。实际上，这是作家 Хармс Д. 的一个幽默故事，其可笑之处正是由最后一句话的篇章功能引发。如果故事仅仅是叙述两个普通的交通事故，就可舍去最后一句话。但是，作家的写作意图绝非仅限于此。作家是要讽刺这样一种社会现象，即冷漠、麻木不仁、百无聊赖的看客充斥社会各阶层，连名流（Иван Семенович Карпов）也不例外。整体性对于篇章完整性的价值由此可见一斑。

1.2.2　篇章多维空间语义场

篇章整体性包含在篇章语义之中，而篇章语义是一个多维空间结构。因而，篇章整体性可以通过篇章多维空间语义场概念得到具体的揭示。

"篇章与空间具有同构性，反映了空间与篇章之间某种深层的有机联系，启示人们寻找它们之间初始的相同性。"（Топоров 1983：228）时空是物质世界的存在形式。精神世界是第二性的。人的认识是复杂的心理、思维过程。人的思维借助语言符号认识和反映世界。篇章是人认识世界的直接语言表达。篇章语义空间结构是人反映物质世界和精神世界的直接现实。无论自然界、人类社会，还是人的思维、情感等，都不是单线条的，而是多层次的开放系统。因此，篇章的语义空间具有多维性和复杂性。

叙事语法（如 Пропп В. Я. 的童话研究、法国结构主义）仅仅把篇章看作时间轴上的线性延伸。这是因为，叙事语法中语言符号实体并不重要，重要的是所指在概念意义上相互替换。童话的空间即时间，语音实体无音步和节奏，第一位的是所指关系。"篇章是个长句"是叙事语法篇章语义线性结构观的最好写照。

"篇章语义空间结构是双向的。一方面指篇章在时间上伸展，空间在这里理解为延伸性、长度；另一方面指本义上的空间，像整体性一样，是指总和一体地为人所感知的空间。"（Николаева 2000：415）篇章空间的思想认为，篇章所有成分从属于共现和前后递现关系。共现性空间，虽然在一定意义上是非连续的，但不是编码符号离散性意义上的离散空间。因而，我们认为篇章空间不是如法国结构主义符号学的叙事语法所描写的线性，而是多维空间语义场。

掌握篇章整体性，把握篇章多维空间语义场，要通过篇章语义整合分析实现。

1.2.3　篇章语义整合

整合（integration；интеграция）首先是一个动词。《辞海》对整合的解释是："整理、组合，如整合各方力量。"整合的主要含义包括综合、融合、集成等。整合一词的英文术语是 Integration，它来自 Integer 这一词根。Integer 来自拉丁语的词根 in（内部）和 tangere（联系）。据查，最早将"整合"作为专门术语使用的是英国哲学家**赫伯特·斯宾塞**。他在《第一原理》（1862年）中阐述进化哲学时创用了"整合"（integration）这一术语，以后逐步演变为生物学、生理学、心理学、人类学、社会学、物理学、数学、哲学等多学科共用的专业术语。在哲学意义上，整合是指事物的若干相关部分或因素在系统整体性及其系统核心的统摄、凝聚作用下重新组合为一个统一整体的建构、序化过程。整合是创新的源泉。它揭示事物自身的内在机制，是从事物自身出发，着眼于自身及其各个部分或因素，最终落脚于事物自身的存在和发展变化，强调事物内部相互联系、融合为一个整体或一体化。整合是我们一般的思维方式和行为方式。

语言学家是如何解释整合术语的呢？

英国牛津大学语言学教授**罗伊·哈里斯（Roy Harris）**等学者提出的整合语言学（integrational linguistics），自20世纪80年代以来，在西方语言学界产生了较大的影响。

语言整合的基本原理是，人的大脑有一种能够整合宏观社会性（macro-social）和生物机械性（biomechanical）及外界环境中各种不同活动行为的能力，从而使人们创造出了各种类型的符号。整合语言学一个重要的研究内容是，普通语言使用者对语言现象的概念化是个过程，随语境变化而变化，不断整合新的成分，又不断被其他成分整合。这实则揭示了语言整合的物质基础。

罗纳德·兰艾克在《认知语法十讲》中把结构式的整合解释为各结构成分的概念重叠（conceptual overlap）（罗纳德·兰艾克2007：143）。这实则揭示了整合的内在机制就是通过各个部分间的联结创建新秩序，形成新事物。根据法科尼尔—特呐（Fauconnier, Turner）的概念整合理论，来自两个不同输入空间的元素经过整合和相互作用，会产生新的整合解释（约翰·泰勒2007：198）。也就是说，概念经整合后内涵增加，形成新的意义。由此可见，低一级单位经整合所形成的高一级单位成为人们重点关注的对象。所以，本书对语言语义的分析始于篇章，终于篇际这两个高层次语言单位。

整合，顾名思义，也可理解为整体概括、综合。**Попов Ю. В.** 等认为："篇章所指层能够被概括。这是构成篇章整体性的一个重要条件。"（Попов，

Трегубович 1984：126）**Гальперин И. Р.** 认为，整合是篇章不可分割的范畴，由篇章系统本身给定，依据篇章展开顺序出现在篇章中，保障按序理解（篇章的）事实内容信息。（Гальперин 1981：124）整合可分出两种不同类别，第一类是科技、政论、公文篇章整合，第二类是文学篇章整合。

在某种程度上，整合也是篇幅功能。篇章越大，整合就表现得越不明确。"随着话语长度增加，说话人选择形式的自由度就愈强。"（Степанов 1976：60）

篇章整合是为了实现篇章整体性而把篇章所有部分联合起来，可通过接应手段实现，也可建立在联想和预设关系之上。（Гальперин 1981：125；邓军 1997：186）整合接应可分为语法形式联系手段和主题语义联系手段。篇幅小的篇章，尤其是科技、公文、政论篇章，衔接可完全保障整合，全文语义整合大多是通过各部分加合的方式形成。科研论文常常既有整合过程，又有整合产生的结果，是最典型的整合表现，也最容易把握。文学篇章中，衔接仅仅是小片段整合的辅助手段。（Гальперин 1981：126）当然，有些篇幅小的文学篇章可以通过衔接保障全文的语义整合。如我们在本书 3.1.3 和 3.2.4 所分析的诗歌。整合的复杂性不仅在于篇幅大小，还在于文学作品中常出现所谓"不相关"的思想和议论，需要专门分析、深刻理解这些偏离主题内容部分的内在耦合。（Гальперин 1980：513）因此，本书以分析文学篇章为主。文学作品的整合最复杂，也最难把握。正如**华劭先生**所言："整合是一个心理过程，把无形的、隐藏在篇章内（外）的相关意义纵向地聚合为有着多维联系的'共同意思'。篇章整合过程之所以是心理的，因为它处理的是意义、主题、观念信息一类无形的现象，由不同局部单位的语义经过分析综合、求同存异、保主舍次所形成的总体思想，与各个语言单位，甚至与其他篇章有着辐射状的多重性质的多维联系……"（华劭 2003：310～311）因此，整合既是篇章的本体范畴，又是篇章生成和理解的认知范畴。如同语言结构具有两类基本组织原则（Дымарский 2008：12～22），整合在句法层面应表现为两类组合联系：加合（коннексия）与融合（иннексия），篇章整合表现为这两类联系的竞争结果；语义整合分析既有简单地综合相加，也有相互渗透、融合与集成。

篇章是言语行为的宏观单位。本书的分析对象，重点在于篇章全文。篇章全文的分析方法和各个部分的分析方法不同。分析篇章全文时，关注的对象是宏观事实（事件、情节、评述、故事），其分析方法的特点是对各个部分既要单独研究，又要考虑其相互联系，把各个部分与整体相结合。

篇章多维空间语义场通过语言符号所表达的基本意思（语言单位的语义）和诠释该意思的语言符号的物质表现（语言单位形式）有机结合而形成。因此，把握具体篇章的整体性、揭示篇章多维空间语义场，要通过篇章语义整合分析。而进行篇章语义整合分析，则要借助可见的有形的物质材料——语言符号，做到有凭有据地探讨篇章语义。

对单个语言现象的认识要通过整合方法。在汉语口语里，我们常听到这样的语句："你是什么意思？""这是一点小意思。""你这样说就没意思了。""意思"一词在不同情景下表达的意义和思想内容完全不同。这是因为整合随语境而不同。语言符号所表达的语义，取决于符号组成成分及其组合方法，更取决于其上层单位。游离于语境的语句或词，脱离下属支持和上级制约的语言单位是发挥不了交际作用的，也是言语中不会存在的。人们在交际中使用或领会语言单位时，都会自觉不自觉地利用语言整合原理。

1.3 语言单位多层级体系

1.3.1 语言单位

A. 语言观

Чернейко Л. О. 认为，新的语言学范式把研究的注意力从作为符号系统的语言转向作为活动及该活动结果的语言。（Чернейко 2002：449）

Богушевич Д. У. 认为，语言是语言系统、言语和使用系统三位一体的交际工具和交际、认知活动。众所周知，语言是人们组织、调节一切活动的交际手段与交际工具。语言系统、言语两分法也是公认的，几乎不会引起太多的争议，但大多数人似乎忽视以至忘记了还有第三个系统。人们讨论最多的是言语和语言（系统）的多维对立。也有人如 **V. 马泰休斯**认为，语言和言语间有一个过渡阶段。他把这个过渡阶段称为"风格化"。

Щерба Л. В. 根据 **И. А. Ботуэн Дэ Куртене** 的思想明确提出语言具有三个组成部分，即语言、言语活动、言语材料（Щерба 1974：24～39）。**Богушевич Д. У.** 据此认为，语言表现为语言系统（система языка）、使用系统（система употребленца）和言语（речь）的统一体。语言系统是交际手段体系（即狭义的语言），使用系统是决定交际手段使用得体性的系统（言语活动），言语是交际手段的实体化（言语材料）。语言是语言系统、使用系统和言语三位一体的交际工具。（Богушевич 1985：33）

"三位一体交际工具"不仅扩大了"工具论"的适用范围，而且为语言活动论敞开大门。"三位一体"把（狭义的）语言和语言使用结合起来，有利于人们从动态角度认识语言现象。**Гумбольдт**、**Выготский Л. С.**、**Поливанов Е. Д.**、**Леонтьев А. А.**、**Березин Ф. М.**、**Головин Б. Н.**、**Колшанский В. Г.** 等人都认为，语言是一种活动。但语言究竟是一种什么样的活动？它与人类其他活动的关系又如何？语言是交际活动的一部分（另一部分是非语言交际），也是人类所有活动的组成部分。因此，语言不是独立的一类活动。语言是各种不同类型活动的组织行为，是组织调节人类一切活动的活动，或者说是预防消解活动组织性的行为。

从整合语言学来说，语言符号作为人类活动和各种行为之间的一个接口，在整合人类活动过程中起到了必不可少的作用。符号不是预先给定的，而是创造的。创造符号是人类的一种能力。语言符号视不同的交际语境而定，具有不确定性和流动性。所以语言符号（无论口头的还是书面的）都不具有永恒性。当在特定交际语境下使用的时候，它才成了符号。

从整合的角度来说，交际是指人们在语言交流过程中的所做（activity）、所知（knowledge）、所能（abilities）。人们之间的交际，是一个整合过去、现在及预想的将来经验的过程。这就是"同时理论"（principle of co-temporality）。"同时理论"并不是一个规则，它是对生活在这个地球上的生命的生物机械存在形式的一个反映。整合语言学家认为，是宏观社会性（macrosocial）、生物机械性（biomechanical）与外界环境特性（circumstantial）这三个因素使交际成为可能，也对交际产生限制。必须是先有了交际才有语言，而不能认为先有了语言然后产生交际。在特定的交际情景中，个体的相互交际才产生语言。

整合语言学认为，思维和物质是相互联系和相互作用的，交际语境在认知和语言行为过程中起关键作用。交际语境包括社会、环境、人的身体和精神的因素。认知和语言行为过程中所暗含的内部状态和过程是以动作为导向的，符号不是被动的，而是通过环境的改变在人类思维活动中发挥着关键性作用。

维特根斯坦主张把语言看作人类体现生活的动态活动，而不是把语言看作孤立静止的描述符号。根据维特根斯坦的"语言游戏"观，篇章理解应该被视作一种建设性和持续性的活动，而绝不仅仅是将篇章所包含的信息传输进听者大脑中的简单过程；篇章理解是根据内容、观点和场景的种种关系对接收到的篇章作出系统阐释的过程。根据巴赫金的对话思想，篇章理解还应包括对话。阐释的结果就产生对话。与篇章对话、与篇章的作者对话。对话是篇章理解的最高境界，也是篇章理解的必由之路。因此，对话产生篇际，篇际开始高一层的篇章理解。

语言也是人类认知活动。人在劳动活动中创造语言活动，并把人类活动的方式、方法、结果直接或间接地反映在语言活动中。交际、认知活动包含了决定篇章构筑活动的一切客观存在的语言内、外因素，对于科学解释篇章语义整合是必须的。

三位一体交际工具的语言观是提出语言单位概念的出发点。交际认知活动语言观是提出语言单位层次、层级概念的出发点。

B. 语言单位

语言单位是在言语音段及其特征中体现出的功能表达手段，反映语言交际的活动机制。

语言有三种展现方式。从语言使用者是人这个角度来看，语言表现在说话者的言语中。语言系统中的单位无论如何也会出现在言语和使用系统中，否则就不会被人认识。假设使用系统中存在语言系统中没有的单位，这些单位也会出现在言语中，否则也不会被人认识。只可能存在语言系统中没有而言语中有的单位。因此，可以认为言语音段及其特征体现的表达手段是单位。超音段现象（如重音、节奏、韵律）不是独立单位，而是单位的特征。

语言单位的性质不能由语义决定。无论是把语言看作生成机制的转换生成语法，还是认为使用系统和言语大于语言系统的伦敦学派，都把语义常量保留原则（基本语义的保持原则）作为重要的基础原则。（Богушевич 1985：34）

所有单位都由语言作为交际手段的功能确定，功能决定单位性质。对单位概念与语言三个组成部分之间共同关系的分析，表明每一个单位的性质都由两个不同类型的功能决定。因此，完成一类功能的单位集合可以分解为完成另外一类功能的子集合。例如，完成称名功能的词汇单位集合可以分解为完成指示功能的词素子集合。语言单位的这个功能性质隐含着单位的层级性。

1.3.2 语言单位层级

A. 语言单位层次（уровень）

语言单位层次是使用语言单位的功能机制。语言单位层次和单位密不可分，定义一个离不开另一个。单位关系是单位性质的派生特性，不可以用来定义层次。**Березин Ф. М.** 和 **Головин Б. Н.** 从语言是一种活动的观点出发，把语言层次定义为使用语言单位的特定机制。（Березин，Головин 1979：146～172）这一观点实则把语言层次看作语言现象相互作用的系统。语言层次不仅仅是语言单位的分类,而且是执行某种功能的整体,既包括像形素这样体现为音段的现象,又包括像范畴这样超乎音段之上的现象。不仅语言有层次,与人类活动有关的许多事物都有层次。层次是人类活动阶段性的体现,也是事物发展阶段性的产物。**Богушевич Д. У.** 从语言功能角度把层次定义为完成某种同类功能的机制,包含完成该层次功能和另外一类功能的单位。如称名层包含完成称名功能的词和完成指示功能的词素。(Богушевич 1985:35)

层次是层级赖以生存的条件,层次构成层级。语言单位是具有明显层级关系的语言组成成分。语言层级由语言单位多层次构成。

B. 语言单位层级(иерархия)

层级概念是不同知识领域和实际活动中广泛采用的普通逻辑概念。所谓普通逻辑概念是指思维的形式。因此,层级也是思维的形式反映。层级概念运用范围极广。人们常谈论"计算机二级考试""外语四、八级成绩""反恐怖警戒级别"等。这些用词反映事物存在等级之别。究其实质,事物与量值高低之间存在某种共同的关系,层级就是这种关系的反映。

关系概念是语言学中心概念之一。在众多类型关系(如组合、聚合、对立、派生)中,层级之所以是现代语言学特别重要的概念,是因为语言单位层次表现出明显的层级关系。**Тураева З. Я.** 甚至认为,层级与组合、聚合一起构成语言的三大普遍性关系。(Тураева 1986:23)

既然语言层次是一种功能统一体,但功能本身并没有蕴涵层级,那么层次是如何构成层级的呢?实际上,层级是事物发展连续性的产物。语言层级是语言成分组合性(或其分解性)的产物。组合有目的性,是为完成具体交际任务而进行的组合。换言之,初级语言单位组合构成高一级语言单位,由语言使命决定。

这种使命从何而来?从整体上来讲,语言是完成组织调节功能的机制。在组织、协调特定社团及其成员的活动中产生了语言,而且组织、协调社团及其成员的活动必须使用语言。语言组成成分的结构及其功能都为这一目的服务。因而,完成交际任务是划分语言层级的基础。

人的社会劳动活动决定交际目的，并为达到这一目的创造了条件。交际通常被定义为交换思维、信息的活动。人们交换信息的基本目的是为了形成集体成员间的相互影响，为了调节集体成员间的各种活动。在这种情况下，语言单位就出现在最高层，即若干篇章所构成的篇际层。（篇际概念的详细解释请看本书9.1）篇际只有在实现其他一切单位的功能，且首先实现篇章全文的影响功能时，才能作为相互影响的语言机制而发挥功能。

　　因为篇章也是语言符号，所以其影响功能有专门形式表达，篇章的实质，在于表达对假定受话人而言未知的事物的结构。篇章要完成影响功能就应包含关于某个事物的结构信息。信息的结构，取决于情景条件和交际对方了解情景的程度。信息结构可能非常简单（如简短的命令：Вперёд!），也可能极其复杂（如«Война и мир»）。（Богушевич 1985：47）但是，篇章无论如何都应包含完成描述情景任务的篇素单位（篇素概念的详细解释请看本书7.1），否则篇章本身就失去了认知意义。

　　在许多方面，篇素结构取决于交际对方不了解情景的假设程度。为了全面确定单位的功能，必须假定交际对方根本不了解情景，因为这种情况下，单位功能表现得最充分。因而，篇素应尽可能详细地反映情景结构及其与其他情景的联系。换句话说，篇素单位只有在联合几个旨在完成模型化功能的基本叙述单位（语句）的条件下，才能完成（整体）描述功能。因为这个基本叙述单位仅仅表明所叙述对象（事件、事实）的某一个缩图（ракурс）。无论描述层使用一个基本叙述单位，还是使用几个基本叙述单位构成的归并（或从属）层级组，都不会改变自身属性，因为其本质差别只在两者功能之间存在。（同上）

　　描述与模型化（语句功能）有许多一致特征。例如，描述也采用模型化方法（模型的底层物质与原物不同，但保留形义对称结构和相似关系）。描述时的模型化方法产生在篇素层，借助基本叙述单位（语句）进行，基本叙述单位的模型化产生在语句层。二者之间存在原则性差异。描述功能确定基本叙述模式（句子）的顺序，基本叙述单位可被相当自由地纳入其他描述，而在本质上不会改变自己的性质。（Богушевич 1985：48）

基本叙述模式与描述的差别，不仅在于二者的各自构成部分（以下简称"组元"）在结合程度上差异甚大，而且在于基本叙述模式的组元已不可以看作模式。

许多语言学著作都提到语句的模型化功能，只是术语不同而已。最早把语句与判断等同，后来承认语句不仅具有表示功能，而且具有反映功能。现在普遍把语句看作反映情景的符号。因此，句子就本身而言，是反映现实模式的模式。（同上）

对思维而言，模型化反映认知过程的全部结果。这也决定了作为某个事件、事实模式的句子和思想观念模式的不同。语句仅仅反映对充分描写现实所必需的缩图，思想观念模式则尽可能全面深刻地反映现实。因而，一个思想观念模式对应着一系列句子模式（具有不同程度完整性和从不同事实结构缩图反映现实的句子）。句子是直接表达思维结果、思想观念模式的唯一方法。所有其他方法以体现思维结果成分间的情景联系为中介。例如，技术思维可能产生某一工艺流程和生产产品，但是思想模式奠定该工艺流程的深层基础。如果有一系列语言模式描述这个思想观念模式，那么认识（这一思想模式）就变得比较简单。语言的组织使命，使符号模式（句子）成为表达思想的直接手段。（Богушевич 1985：48）

语句作为符号模式也有其组元，即句素（有关句素概念的详细解释请看本书5.1），这些组元是实现模型化功能的必备前提。任何模式，无论是符号模式还是思想观念模式，都是关系的反映。句素执行体现关系（即联系）的形式功能。符号关系和思想观念模式关系发挥着本质上不同的作用。思想观念模式的关系是基础。若从内向外考察思想观念模式，关系就是模式本身。（同上）符号模式关系仅仅反映思想观念模式的关系，因为语句中联系的功能和任务表现在把语句元素联合成完整的单位，通过多级范畴体系［如Золотова的自由句位、被连接句位、受制约句位（Золотова 1988：16~31）］联系符号模式关系与思想模式关系。

关系不可能独自存在，关系仅仅存在于符号模式应该代表的客体（事物）之间。完成命名和标示意义取向功能的符号单位（词）实现这一代表作用。此时，词符号与思维的联系比句素更弱。有人认为，语言中的词就是思维中的概念。其实，词与概念虽然都概括和反映现实世界的客体，但是二者只存在类型上的相似，词在语言符号中的位置接近概念在思想观念模式中的位置。（Богушевич 1985：49）

词代表、概括和反映客体的能力，由词的命名和标示功能（адрес）决定。命名功能体现为对客体的称名。标示功能保障正确无误地找到所需客体。标示体现为对事物的标志（указатель）（词素）功能，标志依据标志载体在词中的位置确定。标示结构可复杂，也可简单。无论是复杂结构还是简单结构，都由标志载体在词中所处的位置决定。例如，说出、听到、读出、写出 раз-оруж-ени-е 后，根据表义部分（形素），就可在人的心理词汇库找到这个词，这些形素就完成了标示功能。因而，词代表、概括和反映客体的能力，显现出寻找和标示意义的途径。（Богушевич 1985：50）

为了完成标示和命名功能，称名单位应成为标志的综合体和寻找命名物的定向标，并且不同语言的标示系统各有特色，结果却极其相似。如俄语词под-снежник、英语 snow-drop，这些词在各自语言的称名系统中具有各自形素构成所决定的位置。（同上）

标志只有在能够相互区别的条件下才能完成标示功能。因此，为了实现语言单位的功能，必须具有一种区别功能是其规定功能的单位——音位。

为了统一术语，我们特约定一些用法，即音位（фонема）和音素、词素（морфема）和形素、词（слово）和词形、句位和句素、句子和语句、篇位和篇素、语篇和篇章、语篇际和篇际相对应。

前者是语言中的抽象构拟单位，后者是言语中的直观可见单位。前后两者之间的关系是怎样的呢？

我们以句位和句素为例。首先看句位概念。Золотова Г. А. 指出："句位（синтаксема 或 синтаксическая словоформа）是句法的最小单位。它是'更高层'单位——词组和句子的结构—语义组成部分。"（Золотова 1995：

332）句素和词组是前交际单位。句素是句法的分析单位。"句素是建构语句的要素。句素可分为句位句素和非句位句素。"（王永 2005：59）诸如语气词等在传统语法中不被作为研究对象的语句要素是典型的非句位句素。正如音素从数量上而言总是大于音位一样，形素在数量上总是大于词素，句素总是大于句位，语句总是大于句子，篇素总是大于篇位，篇章总是大于语篇，篇际总是大于语篇际。

这些单位之间具有层级关系。可以认为，音素（фон）是形素的构造要素；形素（морф）是词形的构成要素；词形（словоформа）是句素的建构要素；句素（синтагма）是语句的建构要素；语句（высказывание）是篇素的建构要素；篇素（компонент текста）是篇章的建构要素；篇章（дискурс）是篇际的建构要素；篇际（интертекст）是构成东/西方某些文化信念体系的复合语言符号，是一些民族文化意识形态的沉淀成分。

综上所述，语言符号为完成调节人类活动的功能，需要具备层次相连的功能序列，由高向低排列如下：

层级	第一	第二	第三	第四	第五	第六	第七	第八
功能	相互影响	影响	描述	模型化	联系	命名	标示	区别
构拟单位	语篇际	语篇	篇位	句子	句位	词	词素	音位
可见单位	篇际	篇章	篇素	语句	句素	词形	形素	音素

对上述功能层级序列需做以下说明。

根据广义符号学的观点①，音位属次符号层单位，词素、词属符号层单位，句子（模式）属超符号单位。近年来，随着符号学方法在语言研究中的进一步推广，有人把语篇（篇章模式）——也列入超符号层单位。其依据在于基本符号系列所形成的模式，如同句子（模式）一样，都可看作超符号层次的单位。因而，我们认为，篇位、语篇际（模式）也可看作语言单位。

---

① 相关论述可参看华劭先生著作《语言经纬》（2003：50~53）。

较高单位和较低单位的功能有本质区别,是完全不同类型的,为完成不同交际任务服务。较高单位赋予较低单位功能。较高单位为完成自己的功能需要的不是较低单位功能的加和,而是支持。这是因为,较高单位为了更有效完成自己层级的交际任务吸收了较低单位功能,较低单位功能就隐性地存在于较高单位中。较高单位不仅能够完成自己的功能,而且能在自己的层级水平完成任何一个较低层级单位的功能。(Богушевич 1985:50~51)如词素区别词、词区别句位、句位区别句子等。标示、命名、联系、模型化、描述等功能莫不如此。这里,一些较高单位可能不只完成二类功能,但这并不影响层级概念的定义和单位性质的确定,因为第三、第四功能已不是其直接功能。

较高单位为完成自己的功能,可能使用任何一级较低单位。例如,词可能使用词素或音位区别词。但较低单位不能获取较高单位的功能。例如,音位不能获得词素功能,音位在词中仍完成区别、辨别功能。

功能序列中的每一功能都要实现在语言中。语言单位通过八个层面实体的对应关系实现上述功能,即每个功能都对应着语音、语序、形态、抽象构拟、单位特征、单位范畴、单位类别、体系八个层面。而这八个层面也由各自功能决定。

1.3.3 语言单位层面(стратум)

在语流中,语言单位不是一成不变只以一个面目出现,而是会产生许多不同的变体。主要有两个方面的原因:第一,语言单位要完成自己的功能,必须自由组合,因此就相互影响,致使其物质性质、性能发生变化,产生变体;第二,语言具有语用取向。人使用语言表情达义。在特定交际情景中,人对交际所涉及事物了解越多,语言符号就越没有必要全部展开。语言符号在言语中的扩展程度,取决于使用系统,因而具有绝对的语用性质。在这种条件下,使用系统旨在选择最小手段达到最大影响效果。表达手段的最小化导致单位变体性增大。

<<< 第1章 篇章语义整合系统分析理论

　　作为符号系统的语言，其功能在于组织某种活动。语用层面对于语言系统而言是主导性的。因此，符号的物质体现，或简单或复杂，或完全或不完全，符号组合规律与所指间的关系如何，所有这些，只有在完成特定功能时，交际参与者对篇章语言活动满意的条件下，才非常重要。语用在语言中所发挥的主导作用，形成语言单位在言语中的变体和言语中的省略、缩略等现象。因此，语言单位的言语体现富有可变性，语言单位必须具有相当复杂程度的形式。这就导致语言单位广泛借助基本成分组合原则，形成复杂结构。(Богушевич 1985：52)

　　语言系统在言语中体现为语音（或书写）序列时，形成直观可见单位（этические единицы）。这样，就出现了三个各有侧重的层面：侧重反映语言单位在言语中以一定声响（音）出现的语音单位（音素、音节、语音词、语段、语音句、语音句组、言说行为、言说接触）；侧重反映语言单位在言语中按一定顺序（线性）出现的语序单位（形素、配置紧密的形素组、词的形式的组合、语序句、自然段、独白、一组篇章）；侧重反映语言单位在言语中以一定的结构形态出现的形态单位（词形、句素、形态句、复杂句法整体、篇章、篇际），每一个层面体现一类语言形式。(Богушевич 1985：53)

　　语言声学体现的基本粒子是音素和音素变体，由发音器官复杂运动形成。语用充足性原则（принцип прагматической достаточности）和音素组合性原则，使得语言单位实际上无一表现与自身完全相同。（同上）因而，产生了把同一个音素的不同表现证同为一的机制，这就形成了与直观可见单位对立的抽象构拟层单位或潜在单位（эмические единицы）（音位、词素、词、句位、句、篇位、语篇、语篇际）。

　　抽象构拟层单位在两个条件下发挥功能：第一，抽象构拟层单位提供方法证明作为同一个单位各种用法的不同直观可见单位是相同的；第二，提供方法证明为把各种不同直观可见单位作为一个单位使用而区别语境的方法是相同的。（直观可见单位的功能在于区别语境。）因而，抽象构拟层单位具有直观可见层单位所没有的特征。(Богушевич 1985：54) 其实，抽象构拟层单位是生成篇章时稳定的选择程序和理解篇章时稳定的证同程序，是"语言

学构拟物"（лингвистические конструкты）。（Кронгауз 2001：259）

应如何认识直观可见层单位和抽象构拟层单位呢？Богушевич Д. Г. 认为，首先，抽象构拟层单位不是语义相同的直观可见层单位类别；其次，直观可见层是形式单位，抽象构拟层是表意功能单位。（同上）其实，从语言的使用角度来看，语言单位是形式单位与表意功能单位的结合体。因此，两个层面不可分离。

如果认为直观可见层是语言单位的第一个层面，那么抽象构拟层就是第二个层面。抽象构拟层单位只有在发挥识别、选择功能时，才能显示为语言成分。为此，语言单位就应以某些特征相互区别。这些区别特征及其对立关系形成第三个层面——语言的范畴化。语言范畴化仅仅是思维的产物，因为要组成语言范畴必须通过比较、证同、区别、抽象等。

范畴不可能独自存在。范畴只有在把单位分成类别、类别构成系统时，才可能获得稳定性。这样就形成了第四个层面——体系。

比形素更大的直观可见单位可看作由比其自身更小的单位组合而成。组合是有目的性的过程，旨在达到相互理解的语用目的。这决定同形、同义直观可见单位的语用取向只有一个要求，即从形素开始，直观可见单位应该把各种不同的情景区分得相当清楚。这样，在各种不同情景中，可以毫不费力地使用指示不同语义成分的相同直观可见单位和指示相同语义成分的各种不同的直观可见单位。因此，在更高层，应保留语义层面（抽象构拟、特征、范畴、类别）的系统性，因为所感知的直观可见物质单位是具有意义的单位区别符号。

上述思想适用于语言单位的所有层次。我们以词素、词为例。词素层的意义决定词的意义。意义就像特征一样，作为独立层面存在，即在一定范畴内存在。范畴构成类别和体系。词有词汇语义名素（семантема）、词汇范畴、词汇语义场、词类、词汇体系。

每一层次语言单位都通过八类层面的对应关系实现自己的功能。这八类层面可归纳为直观可见、抽象构拟、范畴化、体系四类。八类层面分别完成不同的功能：语音——表示，语序——线性化，形态结构——成形，抽象构拟——识别、选择，单位特征——区别、对立，单位范畴——概括，单位类别——分类，体系——系统化功能。

语言的每一个层次单位，无论是区别层次，还是标示层次、命名层次、联系层次、模型化层次、描述层次、影响层次、相互影响层次，都可表现为如下八个层面。

层　　面		功　　能
直观可见层面	语音	表示
	语序	线性化
	形态结构	成形
抽象构拟层面		识别、选择
范畴化层面	单位特征	区别、对立
	单位范畴	概括
	单位类别	分类
体系层面		系统化

语言单位及其层面形成语言单位多层级体系，为我们进行篇章语义分析提供操作性较强的应用工具。

语音、语序、形态结构层面是语言单位在言语中呈现出的外貌，是实实在在地听得见、看得着的语言现象。发话人通过直观可见层面选择语言单位，受话人通过直观可见层面识别语言单位。但是分析篇章不可只看现象。透过现象看本质才能真正把握对事物的科学认识，也才能更好地把握现象。抽象构拟层面反映语言单位的本质，借助抽象构拟层面可以更好把握直观可见层面。因此，我们要善于以抽象构拟层单位为据探索由纷繁复杂、表现形式各异的直观可见层面所表达的篇章语义构成。范畴化层面反映语言单位最普遍的特征。不同类型语言单位的概括语义特征在篇章中被强调、进入交际前景，成为表达篇章基本语义要素的手段。这些对于篇章语义整合分析意义重大。

1.3.4 语言单位多层级体系

语言层次的有序集合形成层级。实际应用中,层级可分为单层级和多层级。因此,层级体系中的单位可称为层次。当层次单独出现时,既可称为层次,又可称为层级。但当强调单位在层级序列中的位置时,一般称作层级。

俄语语言单位即音位、词素、词、句位、句、篇位、语篇、语篇际八大层级,都自成一个语言层次,完成各自不同的功能。这些层次单位间具有递增、递减、递归等层级关系。递增、递减、递归具有共同的可逆关系,把层次单位联合成层级,形成语言单位多层级,在直观可见层可表述为:音素≤形素≤词形≤句素≤语句≤篇素≤篇章≤篇际。也许有人会问,一个或几个音素构成一个形素,音节呢?音素和音节是什么关系?一个或几个形素构成一个词形,词组呢?

我们认真思考这一系列的问题,就会发现,形素由音素形成,而不是由音节构成。这是因为,在功能性质和用途上,音素、音节是同质层级,音素与形素有本质的区别。音节是与音素同一级的相似层,是音素韵律组合和韵律分析的单位。音素是直接构成形素的层级,形素是音位的高一级单位;形素是直接构成词形的层级,词形是形素的高一级单位。

词形和词组的关系,与音素和音节的关系有所不同。词组无疑比词形更复杂,更能反映句子的语法特性,但从构造句子的功能来看,二者都要转换为句素。词组与词形,是表现为言语线性序列中句子组元(句素)的单位。词形和词组都是构成词形的上一级层次单位(句素)的物质材料。

语言单位层级中,每个单位都表现为语音、语序、形态结构、抽象构拟、单位特征、单位范畴、单位类别、体系八类层面。八个层级单位及其八类层面构成语言单位多层级体系。

语言单位层级、层面、多层级体系,如同整合概念,既是语言的范畴,又可作为篇章语义生成、理解和分析的方法。

通过仔细观察语言单位的八类层面,我们发现,体系是其他七类层面的综合层面；抽象构拟层是直观可见层的对立面，映射直观可见层，抽象构拟层比直观可见层更接近单位本质；语言单位各个层面在篇章语义分析中的作用不尽相同。语言单位语音层面主要集中在音素，且音素本身就是语音的基本单位。篇章语义语音整合便获得非同寻常的意义。词形、句素、语句等语言单位在各自的上一级层次中的编排顺序有先有后，在传情达意和强调的重点上有着不同的表达效果，但不会影响篇章的基本内容。语序单位大多反映篇章组合层次，是分析篇章关联性时应重点探讨的。形态结构层与篇章语义整合的关系集中表现在句素单位上。语言单位特征、单位范畴、单位类别是相互联系的，其篇章功能在各个语言单位之间虽差异很大，但可从分析单位类别入手阐释单位特征和范畴在篇章语义整合中的功能意义。因此，本书从直观可见层入手，以语言单位层级及其与篇章语义整合相关的层面为线索，借助抽象构拟层分析具体篇章的多维空间语义。

1.4　篇章语义整合系统分析理论

1.4.1　篇章的符号性

篇章可解释为语言的复合符号。（Залевская 2002：63）它具有语言的符号性，是双层面的符号单位。正如 **Бондарко А. В.** 所言，篇章从其语言内容和表达角度来看，可表现为两面对称的系统。（Бондарко 2002：102）**Новиков А. И.** 认为，篇章是内、外在形式的统一体。"根据作者意图所组成的表达篇章内容的语言手段总和，提供给人们直接感知和理解的形式，是篇章外在形式。"（Новиков 1983：22）因此，根据 **Новиков А. И.** 的观点，语言表达构成篇章的外在形式，篇章的外在形式体现为言语材料。篇章的外在形式是编码者根据写作意图组织成的层级性语言单位的线性序列，是解码者直接感知理解的物质对象。

"篇章内在形式是作者意图扩展性的体现,是被解码者理解领会的,在双方智能活动中形成的思维构成。"(同上)篇章的内在形式可分为篇章内容和意思两类。

"篇章内容和意思是不同的现象。每一个篇章,无论属于哪一种功能语体,都同时具有内容和意思。"(Новиков 2001:176)篇章内容是篇章各个组成部分(篇素)和篇章全文都有的内在形式。篇章全文的整体内容是一个完整的思维构成。从编码角度来看,内容是依据交际意图、目的、条件,在作者思维中出现的语义综合体;从解码角度看,内容是受话人依据对篇章中语言手段的解码而得出的所指总和。(Новиков 1983:110)篇章的语言内容不仅包括指物意义,而且包括附加意义。(Бондарко 2002:102)

篇章意思是作者意图的延伸,是解码者从内容中理解引发出的信息,是对篇章内容的进一步阐释,是相对独立于具体篇章之外的理解结果。或如**Бондарко А. В.**所言,言语意思是依据语言手段表达的内容,在与语境(言辞语境——本书作者注)、言语情景和在该言语条件下存在的说话人(写作人)和听话人(读者)的知识、经验相互作用中,说话人(写作人)所表达的或听话人(读者)所理解的信息。(Бондарко 2002:102~103)

"内容和意思都是理解的产物,但却具有不同的言语推理机制。内容是篇章描述现实片段的思想模式构成,而意思是对待这一现实片段的态度。内容以反映客观世界'事态'(положение дел)的指涉结构为基础,而意思在一定程度上以弄清作者在意图中所编码的,并通过一定手段实现在篇章中的'事情本质'(суть дела)为基础。"(Новиков 2001:176)我们在本文中把篇章内容称为篇章的语义内容,把篇章意思称为篇章的语义信息。

区分语义内容和信息,对于语言教学意义重大。教学中,对篇章内容的评介就应注意内容的客观性,而对篇章语义信息的评介应注意作者的写作倾向和读者的阅读体验。

"如果外在形式不与具体的内容对应,就不能形成篇章。外在形式一定要转化为内在形式的物质构成。篇章是内、外在形式的统一。语言、言语、思维相互作用形成篇章统一整体。"(Новиков 1983：30）篇章内、外在形式具有独特的对应关系。古人云"文以载道""言为心声"，也含有这个道理。"文"与"道"在整体上具有一致性、统一性。正如 **Кривоносов А. Т.** 所认为的那样，篇章是思维形式和语言形式相互作用的结果。（Кривоносов 1984：32） **Золотова Г. А.** 等学者认为，篇章是心理过程与言语结构组合形式相互作用的结果。（Золотова 1998：29）篇章内在形式是主导性的，第一性的，难怪有人把篇章看作在某一状态持续若干时间的意识内容。篇章内在形式揭示说话人个体意识对世界的理解和评价，反映个体对客观存在的感知特点。因此，把篇章看作语言的双层面单位符号，遵循篇章内、外在形式统一原则，对篇章语义分析具有重要意义。

1.4.2 语言符号表义单位与篇章语义整合分析的关系

A. 语言符号表义单位与篇章语义整合的关系

（1）语言符号

语言符号的最底层是音素。音素组合成形素，形素是语言中表示一定意义的最小单位。几十个音素组合成数千个形素，由数千个形素组合成数以万计的词。词按一定的语法规则形成无数的句素，句素可组合成无数的语句。语句组合成篇素，篇素形成交际的基本单位篇章，篇章融合形成篇际。语言的这种组合性机制使其成为灵活而高效的交际工具，可以用来表达任何思想。

任何语言符号都是一个双层的结构：表达层和内容层，构成语言符号的基本层面。

①表达层

表达层，可分为语音层（фонологический уровень）和形式结构层。其中，语音层包括音素（фон）、音节（слог）、语音词（фонологическое слово）或重音基组（акцентная группа）、语音句（фонологическая фраза）或调位（интонема）、句调（фразовая интонация）、篇素和篇章及篇际的语

音组织。形式结构层可分为形态层（морфологический уровень）和句法层（синтакстческий уровень）。形态层包括形素（морф）和词形（форма слова）；句法层包括句素和语句、篇素和篇章及篇际。

②内容层

内容层，可分为语义内容和语义信息。语义内容是语言符号所具有的意义；语义信息是符号表达的意思或从符号所解读的思想。符号内容层反映的实则是符号的语义。

（2）语言符号的语义单位

语义单位包括义子、义素、名素、句义、篇义。

①义子

以**卡茨（Katz）**和**波斯塔尔（P. Postal）**为代表的内涵语义学派，创立了用区别性特征分解语义义子的理论。义子就是反映某个区别性的意义特征。如下列关于男人、女人、成年、儿童四个词的义子：

	男人	女人	成年	儿童
人类	+	+	+	+
男性	+	−	+	+
女性	−	+	+	+
成年	+	+	+	−

②义位和义素

语言的基本语义单位称作义位。义位是语义系统中的抽象常体，基本的语义单位。义位能够和语音匹配成词，也是能够跟语音结合的最小的自由单位。义位可由词素、词、句位、句子、篇位、语篇、语篇际表达。语义单位也可分为音位义和词素义、词义和句位义、句子义和篇位义、语篇义和语篇际义。

义素是言语基本的语义单位。义素反映词形的基本意义，是意义的最小单位，如女孩的性别特征：人类＋非男性＋未成年。义素是语义系统中的可见常体。义子综合形成义素。因而义子可看作义素的建构部件，而义素可看作义子的组合体。义素有时相当于自由形素义，大多数情况下相当于词形义项。义素可由音素、形素、词形、句素、语句、篇素、篇章和篇际表达，可分为音素义和形素义、词形义和句素义、语句意和篇素意、篇章意和篇际意。义素能够和语音匹配成词形，也是能够跟语音结合的最小的自由单位。义子虽能和语音结合，但不能匹配成独立应用的自由单位。

总之，表达义位/义素的基本单位是词/词形。

③名素

名素包括词汇名素（лексема）和语法名素（граммема）。

词汇名素，反映词形在词汇上的区别特征。例如：

идти – пешком（徒步）；　　　лететь – по воздуху（在空中）；

ехать – при помощи каких-н. средств（借助一定的交通工具）

语法名素，反映词和句位的类别属性。例如：

мороз：事物性范畴意义；　　　морозить：过程性范畴意义；

морозный：特征性范畴意义

词汇名素将在篇章语义词整合中运用，语法名素将在篇章语义句素整合中运用。

④句义

句义可分三种：具体语句的意义、句子的共有意义及句式的语用意义。

具体语句的意义，即语句命题的语义。例如：Сын разбил стакан（儿子打碎了茶杯）等。

句子的共有意义，即语句逻辑语法（结构）类型的意义。例如：Отец сердится（父亲生气）和 Ребенок радуется（孩子高兴），这两句表示主体与感情状态的关系。

句式的语用意义，即各种不同句式所反映的与篇章发话人和受话人相关联的意义。

⑤篇义

篇义指篇素和篇章全文及篇际的言辞、结构、语用的意义。

(3) 语言符号的语义范围

语言的语义范围,从音位的表情意义、词素的表意内容、词汇意义的外延和内涵、句子的逻辑结构和命题及语用意义、篇位和语篇的言辞及其结构语用含义,到语篇际的语言—文化含义,各自都具有一定界限和辖域。

言语的语义范围,是语流中音素、形素、词形、语句、篇素、篇章、篇际所传达的语义内容和信息的界限和影响面。

(4) 语言符号表义单位与篇章语义整合的关系

篇章语言符号(篇章中的语言符号和作为语言复合符号的篇章本身及篇际),其物质存在及其所表现的观念内容是一种客观现实,因为语言符号属表达平面的实体。语言符号是由物质、思想构成(即双层面的符号单位)的,代表现实中事物、性能、关系。篇章语言符号更多地是指第二次语义符号,即所谓"按语义阐述原则(方法)构成的符号"(Уфимцева 1998:167),或可称作"交际性符号"(Почепцов 2002:160,188)。因此,篇章中的音有语音意义,篇章的语音组织有表意可言。

篇章的语义内容首先体现在篇章语言符号的多层级性中,即作为语言系统的使用过程和结果的篇章,必然体现出其构成质料——语言的层级性特点。**Баранов А. Г.** 也认为,"语言的动态模式把语言看作一种在'意识—语言—世界'三位一体框架中将言语思维任务转化为篇章过程的机制"。(Баранов 2001:256)因此,根据 **Николаева Т. М.** 为篇章所下的定义——"篇章是由意义关系联合起来的符号单位系列"(Николаева 1998:508)和篇章本身也可看作语言符号(Залевская 2002:63)(关于篇章的符号性我们在本文的 1.4.1 中再讨论)。我们认为,篇章是表达语义的双层面符号,从抽象构拟层来看,不仅指词素、词、句子,而且指音位、语篇等语言单位。

"篇章语言符号的双层面性,之所以不同于人们常说的表达与内容平面的一贯对应关系,是因为篇章表达平面与篇章内容平面的一贯对应关系,对篇章符号的特殊性和语言符号的关系特色关注不够"（Николаева 2000：417），即对语言符号物质实体和思想内容双层面的对称性、有机统一性和语言符号单位（以下简称"语言单位"或"单位"）间的关系及其与篇章基本语义要素间关系关注不够。就以词为例，语言系统中单个词的表达平面和内容平面之间具有趋向稳定的联系，而在篇章，尤其在文学篇章中则呈现相反的趋势，这种联系在未来派诗歌中几乎被完全打破。另外，语言单位之间具有层级性，并且语言单位层级性与表达篇章基本语义要素的语言单位的所指的层级之间具有特殊的对应关系。（见本书1.4.4）

语言符号在篇章中的存在和表现，体现在篇章语义整合在揭示篇章整体性、篇章多维空间语义场中发挥着重要作用。

整合途径的实质具有层级性。"整合性关系也叫层级关系，这是部分和整体之间的关系，是把不同层次单位（即语言单位——本书作者注）联合起来的关系。"（Тураева 1986：23）因而篇章整合实则是通过语言单位层级实现篇章多维空间语义场。这种层级关系不仅指部分和整体间归并关系，而且还指从属关系、聚合关系（简单、复杂类别）、选择的先后顺序和必选关系。（Богушевич 1985：6~35）例如，语言系统中，词根与词缀的关系是归并关系（инкорпорация），它们一同被归纳合并进词的构成。词根与词的关系是从属关系（субординация），词根从属于词。词形的集合形成简单聚合关系，词形的集合与词原形构成复杂的聚合关系。动词不定式的形成，必须选择词尾-ть、-ти或-чь，即必选关系；且必须先选词干，后选词尾，即体现选择先后顺序的模进关系（секвентивное）。篇章各部分之间存在部分与整体之间的归并关系、支配与从属关系（如因果关系）、聚合关系（如由共同意思所联系在一起的篇章群）。篇章各部分，依据与其自身的语义逻辑关系及其作者交际意图密切程度而拥有选择（必选和任选）关系及一定的选择顺序。篇章整合中篇章各部分所表现出的向心性选择，是处在层级关系中的各个单位在篇章中具体的功能体现。

这种向心性最概括的表现因素是意向性（интенциональность），是语言单位在言语中表现的功能之一。意向性是语言与篇章有机联系的重要范畴，是各层次语言单位运用于篇章整合的重要依据。"意向性可看作各种类型语言意义的性能，这个性能在词汇领域清晰可见。语言单位内容的'意思认识'问题，最初针对词汇语义提出就是理所当然的。"（Бондарко 1996：61）语法意义及其功能的意向性概念包括两方面，第一，语法意义与说话人意图是否相关，第二，所分析的语法意义（语法单位、类别、范畴的意义）是否与（语言单位表达的）意思相关。如果是肯定的，那么语法意义就有必要在篇章中分析，表达这一语法意义的单位（如句素——本书作者注）类别、范畴也是篇章多维语义整合分析的独立层面。篇章语义整合分析可以利用的语言手段究竟可能包括哪些内容，学术界目前尚无明确的认识。即使为了在理论上能够回答这一问题，也必须对语言单位、语言单位层级、语言单位层面及其构成的语言单位体系有清晰地认识。下面我们将根据 Богушевич Д. У. 的思想（Богушевич 1985：31~58），结合我们的理解，对此做详细论述。

B. 语言符号表义单位与篇章语义整合分析的关系

（1）语言符号表义单位与篇章语义分析的研究实践

Николаева Т. М. 认为："当篇章研究的目的是解码篇章某种共同的、但没有明确使用语词表达出来的意思时，依据语言符号把篇章看作有序语义空间的方法是可行的。"（Николаева 1987：39）俄罗斯科学院斯拉夫学研究所比较语言学和类型学研究室科研人员提出的篇章理论，其出发点就是篇章中语言符号的存在和表现。（Николаева 2000：417）

Костомаров В. Г. 认为："关系单位潜在的国情含义是影射篇章信息量增加的结果，而实用篇章关系单位只表达语言内意义……不是关系单位本身具有语言外信息，而是单位在篇章中位置具有语言外信息。"（Верещагин，Костомаров 1990：155）

对一些语言单位在篇章分析中的作用，国内也有研究和论述，如邓军教授的专著《篇章逻辑语义分析》（邓军 1997：71~146）和文章《句子及篇章的蕴含意义》、李勤教授专著《俄语不确定/确定范畴：语言手段及其言语功能》（李勤1998：131~152）和文章《不确定/确定范畴与篇章组织》、黄苏华教授的文章《俄罗斯诗歌中的拟人化手法——从俄语名词的性范畴谈起》。

（2）语言符号表义单位与篇章语义分析的关系

语言符号单位，构成篇章外在的物质表达，是篇章解码、语义分析的语言学依据，尤其在"进入篇章阶段起支配作用"。（Новиков 1983：87）

Рафикова Н. 用实验证明了以下理论观点："人的理解基础在于，各个不同层次语言单位作用于认知领域，激活特定的知识结构。"（Новиков 2002：156）因此，语言单位是篇章解码的着手对象，因为语言单位意义提供一定的语义空间，篇章语义空间以语言单位意义为基础形成。我们在分析篇章语义内容或语义信息时，不能对所有的言语表达都立刻确定其所指，领会其篇章功能，因而就必须求助更高一级语言单位，直至篇际层。这充分说明语言符号单位是我们进行语义分析可以凭借的有效手段。当然，篇章语义分析能够凭借的依据不止篇章表达平面的实体——狭义的语言系统材料，篇章表达平面的形式——即体现语言材料在篇章全文内如何构架的篇章构造（архитекторика）（Горшков 2000：182）也是篇章语义分析可凭借的依据。篇章符号单位我们将在本书第8章进行详细分析。所有这些都证明了语言符号单位在篇章语义分析中的作用和地位。

1.4.3 语言符号多层级体系与篇章语义整合分析的关系

"生成主义的篇章理论，在许多方面把按层级组织语言系统的思想简单地移到篇章领域"（Николаева 2000：416），这虽有一定的合理之处，但"篇章与语言系统的关系相当复杂，无论如何也不是同构的"（同上）。语言单位层级体系只有放在揭示篇章整体性和篇章多维空间语义的篇章整合过程中，才能成为全面分析篇章多维语义的有效工具。

Николаева Т. М. 认为，篇章解码的基本语义单位是某种表义的最小思维单位，篇章由这些表义的最小思维单位的内在联系构筑而成，表义的最小

思维单位基本上对应于语言中的词。（Николаева 2000：436）

所谓的表义思维单位，就是词。那么，是否只有词是表达篇章语义的语言单位呢？显然不能。正如 **Николаева Т. М.** 所言："篇章语义空间的单位不确切地等同于语言单位，更像语句的某种义素，与手势等值。如：一个手势可能对应于 Красавица！Красивая женщина！Красотка！"（Николаева 2000：418）实际上，篇章中的语言单位都表达一定的意义。根据所谓的弗雷格语义原理，语言表达手段的意思是其各个部分意思的功能及各部分句法组合方法的功能。（Падучева 1999：3）这里讲的虽只是部分相加构成整体的道理，并且篇章分析还应遵循"举大以贯小"的原则，即从篇章整体出发分析各部分语义，但这"积小成大"的道理足以说明篇章中语言单位及其层面都有可能成为表达篇章基本语义要素的手段。因此，篇章可看作通过多层级语言单位体系形成具有特定交际目的、表达特定总体意思的个性化语义场。语言单位层级体系中所有与表达篇章总体意思紧密相关的单位，都是直接构成篇章语义场的物质手段。语言单位层级体系中所有直接构成这个语义场的语言直观可见单位（音素、形素、词形、句素、语句、篇素、篇章、篇际）或抽象构拟层单位（音位、词素、词、句位、句子、篇位、语篇、语篇际）、单位的范畴化（单位特征、单位类别、单位范畴）、体系，都是篇章语义整合系统分析的对象。只有做到这一点，才能对篇章这个复杂的人文现象获得比较全面、深刻的认识。

1.4.4　篇章语义整合系统分析理论

如前所述（见本书 1.2.2），篇章语义结构具有多维性。**Новиков А. И.** 也认为："篇章内在形式具有自己的结构，结构元素处在特定的相互关系之中。这些关系可能具有不同的表现，层级关系就是一种。篇章内在形式结构元素之间不是平等的，有主要事物，也有次要事物。主要事物通过次要事物体现。一些次要事物是主要事物的一些重要方面，与主要事物直接相连；另外一些次要事物与主要事物间接相连，而与主要事物特定方面直接相连，是说明次要事物特定方面的更次要事物。"（Новиков 1983：80）具体篇章中，事物间的这种层级关系主要由词素、词、句等语言单位表达。

"这种层次关系也反映在篇章主题关系上。主要事物及几个主要方面构成主题，反映主要事物特定方面的几个次要事物构成分主题，反映次要事物特定方面的更次要事物构成子主题或微主题。"（同上）具体篇章中，这种主题关系主要通过语句、篇素等言语单位表达。

理解是语义分析的基本条件。**Новиков А. И.** 认为，篇章理解具有层级性，"规律在于，为了确定一个层级语言单位的内容要转向更高层级，直至篇章全文"。（Новиков 1983：83）

作为语言使用过程和结果的篇章，必然体现其构成质料——语言的层级性特点。**Лотман Ю. M.** 认为，篇章可以分解为次篇章（音位的、语法的等），其中每一个次篇章都可看作是独立组织成的层次，层次内部和层次间的固定联系给篇章赋予恒常特征，给篇章整体赋予确定性特征。篇章不是其构成成分的无序集合，篇章的构成成分及其相互之间都处在严格的附属关系之中，构成一个复杂的、有组织的、层级性的整体。（Чередниченко 2001：20）这些层次体现为语言单位的层次。因此，篇章可看作由语言单位机制所形成的次篇章层级系统，分析篇章对各个语言单位所进行的语义整合实质上是对各个次篇章系统展开分析。

表达篇章多维语义的语言单位，具有层级系统性，表现为语篇际≥语篇≥篇位≥句子≥句位≥词≥词素≥音位。从狭义来看，篇章是人使用语言进行交往的活动单位，是人使用语言的活动及结果。"人控制语言，语言控制篇章。"（Николаева 2000：13，411）从广义来看，篇章是语言单位层级中的一个层次。音位、词素、词、句位、句子、篇位、语篇、语篇际及其直观可见层面、范畴层面、类别层面、特征层面，都是表达篇章基本语义要素的手段。篇章整体性，通过这些手段体现出来。各个不同层级语言单位及其相关层面，相互依赖，相互影响，参与篇章多维空间语义形成。每一个单位及其相关层面都与篇章全文相连，表达篇章多维空间中某个位置的语义。篇章多维空间语义与语言单位层级体系在整体上具有对应性。

篇章基本语义要素是篇章语义多维空间场的核心构成。表达篇章基本语义要素的语言单位，其所指也有层级关系，可表述为音的评价特征≤事物标志≤事物≤事件、事实缩图的各个构成部分≤事件、事实缩图≤世界片段（事件或观念的整体情景）≤若干世界片段组合成的总体情景≤交际语义场。语言单位是表达语义的手段，语言单位与其所指之间是多对多关系。词素是事物标志的原型①表达手段，词是事物的原型表达手段，句位是事件、事实缩图的各个构成部分的原型表达手段，句子是事件、事实缩图的原型表达手段，篇位是世界片段的整体情景的原型表达手段，语篇是若干世界片段总体情景的原型表达手段，语篇际是语篇交际语义场的原型表达手段。各个所指不仅具有原型表达形式，而且具有非原型表达形式。也就是说，表达形式与其语义之间是多对多关系，并且具体篇章中有些语言单位及其层面可能无特殊的篇章意向性。因此，有必要在分析单层次语言单位及其相关层面与篇章语义整合的基础上，分析多层次语言单位体系与篇章语义整合的动态过程。

综上所述，篇章语义整合系统分析理论，是从篇章的线性语言单位层级得出篇章的非线性多维语义空间场，是依据语言单位多层级体系概念和表达篇章基本语义要素的语言单位的原型所指的多层性概念，通过把握单层次语言单位、多层次语言单位层级系统各自与篇章语义整合分析的动态过程，弄清篇章整体性和篇章多维语义。

---

① 原型（прототип）是认知语言学概念，是指事物范畴最典型的成员。而其他成员的典型性程度则各不相同。位于范畴中心的是原型成员，有明确和清晰的区别特征。距离中心越远的成员，其所代表的范畴典型性也越低。位于范畴外围的成员甚至与别的范围混淆，不易分辨其范畴所属。

第 2 章

篇章语义整合的语音分析

2.1　语音与篇章

2.1.1　篇章语义内容和信息与语音物质形式的有机统一

篇章语义内容和信息与其物质形式（语音）有机相连，二者不可分离，尤其对文学篇章而言，特别密切。篇章艺术内容与语音组织关联一致，不可由其他类似语音组织替代。改变语音形式或者引起艺术形象破坏，或者形成新的形象，这在经典作家的作品中表现得非常典型。例如：

Парус	帆
Белеет парус одинокий	大海上淡蓝色的云雾里
В тумане моря голубом!..	有一片孤帆闪耀着白光！……
Что ищет он в стране далёкой?	它寻求什么，在迢迢异地？
Что кинул он в краю родном?..	它抛下什么，在它的故乡？……
Играют волны – ветер свищет,	波浪在汹涌，海风在狂呼，
И мачта гнётся и скрипит…	桅杆弓起腰轧轧作响……
Увы, – он счастия не ищет	唉唉，它不是在寻求幸福，
И не от счастия бежит!	不是逃避幸福奔向他方！

Под ним струя светлей лазури, 　　下面是清比蓝天的波涛
Над ним луч солнца золотой!.. 　　上面是那金黄色的阳光……
А он, мятежный, просит бури, 　　而它，不安的，在祈求风暴，
Как будто в бурях есть покой! 　　仿佛在风暴中才能安详！

<1832> 　　　　　　　　　　　　　　　（余振 译）

Лермонтов М. 这首短诗，使用流辅音/p/、/л/写阳光照耀下涌动的波涛，使用唏嘘辅音/щ/、/c/写海风呼啸，使用 скрепеть 写轧轧作响的桅杆，象征着追求中遇到的艰难，通过塞辅音呈现"孤独""骚动""不安"帆的形象。这些典型手法代表了该诗篇的语音特色，充分体现了篇章是语义内容和信息与语音形式的有机统一体。

2.1.2 篇章语音意义

篇章中的语言符号和作为语言复合符号的篇章本身，其物质存在及其所表达的观念内容是一种客观现实。语符学理论通常把符号分为表达和内容平面，而在表达和内容平面又各自分出实体和形式层。篇章语言学认为，篇章也可分为表达和内容平面。语言符号属篇章表达平面的实体，由物质和思想构成，是双层面的符号单位，代表现实中事物、性能、关系等。篇章语言符号更多地是指第二次语义符号，即所谓按语义阐述原则（方法）构成的符号（Уфимцева 1998：167）或可称作"交际性符号"（Почепцов 2002：160，188）。因此，篇章中的音有语音意义，篇章的语音组织有表意可言。作为语言符号的篇章，不仅其内容平面承载意义、传递信息，而且篇章表达平面的语音也承载意义，充分体现着两个层面的有机统一，即篇章实体层语义和语音内容、篇章形式层语义结构和语音组织的有机统一。这是因为语音在言语中以音素和音素组等音段单位的形式获得了情感评价意义——语音意义。

所谓语音意义，是指语言的音素或音素组等音段单位在言语中获得的内容，典型地表现为诸如拟声词等初始语音象征手段产生的第一性语音意义和诸如近音词引力现象、语音暗示等派生语音象征产生的第二性联想语音意

义。(周小成 2004：34)

根据 **Гальперин И. Р.** 把内容分为"形式的内容和思想的内容"（Гальперин 1974：6），语音意义就是语言单位的形式意义，是语音组织在本体上拥有的意义。从初始语音象征来看，语音意义的来源较好理解；从派生语音象征来看，语音意义来源于词汇意义，是词汇意义的投射。如 **Журавлев А. П.** 认为，语音意义类似语法意义，与词汇意义有区别。研究语音意义的语言学家都毫无例外地采用特征（义子——本书作者注）列举法确定具体语音的意义。语音意义大多无指物意义。"语音意义是语言单位附加意义的评价特征部分。"（Журавлев 1974：32）这是因为，语音意义是一种象征意义，意义特征是评价特征。如果某个音使人产生了宏大的感觉，这只能意味着这个音在人潜意识中引起的联想与人对某种大的、体积大的、沉重或意义重大的事物的感觉具有相似性，即音的结构（心理音素的物理对应关系结构——本书作者注）和意义结构（以评价性、柔软性、活动性为标准特征所描绘出的三维空间结构和以音调、声乐性、洪亮度为标准所描绘的音感三维结构——本书作者注）具有相似性。（Левицкий 1994：36）因此，语音意义实则是一种心理结构的相似对应关系。如 прыг（跳）、кувырк（翻过来）、скакать（跳跃；疾驰）的语音组织具有节奏描绘功能。在 споткнуться（绊一下；卡住）、столкновение（相撞）中，辅音连缀 -ткн-、-лкн-，因为后舌音 /т/ 位于前舌音 /т/ 和 /н/、/л/ 和 /н/ 中间，舌头在发音时似乎也自然而然地绊了一下，准确地传达出非协调的动感。（同上）

如同"上一代或上几代人学到的语言能力，本来就以音感的形式潜伏地存在于下一代人或下几代人的头脑里"（钱冠连 2000：289），语音的情感评价意义也可能以音感的形式存在于人的遗传基因中。只是语言不同，语音经激活后产生的效果各异。因而，如同各种语言中众多的同义词发音不同，不同语言的语音象征系统差异很大。如对俄罗斯人而言，ся（夏、霞、匣、侠……）可以引起"可笑的意味"，хуэй（会、回、慧、惠、徽……）可以引起"耻辱的感觉"。如 первая династия со смешным названием Ся...（Генш

2006：14）у нас придумали стыдливое «хуэй», которым стали обозначать китайских мусульман... （Генш 2006：72）

  作为符号的篇章，按语义阐述原则构成。因而，我们认为从某种意义上来讲，任何篇章都有这种相似的对应关系——篇章语音意义。只是有些篇章的这种对应关系体现出情感评价意义，有些没有体现出情感评价意义，这种情感评价意义即表现为相应篇章的语音意义。因此，篇章语音意义是指篇章音响结构（心理音素之物理对应关系的整体结构）和意义结构（根据对音的评价特征所形成的整体结构和语音感知所产生的整体结构）具有相似性，是语言符号相似性的表现形式之一。篇章语音意义是篇章音响结构产生的情感评价意义。这种情感评价意义在一些篇章中由于音响结构与内容结构的相互影响以及说话人和写作人下意识地选取语音组织适合交际情景的语音单位等原因而表现得比单个音更为明显，我们可以把这种篇章称作语音表意篇章；而在另一些篇章中，也主要因为这两方面原因而失去表现，这种篇章就可称作语音非表意篇章。篇章的语音组织唤起的情感评价意义与篇章内容唤起的情感评价意义相互依存，与篇章所表达的主题和格调保持一致，服从篇章意图，为凸显篇章意向性服务。

  如果说单个音的语音意义具有一定的模糊性、不稳定性，那么篇章语音意义则由于受篇章内容的制约而具有较强的稳定性。这是因为，单个的音依据其心理音素的物理对应关系结构可能表达情感评价意义或趋向于表达某种情感评价意义，词的音响则反映词汇意义与语音意义的结合；而篇章生成时，说话人、写作者往往下意识或有意识地使用那些语音层面符合交际语境情感方面要求的语言单位。这些具有特定语音意义的单位在篇章中积累特定的情感意义，创造篇章总体情感音响，对形成语音表意篇章有很大作用。

  我们认为，语言符号的音响具有语义联想场，能够影响音段单位的义素而创造一定的情感评价意义，形成语音意义。篇章语音意义也不例外，只是篇章语音意义能够凸显出特有的言语价值，也就是，服从篇章交际意图，与篇章主题、格调和评价等范畴和谐一致。

篇章可看作其语音物质外壳——音段单位的线性序列。语言音段单位从小到大可分为音素/组、音节、语音词、语音句、语音句组、篇章全文、篇际。

语音非表意篇章中的音段单位尽可能地在音响效果上与篇章所表达的主题不矛盾。而优秀的篇章作品，无论是日常生活篇章，还是文学篇章，除非具有语言使用系统的理据性，都尽力删去不和谐的音段单位，增加动听、悦耳的音段，有利于受话人感悟和理解发话人的交际意图。这些都是语音表意功能的正常体现。请看下列利用语音理据性创造形象的例子。

众所周知，俄语啦、唏辅音的发音比较难。一般情况下，它们也比较难听，在言语中的过分重复会造成不悦耳，影响受话人对篇章作品的感知和领悟。但在语音表意篇章中，篇章中的特定音或音组由于其特有的表意功能而成为塑造篇章艺术形象的典型手段。如下面是从 Горький М.（高尔基）童话 «Воробьишко»（《小麻雀》）中所选的一段：

– Что, что? – спрашивала его (воробьишка) воробьиха мама.

Он потряхивал крыльями и, глядя на землю, чирикал:

– Чересчур черна, чересчур!

Прилетая, папаша приносил букашек Пудику и хвастался:

– Чив?

Мама воробьиха одобряла его:

– Чив, чив!

А Пудик глотал букашек и думал:

"Чем чванятся – червяка с ножками дали – чудо!"

И всё высовывался из гнезда, всё разглядывал.

– Чадо, чадо! – беспокоилась мать, – смотри – чебурахнешься!

– Чем, чем? – спрашивал Пудик.

– Да не чем, а упадёшь на землю. Кошка – чик! И – слопает! – объяснял отец, улетая на охоту.

该童话是具有篇章语音意义的语音表意篇章，表达语音意义的典型音段单位首推单个的音素和音素组。这是因为读俄文，可以感到大量重复着的/ч/，加上/чик/、/дик/等音组，好像听到麻雀的叫声，这些属篇章的主导音或音组，是产生该童话篇章语音音义的典型语音手段。

我们认为，篇章语音意义的产生，表现为人的生理机能借助通感把人的情感之间的客观关系与篇章语言符号的能指和所指紧密结合，产生语音意义。虽然语言系统中也有拟声词、象声词等语音象征，但其数量毕竟非常有限。它们在篇章中，也只有在篇章中与派生语音象征共同作用，才能获得塑造作品艺术形象、营造言语格调的巨大力量。篇章把拟声词固有的语音意义（音素与意义间的必然联系）临时赋予非拟声词。作为复杂整体的篇章，其结构促使语言单位产生语言系统所没有的意义。这些意义与篇章同时产生，是篇章的意义。我们就是把这种由联想产生的音义整合所形成的情感意义称为篇章的语音意义，即篇章中通过语音整合而显示出的象征意义。篇章中的主导音或音组是具有这种象征意义的典型手段。从篇章生成来看，这些主导音或音组与篇章中其他语音成分相互作用，共同形成篇章的情感格调和言语风格，创造篇章的艺术形象；从篇章理解来看，读者可以借助篇章中主导音型与音组获得篇章的语音意义及艺术形象。因而，对于语音组织表达特定情感意义的语音表意篇章，人们能够直觉地感受到篇章语音组织有巨大的感染力，这都因为篇章语义语音整合直接作用于读者的感受和体验，产生了强烈的刺激。当然，作者在创作过程中对作品语音组织的感受和理解也是客观存在的。

2.1.3 产生篇章语音意义的典型形式

"篇章语言符号是两侧对称的双层面单位，这决定了语言符号在篇章中可以存在于两个层面——物质外壳语音和思想内容意思。"（Николаева 2000：417）从一般范畴来讲，篇章是特定语音组织与特定语义内容和信息构成的有机统一体；从特殊范畴来讲，篇章中的初始语音象征和派生语音象征是生成篇章语音意义的典型手法。初始语音象征包括拟声词、模仿性音素串和音素声学发音性能的各种不同组合；派生语音象征包括同音词引力、反映篇章主要题旨的音素（音组）串、语音暗示、语音双关和象声词。

语音象征的分类在很大程度上是相对的，因为对语音象征的阐释在很多方面取决于读者的情商和理解时的情绪状态，涉及读者语音感知能力和整体文化素质。

A. 初始语音象征

初始语音象征也称作拟声。"拟声是指在词的音素与奠定称名基础所指的声音特性之间存在有规律的非任意的语音理据性。"（Воронин 1998：165）

初始语音象征包括拟声词和模仿性音素串。拟声词的语音形式呈现了最初的摹声词源，例如，бах、бахать、пых、пыхтенье 是对自然声响的模仿；模仿性音素串是指在诸如 ... Ветер... клены... шум вершин...（И. Анненский）中的音素列/е/-/е/-/ш/-/ш/在拟声成分和环境限定成分相互作用下获得了绘声意义。不同音素组合之所以能表示相似的语音音响，是因为模仿有近音同义现象。

对初始语音象征而言，重要的是音素的发音和声学特征。如擦辅音（尤其是咝音和唏音）常用来再现咝咝、嘘嘘、吱吱、簌簌、沙沙声、口哨声、笛声、小动物吱吱声等 。请看诗人 Казин В. 的 «рубанок» 中一节选用带/ж/、/ш/、/ц/、/с/的音表现木匠用刨子刨木的声音。例如：

Живей, рубанок, шибче шаркай,

Шушукай, пой за верстаком.

Чеши тесину сталью жаркой,

Стальным и жарким гребешком.

再如塞辅音模仿"若断若续的"噪音、喧哗声、嘈杂声、跺脚声、鼓声等，从总体上造成一种急速运行、动态十足的运动感。频繁使用塞辅音，凸显与篇章主题一致的语音意义，增强作品感情表现力，发挥塑造作品艺术形象的功能。

B. 派生语音象征

"派生语音象征,是指存在于词的音素与奠定词称名基础之所指物的非声音特征之间的非任意性理据关系在词汇语音上的有规律折射。"(Воронин 1998:166)

（1）近音词

这是两个或两个以上近音词的语音通过象征手段而产生语义引力之现象,实质上是词的义素依据谐音相互渗透产生了附加意义。近音词通过其词义的转变、相互强化形成语音隐喻。近音引力现象中的词,常具有较大的联想空间,以语音相似为形式,创造共同的背景,建构语境同义、反义等语义关系。因此,近音词的引力确定相似音（组）与多义、近义和反义词之间的联想关系。这类近音词常见的是名词、动词、形容词,而副词、代词、数词、语气词和前置词比较少见。近音词的引力现象可以使单个词缀或词的一部分获得实际意义,与构词法无关,可使任何音素产生意义。请看下例:

Кругом какие-то темные шашни.

Страшно!

Заревом красным окнозакрашено –

Страшно!

Елагни.（叶拉金）这段诗,运用音组串 /шаш/、/раш/ 象征生存的恐怖。

（2）反映篇章主要题旨的音素串

篇章中的一些音素或音组,或是与篇章关键词中的音组相谐和,或是与反映篇章主题意义的音组相谐和。这些音或音组相互接近,相互对照,重复出现,贯串整个篇章全文,发挥暗示、提示篇章主题思想的作用。例如：

По крышам городских квартир

Грозой гремел полет волькирий...（Вознесенский А.）

音组 /кр/、/гр/ 能使人联想到某种叫喊声、嚎鸣声或令人恐惧的不祥之兆和急速降临的事物，已超出该篇段表达的共同情绪。这是因为-кр-、-гр-这些非极限词素，经多次重复，得到强调、凸显，进入交际前景，能够使具有相似音组的单个词素成为同一个联想场中的词素而获得意义。

（3）语音暗示

语音暗示是指反映篇章主要题旨的特殊音素串。这类音素串形成了语音联想场，把比近音词更多的词纳入联想场，产生语音感应。也就是说，分散在篇章中的语音重复，体现某个具体词的语义联想因子，而这个具体的词往往并没有出现在篇章中。这是一种语音提示，意义借助语音的联想性从篇章呈现的所指转移到概念意义的所指。语音暗示词在篇章中经常出现的位置有三种。

第一种出现在篇章题目。这是把与语音暗示相关的词聚拢在一起的词，常常是篇章的关键词。如：Горький М. «Песня о буревестнике» 中 буревестник 暗示 революционер。

第二种在篇章开头。语音暗示词使读者有思想准备去感悟理解将要谈到的内容。

第三种在篇章末尾。位于篇章末尾的语音暗示词往往不是谜底，而是谜面。例如：

Я - Гой я! Глазницы воронок мне выклевал вороr... （А. Вознесенский）

这里重复性音组 воро 暗示 вороr（仇敌）就是 ворон，而 ворон 的篇际成分——谚语 Ворон ворону глаз не выключет（乌鸦不啄乌鸦的眼睛，比喻同类不相残）表明仇敌是同类。言外之意，我们的仇敌是我们俄罗斯同胞。（这已涉及本书第 9 章内容）

（4）语音双关

利用词的音素相同或相近表示两种相关联的意义，可使话语诙谐、幽默。例如：

Отчего говорят насморк?

Надобно говорить нос мокр. （Вяземский П.）

（5）象声词

象声词，纯粹是由词的语音使人联想到某种意义。例如，изгиб、изгибание 等词由于其语音组织（/з/〈前舌〉+ /г/〈后舌〉+ /п/ 或 /б/〈唇音〉）的音响在通感作用下形成与它们的词汇意义相一致的语音意义。

2.2　篇章语义语音整合

2.2.1　篇章语义语音整合

"篇章中的语言符号是两侧对称的双层面单位，这决定了语言符号在篇章中可以实现在两个层面——语音物质外壳和思想内容意思。"（Николаева 2000：417）

现代心理语言学的语音语义理论（фоносемантика）所做的心理测试表明，词的理据不仅仅指拟声，词的发音还能够表达语词所表示客体具有的特征；言语片断的音响和视觉、触觉形象之间实际上存在联系；篇章的语音语义构成能够在无意识层面影响人们理解篇章意义。（Горелов 1998：10~17）这类现象的心理本质是通感。拟声词的基础是音和义在结构上的相似，音和义有直接的自然或逻辑联系；派生语音象征的基础是音和意的各种联想，是音响形象和意义之间的对应，音和意具有间接的人文联系。篇章结构促使音段单位产生并非语言系统所普遍存在的语音意义。语言系统中仅仅拟声词、象声词有语音意义。篇章语境通过促使词的物质层面（音响）与理解者的经验产生共鸣，从而激活拟声和派生语音象征的语音形式而表达特定的内容和意思，语音就获得意义。这是篇章整体性的体现，是篇章整合在语音层面的表现。

人们使用语言抒发情怀，以情感人，语言符号就获得了独立价值。就像 **Якубинский Л. П.** 所言，音成为人们注意的对象，音展现了自身的价值，清晰地呈现在人们的意识中。（Якубинский 1997：139）语音形式在特定言语中获得了引人注目的内容,初始和派生语音象征是其典型的表现形式。篇章语音组织不仅具有内容的形式化功能,而且获得了形式的语义化。这在诗歌、散文等文学作品和一些广告篇章中尤为突出。请看 Есенин С. 的《Поэмао 36》（1956：106）第 1 段：

Много в России

Троп.

Что ни тропа –

То гроб.

Что ни верста –

То крест.

До енисейских мест

Шесть тысяч один

Сугроб.

在这段诗歌中,诗人使用 тропа、гроб、верста、крест、место、сугроб 称名来称谓物质世界的现象,把 троп 和 гроб、верста 和 крест 及 место、гроб 和 сугроб 放在同一节诗里,能够引起读者（听众）面临死亡的恐惧感,感受到主人公在生与死中挣扎的凄凉感和悲壮感。这些词编排意义世界与现实世界和概念世界的联系,其物质外壳（语音）特别引人注目。语音联系的变化有助诗人表达其主题,即无数革命先烈面临严峻残酷的死亡现实,献出了生命。在本诗段中,тропа（小路）、гроб（坟墓）和 сугроб（雪堆）成为同义词,мест（место）借助 верста（俄里）成为 крест（十字架）的同义词。这些音响和意义的对应关系是语音整合产生的,是在诗歌篇章中产生的,是诗人创造性运用语言手段的结果。

2.2.2 篇章语义语音整合的生成机制

我们认为,篇章语音整合中,人们对音这一语词的物质形式,尤其是对引起诗人（读者、听众）注意的音的情感体验发挥着极其重要的作用。语音整合正是通过这些情感体验而实现的。这可以从洪堡特关于形式与质料的观点所佐证。在洪堡特看来，一门语言，整体来讲可以看作形式与语言外两个方面的质料相对应，一方面是声音，另一方面是人的"全部感觉印象和自主的精神运动"，即思维活动及其内容。作为一种形式，语言以自然的质料（声音）传达了精神的质料（如概念），"语言形式的本质就在于把那些具体的、与它相对而言被视为质料的语言要素综合为精神的统一体"。（转引自姚小平 1995：114）因此，我们认为，正是这种"全部感觉印象和自主的精神运动"，即作者或读者的思维活动及其内容，产生语音与意义的整合联系。

Якобсон Р. О. 认为，音响和意义的重要联系来自将相似性移植到相邻性上。语音的象征性（звуковой символизм）无疑是一种客观关系，其依据在于各种外部情感之间的现实联系，尤其是把非空间的听觉联系转换为空间的视觉联系。（Якобсон 1975：323）俄罗斯神经语言学家 Лурия А. Р. 曾假定，这种心理联系的生理机制在于我们大脑皮质下区感官器的神经传导路线分布很近，神经脉冲产生相互感应。这一假设被心理语言学家 Красникова Е. И. 通过实验所证实。（Горелов 1998：15~16）

音响和意义之间产生联系的语言学依据，在于音位区别特征的对立性。正如 **Якобсон Р. О.** 所言："音位系统中没有一个区别特征能够孤立地、在对立之外存在……对立成分的双边性不是任意的，而是必需的。"（Якобсон 1998：90）因此，语音意义归根结底是通过对比和重复凸显音位某一区别特征所形成的与语言意义或言语意思相关的"评价义"。

文学篇章中，语言符号能指竭力拥有当前符号以外的其他同义异音手段；语言符号所指竭力拥有与自身功能不同的功能，即同音异义手段的功能。言语中，符号失去第一性意义，出现了转义，就依同音而变化。若发话人认为某一意义重要，他就尽可能使用较大数量同义异音手段，形成共同语义背景，每一个词都由于指向邻近词而形成自己的意思。这是由于语言符号的音响具有语义联想场，能够改造音段单位的义素而创造一定的附加意义。如果说同音近音重复能够在语境外保持很大一部分偶然性的潜在联想，那么所有其他类型语音语义手段（除拟声词、象声词）都指向语境。如模仿性语音重复指向声学联想语境，表现为具有相应词素的音素联想场的影响。

因此，我们认为，形成语音整合的心理联想存在三个物质基础，即人的情感之间的客观关系、人的生理机能、语言符号的音响。篇章语音整合机制表现为人的生理机能借助通感把人的情感之间的客观关系与篇章语音音响紧密结合，产生语音意义。

虽然语言系统中也有拟声等语音象征，但是毕竟少得可怜。拟声词在篇章中，也只有在篇章中与派生语音象征共同作用，才能获得塑造作品艺术形象、营造言语格调的巨大力量。篇章把拟声词固有的语音意义（音素与意义间的必然联系）临时赋予非拟声词。这是篇章在语音层较明显的整合。请看Тютчев Ф. 的诗《Зима недаром злится》第1节：

Зима недаром злится,

Прошла её пора –

Весна в окно стучится

И гонит со двора.

（选自 Сто лучших поэтов России 2002）

стучится 是初始语言象征，злится 由于和 стучится 同处行末，行末诗歌韵元的述谓化使得二者相互接近，义素相互渗透。因而，злится 也获得与 стучится 相似的语音意义，把表示情感的动词外化为表示风雪肆虐、象征冬天的声音。读者仿佛也能听到寒冬肆虐的声音和春天的敲门声，从而塑造出两个鲜明对立的形象。

2.2.3 篇章语义语音整合的生成类型

从事物产生的客观依据来看，篇章中语音整合可分为三种类型：言辞联系、动觉联系、声学联系。

词汇联系是言辞联系的一种。词汇联系的依据是指由一致的主题特征所联合起来的词在语音上的相似性。例如，严格来讲，гроб 和 сугроб 在语言系统中不是同义词，但在这里（见本书 2.2.1）表现为语境同义关系；место 借助在 верста、крест、место 系列中语音外壳的相似性，呈现出一种动态的完型过程，产生令人恐惧的感觉。

严格来讲，各级语言单位，音素、形素、词形、句素、语句等都可成为语音整合产生的客观依据。我们在这里之所以强调词汇联系，是因为一般公认词是语言的基本单位。

动觉联系是由于发音器官的动作和部位在感觉和知觉上的接近，从而借助通感产生语音象征。动觉联系和词汇联系常常共同起作用。如下面诗段中的 шесть 和 сесть、бурунный 和 Шлиссельбург 以及 вспург 和 Шлиссельбург 之间在发音器官动作和发音部位上的感觉接近，表现突出。

Их было тридцать

Шесть.

В камере негде

Сесть.

В окнах бурунный

Вспург.

Крепко стоит

Шлиссельбург...

（选自 Есенин 1956：109）

声学联系由声音的物理特性引起，与拟声相连。如果说在形成非拟声词的语音外壳时，声学特征的选择是某种思维分析的结果，那么在形成拟声词时，声学特征的选择受知觉支配。请看下段：

Пусть умирает

Тот,

Кто брата в тайгу

Ведет.

И ты под кардальный

Дзин

Шпарь, как седой

Баргузин.

(选自 Есенин 1956：107)

初始语音象征 дзин（дзинь）和派生语音象征 Баргузин 巧妙结合，创造出北风肆虐的怒嚎声，令人似乎听到那悲壮的声响，对革命者肃然起敬。

2.2.4 篇章语义语音整合的功能

作为语言较高等级整体的篇章，具有宏观关联性特点，具体篇章对音素所产生的整合作用有助产生联想意义。近音词现象能很好地说明语音组成（音素和音素组）在整合作用下的意义增加。近音词是指音响相似（或词素重合）的词。在 2.2.2 所分析篇章中有诸如 тропа、гроб、сугроб，крест、шесть、сесть、место。

近音特征在诗歌篇章的语音—书写构成方面发挥着不小的作用。近音化（парономазия）有助形成一定的语音音阶，间接参与表达意义。请看 Тураева 对 Вознесенский А. 的«Мастера»中一个近音化现象所做的分析：

Цари, тираны,

В тиарах яйцевидных,

В пожарищах-сутанах

И с жерлами цилиндров.

(选自 Andrei Voznesensky 1967)

音素和音素组进入诗歌篇章的整体结构，获得了象征意义，成为各类联想的源泉。因此，把沙皇的长袍比作天主教士的长袍胜过塑造隐语形象。音素组-ар-和-ра-拉近了这节诗段与派生性语音象征的距离，扩大了每一单个成分的信息量。如果说 цари 和 тиары、тираны 是由常见的共同主题联合在一起，那么 пожарища 则只有在这个语境中才能进入 цари、тираны、тиары、пожарища 序列。这一序列引起人们联想，剑与火铸就自由思想，"所有时代的野蛮人"一贯镇压人民反抗奴役的起义。声学和动觉联系激活词汇联系,这些词产生语义接近。пожарища 依据词汇形式实现派生语音象征。正是语音的变谐体(звуковая аранжировка)在此处促使实现词汇的潜能。(Тураева 1986:28)

在上述诗歌篇章的整体结构中,音的变谐体、音素组的重复之所以能塑造形象,是因为结合在一起的篇章成分语义范围扩展的缘故。篇章成分信息量扩大,体现出派生语音象征的间接联想。直接和间接联想对意义产生反向联系,形式对内容发生作用。

2.2.5 篇章音型

我们认为,弄清篇章中哪些是占主导地位的音型(тип звуков)、该音型在语音整合中如何形成一定的情感格调,这对于认识派生性语音象征具有重要价值。那么,篇章中,尤其是诗歌篇章中,一般存在哪些音型?篇章音型如何构成呢?

按照 **Брик О. М.** 的观点,词的音素的声学价值是不相同的。重读元音最有特色,非重读元音就弱得多。辅音虽无如此大的差异,但位于词首及直接位于重读元音前的辅音也很突出。根据声学价值,词的音素可排序如下:①重读元音,②加强声调的辅音,③非加强声调的辅音,④非重读元音。产生重读元音谐音的有元音重复、元音相协、词首音节协韵;产生加强声调辅音的谐音有辅音重复法;音重复也形成非加强声调辅音;(对语音重复而言,辅音是否加强声调无关紧要。)非重读元音由于声学效果微弱,只能在整体上形成总的语音背景。也就是说,篇章中值得我们特别注意的是:①重读元音形成的元音重复、元音相协、词首音节协韵,②辅音重复,③非重读元音在质量、顺序上的完全重合。关于辅音重复,Брик 提出一个用代数符号表示基本辅音的方法,把重复类型分为 AB、BA、ABC、BAC、ACB,等。例如,如果把 соловей 看作基础,则 слава 就是以 ABC 的形式第二次出现,волос 就是以 CBA 形式出现的重复。(Брик 1997:118)篇章音型由这三类有机结合构成。在寻找主导音型时，不仅要考虑音素、音素组重复使用的数量，而且要考虑所处位置。请看普希金脍炙人口的诗句：

Люблю тебя, Петра творенье,

Люблю твой строгий, стройный вид,

Невы державное теченье,

Береговой гранит...

这段诗出自《青铜骑士》，在俄罗斯几乎妇孺皆知。在圣彼得堡庆祝建城300周年的仪式上，播音员饱含激情地朗诵了这段诗，恐怕与诗句本身高昂愉悦的篇调不无关系。这段诗，重复最多的重读元音是/o/（4 次）；重复最多的辅音是/p/（5 次）；重复最多的非重读元音是位于重读音节前第 1 个非重读音节中的/e/（5 次），而且/e/还在韵脚重读中重复 2 次；行首（词首）响辅音/л'/（重复 1 次）与/н'/连用。

根据 **Журавлёв А. П.** 应用标尺法对俄语 46 个音素（经常以字母形式体现出来）的 25 对特征所做的统计材料（Журавлёв 1974：46~49），/o/象征美好、大、明亮、积极、简洁、强壮、美丽、光滑、崇高、鲜明、圆润、宏亮、悠长、勇猛、强大；辅音/p/比较特殊，可以象征贬义的粗鲁、黑暗、寒冷、生硬、沉重、可怕、粗糙、凶恶，也可以象征褒义的男子汉气概、积极、强壮、崇高、鲜明、宏亮、勇猛、强大，在这首诗中受篇章语境选择功能的制约显然是褒义；/и/和/е/共同的象征意义有美好、温柔、明亮、简洁、美丽、圆润；响辅音［л'］的象征意义有美好、娇小、温柔、女性化、明亮、美丽、快乐、安全、圆润、鲜明、愉悦、善良；响辅音/н'/的象征意义有温柔、女性化、热烈、好看、祥和、善良。

这段诗令人喜爱、难以忘怀，恐怕与作者天才地运用这些音素、音素组不无关系。这是不太明显的语音整合，但对形成篇章风格却作用很大。

我们认为，在具体分析中，以诗节（诗段）为单位，注重分析主导音型再分析诗节之间联系比较理想，这是因为篇章逻辑语义结构的基本单位——篇素（详述请看本书第 7 章）在诗歌中通常表现为诗节。（Солганик 2001：

38) 当然，也有寥寥几行就能造成强烈的效果，可以充分说明主导音型的篇章整合作用。如 Бальмонт К. 的诗歌《Камыши》开头两行：

Полночной порою в болотной глуши

Чуть слышно, бесшумно шуршат камыши...

唏辅音重叠使用，形成苇丛作响的感觉。

把前后诗节联系起来看作一个整体，我们发现一个特别有趣的现象，即诗歌篇章中主导音型形成一个类似语义链的音义联想链。请看下例：

Буря и грозный

Вой.

Грузно бредет

Кон**вой**.

Ружья наперевес.

Если ты хочешь

В лес,

Не дорожи

Голо**вой**.

（选自 Есенин С. 1956：108）

本节中，в**ой**、кон**вой**、голо**вой** 的声学、语词和动觉联想共同作用，以声学联想为主导，形成以 вой 为主导音型的音义联想链，把两个诗节融为一体，使人读后产生主人公痛苦呻吟、顽强挣扎的形象。

2.2.6　篇章语义语音整合的效应

作为复杂整体的篇章，其结构促使语言单位在各个不同层级产生语言系统所没有的意义。这些意义与篇章同时产生，是篇章的意义。我们就是把这种由联想产生的音义整合所形成的情感意义称为篇章的语音意义，即篇章中通过语音整合而显示出的象征意义。篇章中主导音素和音素组具有这种象征意义。这些音素和音素组犹如一幅图画的中心人物，而整个篇章语音材料的总和就像图画的完整结构。这些主导音素和音素组是最能体现篇章基本艺术构思的物质手段。它们能在篇章全文框架内形成以某几个主导音型为线索的音义联想链。从篇章生成来看，这个音义联想链与篇章中其他语音成分相互作用，共同形成篇章的情感格调和言语风格，创造篇章的艺术形象；从篇章理解角度来看，读者可以借助篇章中主导音型及其所形成的音义联想链获得篇章的语音意义及篇章的艺术形象。因而，对于语音组织表达特定情感意义的篇章，人们能够直觉地感受到篇章语音组织有巨大的感染力，这都因为篇章语义语音整合直接作用于人的感受和体验，产生了强烈的刺激效应。当然，作者在创作过程中也有对作品语音组织的感受和理解。这同样体现篇章的语音语义整合效应。

请看 Блок А. 的《Балаган》。这首诗的第 1 诗节主导音型是塞辅音和颤音响声流辅音的组合 -др-、-сл-、-кр-。这虽不太符合语音和谐律，但却因此而获得藉拟声所创造的形象性。让我们来看这首诗的第 1 个诗节（Блок 1969：161）：

Над черной слякостью дороги

Не поднимается туман.

Везут, покряхтывая, дроги

Мой полинялый балаган.

第 3 行通过拟声词 покряхтывая、дроги 创造声音形象。покряхтывая 是依据语音的声学发音所做的模拟。《大俄汉词典》对 кряхтеть 的释义是：①（因疼痛、用力等）而发出呼哧声、哼哼声；②（转）（由于境遇艰难或负担沉重而）呻吟；③唉声叹气。此处显然采用拟人修辞手法，直义和转义都得到体现。дроги 一词在俗语源上归于 дрог、дрожать（дрожь、дрогнуть）。因此，покряхтывая 通过语义联想与 дроги 相连，而 дроги 通过近音韵脚与 дороги 相连，从而与第 1 行建立语音形象图景联系。

第 2 行和第 4 行通过与第 1 行的语音形象和第 3 行的拟声图景相比较，形成近音和重复音的密集连缀。在这个相似性背景下，通过联想使 туман 和 балаган 接近。虽然，туман 和 балаган 语音差别大，不可能产生近音引力，但在该语音环境下由于诗歌韵元在行末所产生的述谓化，使得词的义素相互渗透，发生"相似性移植到相邻性"，从而创造本诗节的象征形象，即泥泞大道上没有起雾，就像滑稽草台上没有搭幕。

Залевская А. А. 认为："篇章对人观念的影响呈现于篇章这个语言复合符号的表意过程。这时，每个人都运用个体包含在社会影响中的言辞、非言辞、知觉和情感经验，把理解和对所理解对象的感受相结合。"（Залевская 2002：64）既然篇章是语言符号，那么根据叶尔姆斯列夫的语符理论，篇章的语音组织就是篇章这个语言符号的能指的表达实体，篇章的语义内容就是篇章符号的所指的内容实体，篇章表义的过程就是表达实体和内容实体发生关系的过程，即篇章语音组织和篇章语义内容发生关系的过程。结合 Залевская А. А. 的上述观点，就可以认为，在篇章语音组织和篇章语义内容发生关系的过程中产生了对人的影响，并且篇章对人的影响不仅在观念方面，还涉及人的感觉、知觉、情感和认知等方面。因此，篇章语义语音整合效应的表现是多方面的。

为了对篇章语义语音整合效应有一个较全面深刻的认识，我们试对高尔基著名作品《海燕之歌》做个篇章全文的分析。

Песня о буревестнике

М. Горький

Над седой равниной моря ветер тучи собирает. Между тучами и морем гордо реет Буревестник, черной молнии подобный.

То крылом волны касаясь, то стрелой взмывая к тучам, он кричит, и – тучи слышат радость в смелом крике птицы.

В этом крике – жажда бури! Силу гнева, пламя страсти и уверенность в победе слышат тучи в этом крике.

Чайки стонут перед бурей, – стонут, мечутся над морем и на дно его готовы спрятать ужас свой пред бурей.

И гагары тоже стонут, – им, гагарам, недоступно наслажденье битвой жизни: гром ударов их пугает.

Глупый пингвин робко прячет тело жирное в утесах... Только гордый Буревестник реет смело и свободно над седым от пены морем!

Все мрачней и ниже тучи опускаются над морем, и поют, и рвутся волны к высоте навстречу грому.

Гром грохочет. В пене гнева стонут волны с ветром споря. Вот охватывает ветер стаи волн объятьем крепким и бросает их с размаху в дикой злобе на утесы, разбивая в пыль и брызги изумрудные громады.

Буревестник с криком реет, черной молнии подобный, как стрела пронзает тучи, пену волн крылом срывает.

Вот он носится, как демон, – гордый, черный демон бури, – и смеется, и рыдает... Он над тучами смеется, он от радости рыдает!

В гневе грома, – чуткий демон, – он давно усталость слышит, он уверен, что не скроют тучи солнца, – нет, не скроют!

Ветер воет... Гром грохочет...

Синим пламенем пылают стаи туч над бездной моря. Море ловит стрелы молний и в своей пучине гасит. Точно огненные змеи, вьются в море, исчезая, отраженья этих молний. – Буря! Скоро грянет буря!

Это смелый Буревестник гордо реет между молний над ревущим гневно морем; то кричит пророк победы:

– Пусть сильнее грянет буря!..

(选自 Горький М. Избранные сочинения 1986)

首先，该作品中实词用法总共117个/次，其中含有拟声、象声成分的词 кричать、крик、стонать、гром、удар、грохотать、смеяться、рыдать、выть、грянуть、реветь、гагара 的用法有 24 个/次。象声词使用率达 20%以上，清晰的拟声有助描摹出篇章全文语音图景的概貌。其次，该篇章出现最多的重读元音/o/60 次、/и³/40 次、/a/29 次，出现最多的辅音/т/74 次、/р/47

次、/р'/37 次、/д/26 次、/к/26 次、/п/24 次、/б/23 次、/г/21 次。

根据 Журавлев 的心理测试成果（Журавлев1974：46～49），元音/o/象征美好、宏大、勇敢、明亮、积极、简洁、强壮、冷漠、美丽、慢速、光滑、崇高、圆润、宏亮、悠长、勇猛、强大；/и³/象征美好、温柔、明亮、简洁、强壮、慢速、美丽、安全、光滑、勇猛、强大；/a/象征美好、宏大、勇敢、明亮、积极、简洁、美丽、圆润、崇高、鲜明、光滑、愉快、明亮、悠长、勇猛、善良、强大。这些特征与该篇章的言语风格整体形象达到高度和谐与统一。这些特征是作家频繁使用这些字母音素作为一种表情手法的语音学依据。

"塞辅音/т/、/д/、/к/、/г/、/п/、/б/模仿若断若续的噪音、喧哗声、嘈杂声，在总体上造成一种高速运行、动感十足的运动。响辅音/р/、/р'/独具特色的声学—发音特征常被用来描摹恢宏巨大的声响。按照雅库宾斯基的说法，流辅音连用降低言语速度，打破了言语的无意识性，引起人们对音的注意。"（Новиков 1988：163）

贯穿全篇的塞辅音模仿喧哗、嘈杂声，造成动态、紧张、急剧变化的感觉。尤其第1、2、3自然段和第6～14自然段，通过塞辅音与流辅音交替或流辅音重复、塞辅音与流辅音或塞通音与流辅音的音素组重复，生动地传达出不断增强的暴风骤雨形象，使人仿佛听到惊涛骇浪和滚滚雷声、咆哮的大海和喧哗的波浪。第4自然段的独特之处，还在于唏、嘘音 ч-с-с-ч-с-с 重复，似乎在模仿"海鸥"的叹息悲鸣。第5自然段 rarapa 拟声重复使海鸭的 стонать 具体化，与 гром ударов 拟声形成鲜明对照。

该首散文诗的语音组织，无论是使用率高达20%以上的拟声和象声词，使用频率极高的主导音素和音素组，还是篇章全文的语音构成，都会对每一位朗诵者的感觉、知觉和情感产生巨大的刺激，听众会在整个身心上都感受到巨大的影响。

最后，该篇章题目中 буревестник 可看作由 буря（暴风雨）和 вестник（信使）的合成。若把 рев（олюция）和 реф（орма）对比，рев-可看作 революционер 的语音暗示。

第3章

篇章语义整合的形素分析

3.1 形素与篇章

3.1.1 词素的功能和分类

语言功能标示层的抽象构拟单位是词素,直观可见单位是形素。

形素是词素在言语中的表现。

词素是反映事物语义关系特征的标志。

词素的基本功能是标示,旨在指明词所指事物的语义特征。词素具有两个功能变体,第一,使形素表义,把形素变成指示和寻找词形意义的基准点;第二,缩小称名范围。词素通过限制阐释(称名)范围实现指示功能。词素分类反映了限制词汇意义范围的方法。词汇词素,从概念意义和指物意义两方面限定词汇意义;语法词素,从指物意义及与其他客体关系角度限定词义;词汇—语法词素(准词汇词素),只改变词汇的概念意义。词汇词素,限定词汇意义的选择范围;语法词素,指示意义的存在和意义呈现的方法;词汇—语法词素,兼有上述二者的功能。(Богушевич 1985:67~77)

篇章中词汇词素的语义分析基本上限于构词词缀。这是因为词根直接指示词的阐释范围,构形词缀在句法范畴指示语义范围,而构词词缀依据词根阐释范围的进一步分类确定词汇意义。

当代俄语利用加缀法构成了大量新词。如果知道词根和构词词缀的语义，就比较容易理解新词的用法。我们认为，教学中应注重培养学生从语言学角度推测词的正确意义和用法的能力，这是无可争辩的。但是语义、构词分析应结合语境、语用分析，即把形素语义整体综合分析放在言语交际（篇章）的动态过程中，方能深刻理解词义及其用法，也能促进篇章语义分析。

大多数语义特征既可进入词汇词素，又可进入语法词素，即可包含在词汇场和语法聚合体两个领域，形成词汇名素和语法名素。

构词范畴是语法范畴的次类，在构词范畴类型中所有的内容结构具有更大的复杂性，都展示形态和语义及语法自身语义范畴，从而最终展示观念范畴。（Кубрякова 2006：8）

不是所有的语法意义都指向称名所表达概念的外延，相当多的语法意义表现词的外部联系，即形成语法意义在更大单位中的联系。如名词的格在句素中形成名词与其他词的联系（词的外部联系）。因而，名词格用来表示名词所指的客体与客体、客体与现实中其他现象之间的联系。

因此，词素中蕴涵着三个层级单位分析的理论依据，即篇章形素分析侧重构词词缀的篇章功能，篇章词分析侧重词汇语义场的篇章功能，篇章句素分析侧重反映现实关系的词的语法关系的篇章功能。

3.1.2 词缀与篇章

从理解角度来看，词缀与篇章的关系表现在两个方面，一方面词缀有助于读者阐释篇章，另一方面篇章有助读者理解词缀的用法。

Маяковский 的诗歌《Подлиза》中，作者个人新词 архи-разиерархия 构词结构独特，архи-和 раз-两个近义前缀重叠使用，启示读者理解文中隐含意义，而揭示这些隐含意义可以加深人们对 архи-разиерархия 构词语义结构的理解。

1. ... И ему
           пошли
                  чины,
       на него
             в быту
                    равненье.
    Где-то
          Будто
                Вручены
    Чуть ли не –
           Бразды правленья.
    Раз
        уже
              В руках вожжа,
    Всех
         сведя
               к подлизным взглядам,
    расслюнявит:
            «Уважать,
    Уважать
           начальство
                      надо...»
    Мы
       глядим,
             уныло ахая,
    как растет
              от ихней братии

архи-разиерархия

в издевательстве

над демократией.

（选自 Маяковский В. Навек любовью ранен 1997）

语句 пошли чины 隐含"顺官阶向上爬"意义，为 архи-разиерархия 准备好了"官位级阶"义素，语句 вручены... бразды правления、в руках вожжа 加强 архи-разиерархия 的"官位级阶"义素，语句 уважать, уважать начальство надо 隐含"形成官阶底层"的意义，所有这些隐含意义组成了新词的语义。作者个人新词的前缀 архи-体现"超过（某种度量、规格、限度、数目等）"之义。前缀 раз-（рас-）接形容词或名词，表示"程度极大、非常"。正如 Кронгауз А. М. 所言："篇章中一个前缀与其他前缀的联系是前缀有特色的语义联系，这是相当常见的。"（Кронгауз 1998：239）рза-依据如 распрекрасный 这种具有"最高级"义素的词，使人联想产生"最高级"意义，是对前缀 архи-之义的重复。该新词的前缀与词根组合产生"有组织性"之意，使词根获得"社会性"之意，反过来论证该词"有组织性"之意。

从生成角度来讲，篇章使用同（近）义形素或同（近）形形素组织言语，体现篇章整体性和关联性。这是因为，形素的篇章功能表现在同义（近义）手段或同形（近似）手段两方面。语言符号在能指上尽可能地使用该符号以外的其他同（近）义异形手段，在所指上尽可能地创造与自身符号功能不同的功能——使用同形手段发挥不同的功能。如指小表爱名词、形容词、副词在篇章中完成塑造特定美学形象的功能，发挥语义结构组织作用。下例中带-еньк-后缀的形容词所具有的指小表爱的主观评价意义和带-оват-后缀的形容词所具有的微弱特征意义，就起着塑造形象、组织语义结构的功能。

2. В маленькой спальне Турбина на двух окнах, выходящих на застеклённую веранду, упали темненькие шторы. Комнату наполнил сумерок, и Еленина голова засветилась в нем. В ответ ей светилось беловатое пятно на подушке – лицо и шея Турбина. Провод от штепселя

змеей сполз к стулу, и розоватенькая лампочка в колпачке загорелась и день превратила в ночь.（选自 Булгаков М. Белая гвардия1998）

маленький 可看作 малый 的指小表爱形式，темненький 是 темный 的指小表爱形式；беловатый 由 белый 加-оват-后缀构成，розоватенький 由 розовый 先加后缀-оват-，再加-еньк-构成。这里带后缀-еньк-（-енько）的指小表爱形容词（副词）和带-ова-（-овато-）表达"特征微弱"意义的形容词，常伴随使用指小表爱名词或其他强调这种感情表现力色彩的词。

因此，主观评价形素所表达的表现力色彩，不限于该词及其所表示的事物或特征，而是篇章整体具有的表现力色彩，表达说话者或其他交际者（主人公）对情景或受话人的态度。

3.1.3 具有篇章功能的形素分类

从理论上来讲，无论构词词缀还是构形词缀，都可成为发挥篇章语义整合功能的手段。例如，下面这首诗歌篇章通过前缀 за-和构形词缀-ющ-、-я 建构篇章全文的总体结构，从而整合篇章全文的整体内容，体现了关联性向整体性的转化。（对该诗歌中形素语义整合的详细分析请看本书的 3.2.4）

3. Запевающий сон, зацветающий цвет,

Исчезающий день, погасающий свет.

Открывая окно, увидал я сирень.

Это было весной – в улетающий день.

Раздышались цветы – и на темный карниз

Передвинулись тени ликующих риз.

Задыхалась тоска, занималась душа,

Распахнул я окно, трепеща и дрожа.

И не помню – откуда дохнула в лицо,

Запевая, сгорая, взошла на крыльцо.

（选自 Блок А. 1969.）

词根和词缀（前缀、后缀、尾缀）以及词尾都可成为发挥篇章整合功能的手段。如有些篇章中词根相同而前缀不同，重复的是词根、后缀和词尾。请看 Хлебников В. 的《Заклятие смехом》一段：

4. О, рассмейтесь, смехачи！

  О, засмейтесь, смехачи！

  Что смеются смехами, что смеянствуют смеяльно,

  О, засмейтесь усмеяльно！

（选自 Хлебников В. 1999）

请看下列诗段中的后缀、词尾重复：

5. Как скрипка, как сопка,

  Как нотная стопка.

  Работает – топка！

（选自 Цветаева М. Поэма Лестницы 1990）

Кронгауз А. М. 认为："前缀……可成为篇章全文的语义中心。"（Кронгауз 1998：114）实际上，后缀也可以成为篇章全文的语义中心。如 Белый А. 的《Петербург》和 Булгаков М. 的《Белая гвардия》都相当明显地使用形容词指小表爱手段和其他与此在语义上一致的构词手段，形成作品宏观篇章重要的主导性修辞表现力，这是因为作品要表达人物主观感受到事件的不清晰、不稳定、不确定，使读者仿佛处在烟雾迷蒙的非现实幻景或莫名其妙的事态中。

3.2 篇章语义形素整合

3.2.1 篇章语义形素整合

词素在语言系统中具有自己固定的语义结构。若篇章使用词典中的释义，则比较好理解。但正如维特根斯坦所言："在使用'意义'一词的一大类情况下——尽管不是所有的情况下——可以这样解释'意义'：一个词的意义是它在语言中的用法。"（陈嘉映 2003：185）意义就是使用。这启发我们重视语言手段所表达的意义在语言运用中的变化。形素的篇章功能通过篇章整合表现。形素常常在言语实践中，尤其在口语和文学篇章中获得新的用法、新的意义，体现篇章语义整合。请看 Высоцкий В. 在《Про речку Вачу и ионуТчппу Валю》中描写淘金工人在南方休养时用完自己身上所有的钱向家中发电报求救的一首诗。

  6. Рупь последний в Сочи трачу,

    Телеграмму накатал：

    Шлите денег, отбатрачу

    Я их все прохохотал.

  （选自 Песня Высоцкого с аккордами）

отбатрачить 属作者个人新词，прохохотать 的词典释义是哈哈大笑（若干时间），但在这首诗里显然不能把时间与金钱联系在一起。

  该篇章中动词典型的语义特征 деньги 题元，提醒我们从以前缀 от- 和 про- 为构词手段的构词模式集合中选取"还债"和"花钱"意义。俄语动词 отработать 常用搭配 отработать долг、повинность，与 отбатрачить деньги 近似。使用 батрачить 替换 работать，构成 отбатрачить，比 отработать 感情表现力强，因为口语词 батрачить（当雇工还债）比同义的中性词 работать 表现力强。

  пропить、проесть、промотать 也搭配具有金钱意义的名词短语。如 пропить последный грош、проесть отложенные деньги、промотать наследство 表示与"花钱"相似的意义。因而，动词 прохохотать 的词干意义，根据类推原理发生变化，被赋予系列前缀动词相应的语义特性。

  因此，篇章中系列前缀动词的前缀，根据其构词语义模式，促使动词词义发生变化。这种语义变化，离开篇章语境，无从谈起，是语言规律在具体语境中的表现。篇章提供提示读者进行形素类推理解的特殊认知语境。词缀在具体认知语境中获得的这种功能是篇章对形素整合的结果，也是体现篇章基本语义要素的手段。

形素在篇章语境中，利用作者依据语言构词模式所创造的形素个人用法或利用形素重复（见本书3.2.3）来表达和凸显篇章基本语义要素，形成篇章语义形素整合。

3.2.2　篇章语义形素整合的生成机制

篇章形素语义整合机制根植于语言规律，依据相同语义结构或相同形式结构的构词模式，实现形素的某个特定意义，表达篇章基本语义要素。请看下例：

7. Перешагни, перескочи,

　　Перелети, пере-что хочешь –

　　Но вырвись: Камнем из примзы,

　　Звездой, сорвавшейся в ноги...

　　Сам затерял – теперь ищи...

（选自 Ходасевич В. 1997）

该诗节中，相同的前缀 пере-前三个重复为 пере-что хочешь 埋下伏笔，暗示动词完成体词干定向运动的语义特点。前缀加诸如 что хочешь、не знаю что、это самое、как это 等成分，是口语中较常见的标准的动词替换。пере-что хочешь 的意义等于前缀 пере-意义（克服）加上发挥替换词干功能的 что хочешь 的意义（任何定向运动），即"借助任何运动克服……"。这一构词机制成为该诗节前两行语义整合的依据。

前三个动词命令式并不表达言语行为，只是为作者寻找适合表达自己思想的言语手段做铺垫，也可看作寻找选择最确切表达手段的过程。似乎作者发现根本不存在能恰如其分地表达自我的现成语言材料，于是就有了 пере-что хочешь。因而，пере-成为该段中心，前缀成为诗段的篇章成分。

相同形素的重复，不仅可以彰显自身的意义，也能凸显另一个形素的意义。这一种情况往往通过对比实现。请看下例：

8. – А вы, простите, обрезаны? Строго спросил из зала Гриша Сапожников, человек нешуточных устоев.

Молтобойцев ответил сухо, не меняя официального выражения лица:

– Я не обрезан, я обкусан.

（选自 Рубина Д. 1995~1996）

обрезать 以被动形动词短尾形式出现两次。如果第一次（обрезаны）前缀与词干并未分开，那么第二次（обрезан）通过与 обкусан 对比，突出了 обкусан 词根的语义。

9. «Все меняется. Древние профессора могли называть себя учителями, ибо и имели учеников... А сегодня мы только профессора», – подумал профессор.（Шукшин В. Экзамен）（摘自《东方大学俄语7》）

词根 уч-重复，词缀-тель 与-ник 对比，профессор 还通过与 профессия 的语义联想实现 профессор 与 учитель 的对照，从而表达了"今天的教授只管职业技术教学"的隐含意义。

3.2.3 篇章语义形素整合的生成类型

A. 形素重复

常见的篇章形素整合生成类型有形素重复和形素的作者个人用法两大类。前缀、词干、后缀、词尾、尾缀都可通过重复成为体现篇章功能的手段。这是因为重复不仅从形式上而且从语义上组织篇章，表现篇章言语格调范畴的一致性。请看 «Хвала богатым» 中一段：

10. А ещё, несмотря на бритость,

　　Сытость, питость（моргну – трачу!）

　　За какую-то – вдруг – побитость,

　　За какой-то их взгляд собачий.

71

（选自 Цветаева М. 1989）

该诗段中，构词后缀-ость 与被动形动词 бритый、побитый、питый 及形容词 сытый 结合形成名词。сытый 从历史上看，也可能由动词变来。俄语中，抽象名词常以-ость 结尾。名词后缀-ость 常含有"性质"意义。

被动形动词词干所具有的客体意义，通过后缀重复，强化了-ость 性质意义，使该诗段获得一致的言语格调。

B. 形素的作者个人用法

形素的作者个人用法是言语创造性的表现，也往往是理解篇章的关键。这不仅因为形素的作者个人用法突破词汇习惯用法，更重要的是，新词中词素的意义常由篇章中的基本语义积累而生成。前面分析过的 Маяковский《Подлиза》中的 архи-разиерархия 充分体现了这一用法。

但是，仔细观察就会发现：形素重复中可能包含形素的作者个人用法，形素的作者个人用法也有形素重复。因此，Кронгауз А. М. 把前缀的篇章功能表现归纳为：①造词，②重复，③形成一定的修辞效果，并未遵循统一的划分标准（这可能与研究对象只是前缀有关），且可进一步细分。造词针对词汇中"现有词"而言，重复针对词素在同一篇章中使用次数而言，修辞效果针对无修辞效果而言。

我们认为，若从言语创造性出发，可把形素在篇章中功能表现分为：①按照构语义结构的造词和对构词语义结构的突破，②习惯用词中的重复和形素的作者个人用法的重复，③通过习惯用法造成修辞效果和通过作者个人用法造成修辞效果。

例6中 отбатрачить 属按照构词的语义结构的造词，прохохотать 属对构词语义结构的突破。例1中新词 архи-разиерархия 也属对构词语义结构的突破。

例2中指小表爱形容词、名词属习惯用法重复，例7中前三个重复属习惯用法重复。例8中第四个重复和例10中重复属作者个人用法重复。

3.2.4　篇章语义形素整合的功能

篇章对形素的整合功能在于，通过篇章语境凸显和组织特定形素及其意义，体现篇章主题、思路、评价、言语风格、时间、空间等范畴或宏观框架结构。

例如，例3诗歌篇章前缀 за-和构形词缀-ющ-、-a 多次重复，尤其是第1诗节第1个词 запевающий 与最后一诗节最后一行第1个词 запевая 形成了全文框架。前缀 за- 五次重复、构形词缀-ющ- 六次重复，使得词根-пев-、-цвет-风光不再，处在交际前景的是前缀 за-和构形词缀-ющ-。词根-дых-却较复杂，虽然在第4节 задыхалась 和 занималась 中因 за-重复失去一定现实意义，但由于第3节中的 раздышались 和第5节（最后一节）第1行中 дохнула，加强了该词根在篇章全文中作用。занималась 显然选词典释义中 начать брезжить 义素，брезжить 有 светиться 义素，светиться 转义有"快乐、幸福"之义。因此，可认为 занималась 的词根意义与前缀 за-意义一致。

构形词缀-ющ-，在第1诗节出现4次，第2诗节出现1次（且 улетающий 与 исчезающий 相互照应），第3诗节出现1次。前缀 за-，在第1节出现2次，第4节出现2次，最后一节出现1次。-ющ-与 за-在全文中相辅相成，最后汇合在副动词 запевая。现在时副动词4次重复（第4节中 трепеща、дрожа，第5节中 запевая、сгорая）与-ающ-（-ующ-）构成的现在时主动形动词相互补充，强化"正在进行"语法名素。因此，可以说前缀 за-和构形词缀-ющ-、-а 三者水乳交融，汇在了 запевая，使整个诗歌浑然天成，充分体现着篇章主题思想、作者思路、言语格调、时间和宏观结构等范畴的和谐一致。

3.2.5 篇章语义形素整合的关系

形素在篇章中表现出一种水到渠成的自然联系，绝非有意强加给篇章。这种联系形成篇章语义流（семантическое движение）。语义流，顾名思义，是义素的移动。这种移动可由同形或同义手段表示，也就是说同音（近音）形素或同义（近义）形素表示篇章语义的运行轨迹。例如，Исаковский М. 的诗歌《Ветер》（《风》）。

11.　　　　　　　**Ветер**

　　　　　Осторожно ветер
　　　　　Из калитки вышел,
　　　　　Постучал в окошко,
　　　　　Пробежал по крыше;

　　　　　Поиграл немного
　　　　　Ветками черёмух,
　　　　　Пожурил за что-то
　　　　　Воробьёв знакомых

　　　　　И, расправив бодро
　　　　　Молодые крылья,
　　　　　Полетел куда-то
　　　　　Вперегонку с пылью.

　　篇章中，有些形素语义流具有相对独立性，与篇章语义内容和意思联系不很密切，仅仅是补充和增强表达内容和意思；有些形素语义流本身就是篇章主要内容和意思的表达手段，是生成和解码篇章的关键。

　　例7中前缀 пере- 的语义流为引出作者个人用词 пере- что хочешь 做铺垫，其在篇章中的作用自然不如例3中前缀 за- 语义流作用大。例1和例6中作者个人用词的前缀所形成的语义流则对理解篇章语义内容和意思至关重要。

3.2.6　篇章语义形素整合的效应

　　篇章中的形素，受特定认知语境的制约和作者情感作用的影响，往往能够突破语言系统中现有词汇的限制，依据特定构词模式产生形素的作者个人用法。这种属作者个人用法的形素在一些篇章中与其他相关形素一起相互作用，形成表达篇章语义流的典型手段。针对这种篇章，读者能够依据产生篇章语义流的同形或同义形素领会篇章语义内容和语义信息，这是篇章对形素进行语义整合所产生的结果。

指小表爱（表卑）后缀等主观评价形素是俄语比较独特的构词模式，该构词模式在英语中见不到。根据 Лопатин В. В. 的观点，其构成可分为如下三类。

1. 词缀-еньк-常与那些表达特征程度体现程度低的形容词词干构成主观评价词汇。常见的形容词有 слабый、тонкий、узкий、низкий、худой、тощий、жидкий、редкий、короткий、краткий、тихий、легкий、бледный、глухой、простой、скромный、дешевый 等，其中像 слабенький、реденький、тоненький、коротенький 等含有-еньк-具有的表情意义，而 маленький（мал）已失去表情意义。

名词有表示小物体或未成熟事物、小段时间的指小构成，如 капелька、ребеночек、тетеночек、минуточка、секундочка；表示事物尺寸小或表现程度小的指小构成，如 часик（часок）、денек、годик（годок）。

有些名词甚至有第二次指小表爱构成。如 ковш - ковшик - ковшичек、болото - болотце - болотечко、изба - избушка - избушечка、поляна - полянка - поляночка、рука - ручонка - ручоночка。第二次指小形式的表情意义更强。

副词的指小构成常表距离短、某物表现程度小、时间短小。如 рядом - рядышком、недалеко - недалечке、чуть - чуточку чуток、ничуть - ничуточки、нисколько - нисколечко、легонько - легонечко、тихонько - тихонечко、полегоньку - полегонечку、понемногу - понемножку、понемножечку、немного - немножко、немножечко、только（时间意义）- толечко。

2. 词缀-еньк-常与诸如 милый、родной、стройный、красивый、новый、умный、здоровый 等强调正面评价的词结合构成具有主观意义的词汇，表示特征的体现程度弱，对特征作正面评价。

3. 词缀-оньк-、-еньк-常与具有否定特征、否定性能标记的词构成评价范围从同情、遗憾直到强烈指责、愤怒等感情色彩的一系列词。常见的有

жалкий－жалконький、плохой－плохонький、глупый－глупенький、старый－старенький、хромой－хроменький、кривой－кривенький、горбатый－горбатенький、скучный－скучненький、скучнехонький、скупой－скупенький、пошлый－пошловатый пошленький、дрянной－дрянненький、паршивый－паршивенький、поганый－поганенький、гадкий－гаденький 等。（Лопатин 1987：122~152）

在言语实践中，有些词并不属上述三类，尤其是一些形容词，虽不属上述类型，也能获得指小表爱构成，但其表情意义、褒贬程度则由篇章语境决定。请看《鳄鱼》杂志 2003 年 1 月第 2 期 Сетка полная смеха 栏目的短文：

12.　　　　　Карманный разведчик

Американские учёные создали летающий разведывательный комплекс, который умещается на ладони. Этот минисамолет снабжен реактивным двигателем размером с пуговицу для рубашки, мощным компьютером, уникальной оптикой и целым набором передающих устройств. Информация от него может поступать как в центры управления, так и на экраны специальных шлемов офицеров в полевых условиях. Новая разработка сулит переворот в оперативных возможностях современной армии. Но что самое интересное － она сулит переворот и в отношениях между ревнивыми супругами! Богатенькие американцы готовы выложить кругленькие суммы, лишь бы точно знать, с кем и как проводят время их неверные половины. Одна миссис настойчиво требует продать ей шлем с экраном － чтобы самолично отслеживать похождения своего любвеобильного муженька.

该篇使用 минисамолёт、богатенький、кругленький 及 муженёк 含指小表爱意义的构词形式。мини-самолет 显然只指示"微型"意义，且与其前后的 умещается на ладони 和 размером с пуговицу для рубашки 相互照应；богатенький、кругленький 是 богатый、круглый 的指小表爱形式，богатенький 具有"可爱的"表情义素，кругленькая сумма 是 круглая сумма

（相当可观的一笔款）的俗语说法，муженёк 是 муж 的指小表爱形式，具有"心爱的"表情义素。

在对该仪器高技术性能做简单介绍和评价后，作者笔锋一转，把象征现代军队作战能力提高的转折点与美国社会爱吃醋夫妇间关系变化的转折点做对照，读后使人啼笑皆非。在这种情景下，使用两个-еньк-构成的形容词，写"可爱的"美国富婆富翁要斥巨资购置现代化高技术军事设备侦察自己"心爱的人"；使用名词指小表爱形式，写一位女士固执地要求给她出售有监视屏的头盔，只是为了亲自监视自己心爱的多情丈夫。这样，作品就充满诙谐幽默意味，有力地讽刺了"文明社会"具有戏剧性的事件，揭露了现代社会科学技术一日千里，而应最可信任的夫妇间却进行监视，充满着背叛、猜忌的社会现实。

在该篇所使用的构词之中，богатенький 显然是语言系统中没有的。它由形容词 богатый 加-еньк-构成；词缀-еньк-还在 круглый 的指小表爱构成 кругленький 再次出现。богатенький 中的后缀-еньк-和 кругленький 中的-еньк-以及 муженёк 中的词缀词尾-енё-к 共同作用，在篇章总体内容结构框架下表达篇章语义层次结构中的情态意义。这一篇章情态意义在作者与读者的互动关系中体现篇章对形素语义的整合效应。

第 4 章

篇章语义整合的词分析

4.1 词与篇章

4.1.1 词及其功能与分类

语言功能命名层的抽象构拟单位是词，直观可见单位是词形。词形是词在言语中的表现。词或词形是俄语基本的语义结构单位，许多哲学家、语言学家都对其有精辟且富含哲理的论述。

Флоренский П. 说："我们使用词①并通过词认识现实，词也就是现实本身。" Лосев А. Ф. 也说："词是人所领悟到的事物，有权得到合乎情理的承认。词是事物本身，是在人理解中显示出的（事物本身）。" Булгаков С. 在阐释词的存在时，把词的产生比作孩子出世。若没有父母，孩子不能来到世上，但孩子作为精神个体，不是父母想出来的，而是自己形成的。词也是这样，词虽然不能离开人而产生，但作为意思个体，不是人想象出来的，而是在人中间自行产生的。Лосев А. Ф. 写道："人使用的词究竟是什么？要知道，任何一个词，就意义及其细微差别而言，都无限丰富；人使用的任何一

---

① 许多情况下人们并没有严格区分词与词形。本章之所以命名为篇章语义整合的词分析，是要强调对篇章中词形词汇名素的分析。

个词,就其对理解人所产生的影响而言,也无限丰富。一两个词就可使人悲伤,至少可使人发窘;一两个词可使人从肉体上消失,一个或几个词也可使人复活,至少可使人充满希望。也有控制整个人民大众的巨词。总的来说,人使用的任何一个词,从其基础上来讲,都有语义电荷。人们常常不知会因此而发生什么。这当然不是物理电荷,但也不只是语音表达的意义。这是某种深层的东西,不可归为词的某些功能,而是基于词的所有功能,是这些功能的生命力时而大时而小,经常出人意料,因为还不能提前知道,某个词有什么能力,在人的生活中可能引起什么事件。必须说明一点,词就其根本而言,不是物理电荷,而是交际语义电荷。"(Султанов 2002:277)

因此,言语中的词是思想中的事物,词反映事物;词把人的能量释放出来,影响人们改造世界的活动。

人们根据词在言语中的作用和功能,做出各种不同的分类。如 James Paul Gee 认为:"可分出实义词和功能词:实义词指名词、动词、形容词、副词。功能词包括介词、连词、代词、冠词等,在篇章中起连接实义词构成句子、连接句子构成篇章的作用;功能词不仅指虚词,而且指诸如实义词的复数词缀等与功能词相似的词素,因此,功能词也叫语法词;实义词表达的信息突出、新,且不易预测;功能词或语法词表达的信息不突出,是已知或可预测信息。"(Gee 2000:10~12)也有人提出实义词和准实义词的划分。张维友认为,那些词汇意义不完整,其含义往往要在上下文中体现出来的词,如结论、思想、理论、假设等,应划分为准实义词。他对准实义词的空、泛、抽象和所指性语义特征及准实义词的语篇构架功能做了分析说明。(张维友 2002:125~132)俄语实词和虚词的划分也是根据词在形成更大单位(句素)中的作用做出的。实词还可分为替换词和被替换词。替换词有代词和动词中诸如 делать、быть 等词,名词中诸如人、人们、动物等词,副词中诸如这里等词;被替换词是具有事物意义的词。(Богушевич 1985:87)

语言学认为,词在语言系统中的基本功能是称名。词用符号表示事物存在的方式,指明符号所表示的事物。词汇手段系统有两个分类:一是词类,词类及其概括意义组成一个多维等值对立体系，可称为词汇体系；二是词汇语义场（不受词类制约），词在语义场内根据特定称名范围的语义特征进行更细致分类，词的所指要在特定称名范围内确定。词类反映了词的语法范畴及范畴特征，词汇语义场反映词的语义范畴及范畴特征。"主题词群"（钱文彩1992：295）"语义链"（邓军1997：71~75）等篇章分析工具实际上是词汇语义场在篇章中的表现。

综上所述，词是思想中的事物，称名是词的基本语言功能，篇章语义词分析应把重点放在具有事物意义的词，篇章中词的语义整合分析重点在于词表示的概念意义、指物意义和百科知识意义。（Арутюнова 1977：304~307）。但是，词在篇章语义整合中的功能却并非如此简单，这是因为篇章中词的分类应依据词的篇章功能，而不是词的句子功能。下面我们先看词与篇章的关系，然后再分析篇章中词的分类，最后做篇章语义整合的词分析。

4.1.2　词与篇章

如同砖块、水泥是楼房的建筑材料，词是篇章的建筑材料。篇章生成和理解都必须使用词。人们为了表达和获取信息而力求最合理使用词。合理使用词受运用最少手段收到最大效果的经济原则制约。发话人和受话人在言语交际过程中的相互作用决定词的合理使用。

篇章中词的构成归根结底是交际意图的体现。交际意图决定交际策略，交际策略制约篇章对词等语言材料的选择和使用。对受话人而言，隐藏在篇章深处的交际意图也通过语音、词汇、语法等发挥篇章整合作用的语言单位实现。

篇章语义结构是保障篇章清晰生成和完整理解的必要条件，为创造篇章整体性服务。虽然在生成和理解篇章时，词汇和语法相互影响，关系密切，不可分离，但是不排除在具体情形下，可以集中分析篇章词汇或语法，分别探讨篇章词汇、语法语义结构。

发挥篇章语义整合作用的词不仅有实词，而且有虚词。实词和虚词或实义词和功能词是以词在句子中功能为划分依据。实义词和功能词或语法词的划分虽也考虑词在篇章中作用，但终究未能反映篇章的语义范畴，仍未脱离句子的窠臼。替换词和被替换词或指代词和指称词分类也是在句子层次。实义词和准实义词的区分（张维友 2002：125~132）虽是从篇章构架角度进行的，但分析材料都是科技文章。"科技文章与文学作品可说是处在两个极端的位置"（Новиков 2002：167），二者在篇章语义内容和信息上差异很大，二者的篇章词汇语义结构反映这种差异。如果说实词与虚词、实义词与功能（语法）词、实义词与准实义词的划分，能够反映科技、公文篇章中某些词表达信息的作用，那么对于文学篇章而言，就显得解释力不够。

Виноградов В. В. 认为，文学篇章中的词"就其语义方向而言是两维度的，因而在这个意义上也是富于形象的"。（Виноградов 1963：125）文学篇章中的词，既与共同标准语的词具有极其复杂的联系和相互关系，也与篇章中表示审美客体的词的构成具有极其复杂的联系和相互关系。因此，代词、甚至所有虚词等无任何诗意或形象，从句子层次来看，只起衔接作用，但在文学篇章中能发挥塑造形象、增强表现力的功能。请看下例：

1. В восемнадцать лет Оленин был так свободен, как только бывали свободны русские богатые молодые люди сороковых годов, с молодых лет оставшиеся без родителей. Для него не было никаких ни физических, ни моральных оков; он все мог сделать, и ничего ему не нужно было, н ничто его не связывало. У него не было ни семьи, ни отечества, ни веры, ни нужды. Он ни во что не верил и ничего не признавал. Но, не признавая ничего, он не только не был мрачным, скучающим и резонирующим юношей, а напротив, увлекался постоянно. Он решил, что любви нет, и всякий раз присутствие молодой и красивой женщины заставляло его замирать. （选自 Толстой Л., Казаки. Казанская повесть. 1956）

该段篇章，通过否定代词、否定语气词 не 和 ни 重复，刻画了不受任何外部条件约束，从而可以为所欲为的生活形象，增强篇章表现力，使作品生动、有趣，启发读者深思。代词、虚词无任何诗意或形象，但在篇章艺术内容宏观背景下，在各种不同长度的富于表现力的篇章保障整体艺术描写的框架下，发挥篇章语义整合作用，完成塑造艺术形象功能。因此，必须以词在篇章语义宏观框架中的功能为依据，区分词的类别，认识篇章语义。

4.1.3 篇章中词的分类

篇章中的词，有些表达主题思想周而复始的运动，有些反映主题思想的表达思路的变化，有些表达篇章时间流，有些表达篇章空间变换，有些反映篇章评价和格调。这些都反映篇章的语义流动（семантический ход）。（Матвеева 1990：21~33）我们认为，根据篇章语义流的类型划分词，虽有交叉现象，但却是对篇章中词的科学分类，因为这反映篇章范畴特征。

A. 反映篇章主题的词

篇章主题指言语交际的对象，表现为论题的逻辑主体，是作者意图的浓缩，篇章题旨的反映。表达篇章主题的词或词组（也可能是句子）在言语交际中发挥称名功能，称谓篇章交际对象，反映篇章题旨和作者意图。这些词或词的组合能够按所指称和所表示概念意义反映篇章的主题内容，构成反映篇章主题的核心词，即篇章主题词。如说明语中表示科学概念的术语及其不同表达法、表示一个概念的类概念的术语及其变换说法是篇章主题词，描写语中表示被刻画事物、行为、关系的词汇单位属篇章主题词，叙述语中表示被叙述人物、事物的词汇单位属篇章主题词，议论语中表示所议对象的词汇单位属篇章主题词。

B. 反映篇章思路的词

篇章可看作文章中心思想形成的过程。作者表达思想的过程也是篇章语义逻辑形成、发展及完善的过程。该过程是连续不断的。篇章中反映这一过程的词汇单位包括连接词、关联词、具有联系意义的副词、表示篇章语义逻辑发展意义的词汇单位（如 начать、перейти、продолжить、сопоставить 等）、插入语、同义结构等。

反映篇章思路的词，表明作者如何在展开所选主题时循序渐进地发展其写作意图，从而把篇章各个部分，合乎逻辑地联合成一个更大的篇章语义块。它们的共同功能是既区分又连接篇章各个部分构成篇章框架。这些语言手段实际上反映作者形成和展开主题的纲要，显示篇章总体意义的运行轨迹。

C. 反映篇章中时间的词

时间和空间是所有物质现象的普遍特征，是所有现象的存在形式。作为反映特定现实片段和交际情景的篇章也体现时间、空间范畴。篇章是作者主观性的言语产品，现实时间要通过作者的主观理解得到反映。现实时间与对实际现实进行理解的知觉时间在篇章中相互交融。在科技类客观性专业篇章中，知觉时间对现实时间影响最小，而在文学类个性化篇章中影响最大。文学篇章中，知觉时间与个人领会的时间结合，产生艺术时间。艺术时间具有多维性、可逆性、非均匀性等特征。因此，篇章中存在反映历史事件的日期等现实时间的客观时间和反映思想观念体系中时间范畴的概念时间。词是表达篇章中客观时间和概念时间的主要手段。直接表达时间意义的词或词的组合（如время、во время войны）和表示日期的词或词组是篇章中的时间标志。间接指示时间的词汇手段包括历史文物的称名、历史事件的称名、特定历史时期的作品和器皿及特定历史人物的作品或用具等的称名。

D. 反映篇章中行为的词

在篇章所描述的活动中，存在各种各样的动作和行为。表达这些动作和行为的词可以根据所属活动领域分为言语/非言语、施为言语/非施为言语等，也可根据其语法性能分出代词性动词、动名词等。

E. 反映篇章中空间的词

篇章中空间也有客观和概念空间之分。空间特征还可赋予本身无空间属性的概念，即篇章的心理或社会空间。还存在一种特殊类型的篇章空间，即时间性空间。例如，长篇小说的史诗空间、神话的诗学空间等。"这里"和"现在"组合形成篇章时空域。一切反映客体各个部分间、客体平面与客体本身间关系的词（如внутренность、поверхность、верх、низ、сторона）、反映位置（место）和空间（пространство）范畴的词、各个词类中具有空间意义的词（如 находиться、широкий、далеко）、表示空间意义的前置词及地名和地理术语、一切具有空间义素的词及具有附加空间义素的词（一些表人名词、表示异国风情的词），都可能成为反映篇章空间概念的词。

F. 反映篇章言语格调的词

篇章言语格调是说写者感情、情绪、感觉及其所产生的评价、意愿等言语态度的反映，也叫作篇章主观情态，是超逻辑性的心理情感表现力内容。反映言语主体心理因素的篇章言语格调信号词贯通全文，把篇章粘连为统一整体。表达情感或情感性评价的感叹词、具有情感表现力色彩的词、带有主观评价后缀的词，是篇章言语格调的核心信号词。间接表达情感表现力的语言单位，如修辞中性具有附加情感意义的词、修辞中性词（通用词）用作情感表现力词等，构成反映篇章言语格调的外围信号词。不是所有篇章都有篇章言语格调信号词。无篇章言语格调信号词的篇章具有中态的篇章言语格调。

G. 反映篇章评价的词

篇章评价是指篇章逻辑性或理性评价，反映说写者对言语内容或受话人的褒贬，反映发话人基于"好—坏"逻辑二分法的评价，也称作篇章客观情态。所谓逻辑性或理性评价是指概念或认知评价。表达"好—坏"意义的成对词及其语义变体和变形（如 очень хорошо、плоховато、отлично）构成反映篇章评价的核心词，具有附加理性评价意义、修辞中性的词构成反映篇章评价的外围词。

4.2　篇章语义词整合

4.2.1　篇章语义词整合

篇章中词的语义整合，是指篇章语境对词形词汇名素的选择和重组。在言语编码的始端,"词作为语言代码进入句子,继而进入篇章结构之后,即经过由语言到言语的过程之后,在篇章语境中获得实际意义。在语言编码过程的终端,词已处于对句子、对篇章的从属地位,在其他词的影响下往往在语义上有所变化"。(邓军1997:73~74)

我们认为,选择和重组词的义素从根本上服从篇章表达主题思想的需要,为达到说写者的交际意图服务,反映言语对象的论题和说话人或写作者的个人形象(Виноградов 的作者形象说)。此时,各个词已不是通过人们早已习惯了的语言形象表示现实中事物,而是在篇章中代表某个新的甚至另一个事物。这种具有特殊含义的词创造篇章的复杂意思。请看下例:

2. Милый мой

…

Я никак не могу представить себе, доехал ли ты уже и можно ли начать расспрашивать тебя о санатории и о юге, потому что мальчики не дают мне покоя – где ты в данный момент.

……

(选自《新编大学俄语基础教程第四册》)

这是选自妻子写给去南方疗养的丈夫的一段信。名词 мальчики 具有义素:①人,②男性,③年龄小。从上下文知道,мальчики 是指作者的两个年龄尚幼的儿子。因此,篇章语境给 мальчики 一词增添了亲属义素,表达了年幼的孩子尚不懂事以及妻子和孩子对远方亲人的思念和牵挂。

4.2.2 篇章语义词整合的生成机制

篇章的外在形式可看作词的书写形式或语音形式的综合体。词是表达篇章基本语义的核心语言单位。"篇章是义素型思维产品,篇章语义结构由义素的内在联系构建而成。"(Чернухина 1993:20)因此我们认为,篇章中词形的语义整合机制,可看作词义素相互组合,形成实现篇章交际意图的多层言语信息结构。词是认知工具,在篇章理解过程中发挥着极其重要的作用。

无论词在人们理解中的心理位置如何,在某些理解阶段,我们不得不识别词,在心理词库中寻找词的意义。因为同一个词的心理结构可以形成不同的动态系统语义信息,同一个词可以通过不同的方式进行心理整合。这一现象的语言学依据在于,多义词经常按不同的义项进入不同的语义场。

我们认为,词是导入篇章语境的手段。从理解角度可看作人的思维运用词汇手段从篇章的言辞、情景、社会文化等外部语境出发,深入到交际参与者个人先有的语言和非语言经验、有意识和无意识经验,形成由篇章个体知觉、认知、信息、情感、评价等构成的放射状内部语境。内、外部语境平面连缀形成篇章理解的多维认知空间。

篇章理解是一个全方位的立体认知活动,如同登山远望,每到一定高度极目远眺,总有美景尽收眼底。不同的读者,对同一篇章有不同理解,即便是作者本人,在完成写作后隔一段时间重新阅读,也会有新的体会。这是因为,篇章语境平面沿立体认知活动的过程纵向延伸,如同登山者拾级而上;构成立体认知活动的语境平面,与立体认知活动的过程所构成的纵轴垂直,连续不断,并且向水平方向发散,如同登山者沿途看到的美好风景。如果认为发话人的文化语境针对特定篇章,具有相对的稳定性,那么受话人的文化语境则处在历史性的恒常变化之中。受话人理解篇章外在形式,每一次都可能有新的发现,形成相异的内在形式。这是因为篇章理解时的交际活动受篇章内在、外在形式对应关系的制约。篇章中语义的词整合机制,在于各个词的意义先依据篇章关联性分裂为各个语义成分(即义素),然后重新组合,就产生了篇章新的上下文语境。新语境激活其余词的义素。通过这种方式所产生的意思经整合而形成篇章中词的多维语义。请看下例:

3.   **Телеграмма**

Посёлок был маленький. Но геологу он показался большим городом: его глаза за те три месяца, что он жил в тайге, отвыкли от ярких огней, а ноги – от асфальта. Его всё радовало в этом посёлке, потому что здесь ровно через полчаса он должен был услышать голос жены.

Он остановился возле одноэтажного домика и прочитал слова над дверью: «Почта. Телеграф. Телефон». В этот поздний час окошечки почты были уже закрыты, работали только телеграф и переговорный пункт. За столом сидели люди, ожидавшие вызова телефонистки. Геолог присел к столу и тоже стал ждать вызова.

Потом он взглянул на телефонистку. Это была худенькая девушка, которая всё делала так серьёзно, так по-взрослому, что нетрудно было догадаться: она совсем недавно была школьницей. Теперь в её власти было сокращать расстояния, соединять человеческие сердца…

Молоденькая телефонистка, видно, не догадывалась о своём величии. И вдруг она назвала фамилию геолога. Он бросился к кабинам, но ни в одной из них не загорелся свет, как это обычно случалось, когда на проводе был другой город. И тогда только он понял, что телефонистка приглашала его к своему окошку.

– Ваш телефон не отвечает, – сказала она.

– Этого не может быть! – возразил он. – У меня сегодня день рождения. Жена должна меня поздравить. Мы договорились, что она будет ждать в это время… Я прошёл много километров. Мы договорились…

Геологу было грустно. Он подумал, что жена забыла о его дне рождения. А говорила, что будет ждать этого дня, что отметит его торжественно, но в одиночестве, дома, а на столе будут два прибора – для него и для неё. И она знает, что ему до почты нужно пройти много километров через тайгу. И тут он вновь улышал голос телефонистки:

– А я вас видела… Много раз!

Он посмотрел на худенькую девушку-телефонистку.

– Нет, правда… – продолжала она. – Вы в соседнем окошке письма до востребования получаете.

Он действительно получал письма до востребования в соседнем окошке. Но никогда раньше не замечал этой девушки, сидевшей совсем близко, совсем рядом.

— Я давно уже не заходил за письмами, — сказал он. — Мы были очень далеко, в тайге.

— Давно не заходили?! — почему-то радостно воскликнула она. Она быстро вскочила со своего стула, нашла какие-то ключи и побежала к соседнему окошку. Там она торопливо открыла невысокий шкафчик, достала длинный ящик, в котором лежали письма.

— Есть! Есть! — торжествующе воскликнула она. И хотя крикнула она не в микрофон, все повернулись в её сторону. Она протянула геологу телеграмму. Он распечатал телеграмму и прочёл: «Срочно посылают командировку Березинки. Поздравляю днём рождения. Целую. Люблю».

Жена тоже была геологом и часто уезжала из дома. Как же он не подумал об этом?! А эта девушка ничего не знала и обо всём догадалась сама... Он заглянул в окошко, чтобы поблагодарить её. Она пожала плечами, вероятно, не понимая, за что её благодарят.

А правда, что она такого особенного сделала? Просто вернула человеку покой и радость. Вот и всё. （选自《新编大学俄语基础教程第三册》）

题目 телеграмма 是该篇章的关键词，也是文眼。теле-意义是遥远的，能达到远方的。телеграмма、телеграф、телефон、переговорный пункт、письмо，这些非互联网时代的通信工具，仍然联络着人们的感情，传递着亲情、爱心。

从篇章解码角度来看，地质学家接电话、接电报构成短文情节基本线索，可说是第一个层面。1封电报把3个人联系起来，在电报局小小空间发生的找电报、领电报活动，不仅拉近了相距遥远的两位亲人，而且拉近了顾客与邮政工作者的心理距离，这构成第二个层面。地质学家与妻子热爱艰苦的地质工作，夫妻恩爱，构成第三个层面。接线员工作认真、专心，替顾客着想，猜到待领电报，不要人谢的敬业形象，构成第四个层面。地质学家对近在咫尺的接线员未曾注意到，接线员却非常熟悉来这里的顾客，为地质学家找到一份意想不到的电报，体现了陌生人之间的关心，表现了人与人之间纯洁的爱，生活的美好，这是第五个层面。

4.2.3　篇章语义词整合的生成类型

我们认为，篇章语义的词整合的生成类型可分为由反映篇章主题和思路的词所构成的题旨整合、由反映篇章时—空的所构成的时—空整合、由反映行为和动作的词形所构成的行为语义整合、由反映篇章情感和评价的词形所构成的篇章风格整合。

A. 篇章中词的题旨整合

反映篇章主题、思路的词，其义素在文章宏观框架结构内相互作用，相生相克，表达共同的中心思想。请看下例：

4. Тригорский парк пропитан солнцем. Такое впечатление остается от него почему-то даже в пасмурные дни. Свет лежит золотыми полянами на веселой траве, зелени лип, обрывах над Соротью и на скамье Евгения Онегина. От этих солнечных пятен глубина парка, погруженная в летний дым, кажется таинственной и нереальной. Этот парк как будто создан для семейных праздников, дружеских бесед, для танцев при свечах под чёрными шатрами листьев, девичьего смеха и шутливых признаний. Он полон Пушкиным и Языковым.

Михайловский парк-приют отшельника. Это парк, где трудно веселиться. Он немного угрюм со своими вековыми елями, высок, молчалив и незаметно переходит в такие же величественные, как и он сам, столетние и пустынные леса. Только на окраинах парка сквозь сумрак, всегда присутствующий под сводами старых деревьев, вдруг откроется поляна, заросшая блестящими лютиками, и пруд с тихой водой. В него десятками сыплются маленькие лягушки.（选自 Паустовский К. 1982）

作家 Паустовский 运用同义词为我们呈现了形成鲜明对照的两幅画面，一幅阳光灿烂，色调明亮、愉快；另一幅阴郁暗淡，色调凝重、庄严。

Тригорский 公园，洒满阳光的林中空地、令人心旷神怡的草地、绿得发亮的椴树、太阳光透过树林形成的斑点、林中轻纱弥漫的薄烟，所有这些词表达的形象和意念犹如神秘的幻景，令人神往。作者接着议论道，公园似乎是为家庭喜庆、为朋友谈心、为树荫下的烛光舞会、为姑娘的笑声和年轻人的谈情而设，即使在阴天、在夜里也有同样的感觉。

Михайловский 公园犹如隐居者的栖身之所。古老的云杉、无人惊扰的百年森林、老树穹窿下半明半暗的光线、出人意料的林中空地及空地中茂盛的草木、静如止水的池塘及池塘中众多的小青蛙，所有这些词表达的形象和意念都使公园庄重得像一位年老的长者，忧郁、沉默。正如文中唯一的一句议论，这是一个不可能使人开心快乐的公园。

另外，第 1 段中的 Евгенийе Онегин 和第 2 段中公园的名称 Михайловский，把这两家公园都与普希金的名字联系在一起。把前后两段综合考虑，深厚的文化背景发人深省。作者仿佛在告诉我们，如果说 Тригорский 公园使人怡情，那么 Михайловский 公园令人沉思、思索生活、思考人生。

B. 篇章中词的时—空整合

篇章的时—空整合是指以某个相对的"现在"和"这里"为参考点，编排篇章时、空的远近分布及与其他时、空的关系。参考点可能具有客观性，针对现实时、空，也可能具有作者人为的规定性。

时间与空间联系密切，反映事件存在的现实条件。时、空也随主人公感觉而发生变化，这在前面已有论述。篇章中表示时间和空间的词、具有时间和空间义素的词，或具有附加的时、空意义的词形成篇章时、空概念，体现篇章中词的时、空整合。还以前面《电报》为例，以主人公来到小镇为时、空连续体的参考点。

时间，如"大森林中3个月"（客观时间）、"半小时后"（主人公计算时间）、"时间已晚"（相对时间）、"不久前，现在"（主人公感知到的），"平时……这时"（概括时间与具体时间反映主人公接电话情况）、"今天，在这个时候"与篇章现实时间一致。"就在这时"引出主人公与接线员对话，对话中"好多次"含有时间义素，"很久"两次重复是故事情节的转折点，"迅速""马上"等具有时空义素的词为我们揭开谜底。

空间，"小镇、大城市、大森林、柏油路"是故事开端，为我们不仅提供空间概念，而且对比出地质学家工作的艰辛；"小平房前门上、邮局、电报处、电话亭（телефон）、桌后"给出故事发生的具体地点；"电话亭、另一个城市"明写打电话的空间位置，实则也反映主人公焦急的心情；"许多公里、在家、许多公里（第二次出现）、大森林（第二次重复）"明写地质学家夫妇相距遥远，实则衬托出主人公失望的心情，也为后面电报带来的喜悦埋下伏笔；"隔壁窗口、就在旁边"明写邮局空间，实写接线员与地质学家心理距离很近；"从位子上、向旁边窗口、在那儿、朝她的方向"明写接线员位置的移动和顾客反应，实则写女接线员的敬业精神和人们对她的尊敬；"离家远出"使"地质学家"也有了空间义素；"朝窗口望"写出了地质学家对接线员的感激之情。

如果说本文的时间是故事情节发展的线索，那么空间还反映了地质学家与邮政工作者心灵上相近、相通，表现了人与人之间的亲情和爱心。

C. 篇章中词的行为语义整合

篇章行为语义整合是指反映一项或多项活动中人物动作、行为的词根据活动的逻辑关系反映活动的过程，这种整合在小说人物活动的描写上表现突出。

D. 篇章中词的言语风格整合

说写者的交际意图、交际策略不仅表现在题旨语义和时、空语义以及行为语义整合上，而且表现在篇章言语风格上。篇章言语风格因发话人的言语态度而异，可分为主观性和客观性两大类。

(1) 篇章客观性言语风格的词整合

如果交际目的只是为了将客观世界或主观世界所发生的某件事冷静地传达给对方，无须表达任何个人态度；如果说写者有意隐藏或受交际条件制约（如处于正式交际场合或与交际对方关系疏远），不流露个人感情、意愿、评价等态度，冷静、客观、理智地表达，那么篇章就无反映情感评价的言语格调信号词，这个时候，篇章的语气、情调就是中态的，篇章风格就是客观性的。因此，客观性的篇章风格，指篇章表达无感情表现力色彩、无褒贬色彩、无个人情感等主观成分，说写者心平气和，就事论事，不流露自己的喜怒哀乐，语气正式，态度冷静。客观言语风格篇章，其词整合纯粹以篇章言语对象的事理结构、以不受人的意志制约的客观逻辑内容为依据，篇章题旨和时空内容整合构成其词整合的基本部分，如产品说明书。篇章的客观性言语单位，不表达发话人的感情、情绪、意愿、评价等个人态度。这在文学作品中往往被用作刻画人物形象的艺术手段。

(2) 篇章主观性言语风格的词整合

如果发话人在表述事情时流露出对言语内容或对受话人的某种态度（欣喜、愤怒、遗憾、激动；相信、怀疑、赞赏、责备；肯定、否定、强调、主张；警告、祈使、号召、威胁；崇高、随便、幽默、委婉、生硬、文雅等各种各样态度），那么言语单位就具有主观性风格。反映篇章言语格调的词和反映篇章逻辑评价（理性评价）的词，构成表达主观言语态度的词汇手段。具有感情表现力色彩的词、成语性的词、各种语义辞格及反映逻辑评价的词，都表现篇章主观性言语风格。请看 Крылов И. 的寓言《Волк и Ягнёнок》。

6. **Волк и Ягнёнок**

У сильного всегда бессильный виноват:

Тому в Истории мы тьму примеров слышим,

Но мы Истории не пишем;

А вот о том как в Баснях говорят

※　　※　　※

Ягнёнок в жаркий день зашёл к ручью напиться

    И надобно ж беде случиться,

Что около тех мест голодный рыскал Волк.

Ягнёнка видит он, на добычу стремится;

Но, делу дать хотя законный вид и толк,

Кричит: «Как смеешь ты, наглец, нечистым рылом

Здесь чистое мутить питьё

      Моё

    С песком и с илом»

    За дерзость такову

    Я голову с тебя сорву? . –

«Когда светлейший Волк позволит,

Осмелюсь я донесть, что ниже по ручью

От светлости его шагов я на сто пью;

    И гневаться напрасно он изволит:

Питья мутить ему никак я не могу». –

      «Поэтому я лгу!

Не годный! Слыхана ль такая дерзость в свете!

Да помнится, что ты ещё в запрошлом лете

      Мне здесь же как-то нагрубил:

      Я этого, приятель, не забыл!» –

«Помилуй, мне еще и от роду нет году», –

Ягнёнок говорит. «Так это был твой брат». –

«Нет братьев у меня». – «Так это кум иль сват

 И, словом, кто-нибудь из вашего же роду.

      Вы сами, ваши псы и ваши пастухи,

      Вы все мне зла хотите,

И если можете, то мне всегда вредите,

Но я с тобой за их разведаюсь грехи». –

«Ах, я чем виноват?» – «Молчи! Устал я слушать.

Досуг мне разбирать вины твои, щенок!

Ты виноват уж тем, что хочется мне кушать». –

Сказал и в темный лес Ягнёнка поволок.

（选自《东方大学俄语6》）

该寓言前面作者的话中，всегда 一词在篇章语境中获得感情表现力色彩，тьма примеров 使寓言具有口语色彩。

寓言正文中，狼和小羊的对话，其主观性言语风格鲜明。狼把小羊称为 наглец、негодный、приятель、щенок，把羊的嘴称为 рыло，把пёс 和 пастух 生拉硬扯在一起，刻画了蛮横、粗鲁、霸道、恃强凌弱、不可一世的狼形象；小羊把狼称为 светлейший、светлость、он，刻画了讨好强者又不敢面对强者甚至惧怕强者、可怜兮兮的弱者形象。狼的用词 моё、дерзость、голову сорвать、нагрубить、разведаться、хотеться，更是含有鲜明的个性色彩，把强者对待弱者的心态描绘得淋漓尽致。小羊的用词 позволить、осмелюсь донести、светлость、его、изволить、никак не、помиловать、ах，描写弱者为生存拼命力争，最后绝望而终，把弱者可怜无助的心态生动地展现在读者面前。

наглец、негодный、щенок、рыло、пес、светлейший、светлость、дерзость、голову сорвать、нагрубить、разведаться、хотеться、позволить、изволить、осмелюсь донести、никак не、помиловать、ах 等都含有鲜明的感情色彩，而代词（狼说 питье моё、я、мне、ты、твой、тебя；小羊说 его、он、ему，即不敢使用第二人称代词、物主代词称呼指代对方，且小羊的第一人称代词几乎都用在否定句中）在对话中频繁出现，获得塑造人物形象的功能。

4.2.4 篇章语义词整合的功能

篇章语义的词整合功能，不仅表现为篇章通过词整合表达共同的主题思想、构成衔接篇章的时空概念、形成适合表达共同思想的言语风格，而且表现为词在篇章语境下获得语言系统中没有的功能。

«Волк и Ягнёнок»中狼对小羊的称呼 приятель，在 наглец、негодный、щенок 等一连串诟骂用语中获得语境重组，原有的义素和色彩消失，获得讽刺和威胁义素，而 щенок（乳臭小儿）在 приятель、наглец、негодный 这样的称呼语序列中，凸显了"年幼体弱"义素，充分表现了篇章整合有选择地激活词义素的功能。

«Волк и Ягнёнок»中代词，尤其是人称代词，由于篇章语境影响而获得的功能，更是篇章整合作用的典型表现之一。

4.2.5 篇章语义词整合的关系

表达篇章中心思想和篇章思路布局的词分别形成主题链和思路链，主题链和思路链构成篇章题旨语义链；表达篇章时、空概念的词，形成篇章时、空连续体；表达动作、行为概念的词形成篇章行为链。我们认为，从体现共同意义的角度看，题旨语义链和时、空连续体以及行为链是链式关系；从语义联系的角度看，题旨语义链和时、空连续体以及行为链中的词表现为链式关系中的各个节点；题旨语义链中的节点形成题旨语义关系网，时、空连续体中的节点形成篇章时间语义网和空间语义网，行为链中节点形成行为语义网；行为语义网与时、空语义网结合形成篇章中词的活动语义场。反映篇章言语格调和评价的词形成篇章中词的风格，篇章中词的风格构成篇章语义的另一个层面。从词的语义电荷——义素能量角度看，篇章题旨语义、时空、行为、活动、风格都是一种多维的场能关系。

无论是链的线性关系、网的面性关系，还是场的多维空间关系，都是对同一对象的认识，只是认识角度不同而已。重要的是，它们共同构成人们对篇章语义词整合所形成的语义结构关系的认识。

A. 篇章中词的题旨语义网

我们认为，题旨语义网是篇章层次表现出的一种语义现象，是由意义相关的词或词的组合所构成的连续体，体现篇章语义逻辑的连贯性和篇章传递语义信息的连续性，体现篇章成分之间共同的语义特征，构成篇章脉络。题旨语义网中有语义联系的词或词的组合构成语义节（семантический узел），语义节具有共同的义素（общая сема），体现语义的一致性，即连续体中词的总体意义。题旨语义链由主题链和思路链构成。表达篇章主题的词按所指称和所表含义联合成主题链。篇章也可看作逻辑语义形成过程的反映，反映这个过程的词等语言手段构成思路链。这两种链式关系同时存在于同一篇章，纵横交织，相互作用，形成篇章题旨语义网。

7. **Создание ООН**

Организация Объединённых наций（ООН）была создана во время Ⅱ мировой войны. Пережив ужасы двух мировых войн, народы разных стран решили создать международную организацию, которая способствовала бы сохранению всеобщего мира и безопасности, обузданию империалистической агрессии, устранению возникновения вооружённых конфликтов и развитию сотрудничества между государствами. Руководствуясь этими мотивами Великобритания, Китай, Советский Союз и США 30 октября 1943 года в Москве приняли Декларацию о всеобщей безопасности, в которой говорилось, что время и положения дел в мире требуют создания широкой международной организации.

В апреле 1945 года в Сан-франциско состоялась учредительная конференция, на ней присутствовали 282 делегата от 50 стран. В июне делегаты из 51 страны подписали Устав ООН（делегат от Польши поставил свою подпись позже）. 24 октября 1945 года, после ратификации документа большинством стран, ООН начала свою миротворческую деятельность.

<<< 第4章 篇章语义整合的词分析

（选自《东方大学俄语6》）

篇章主题链由①Организация объединённых наций、②международная организация、③широкая международная организация、④учредительная конференция、⑤устав ООН、⑥ООН构成。我们把这种关系用图表示（见图4-1）。

篇章思路链由① II Мировая война ② две мировые войны ③30 октября 1943 года ④ апрель 1945 ⑤ июнь ⑥ 24 октября 1945 构成。我们把这种关系用图表示（见图4-2）。

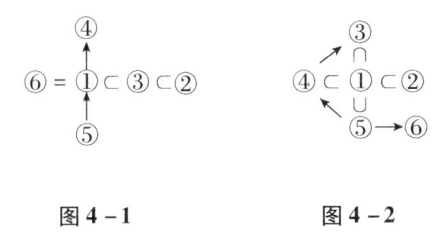

图 4-1　　　　　图 4-2

把主题链和思路链合在一起，就构成该篇章中词的题旨语义网。

B. 篇章中词的时空语义网

篇章中所反映的事件和事实，在时间和空间上独特组合，形成一定序列（如«создание ООН»的思路链）。篇章时间和空间具有连续性，形成时空连续统。（Гальперин 1981，Славкин 1988）

篇章时间有共现和前后递现两类。共时时间语义重点在于强调"事件发生在什么时候""事件持续多长时间"异时时间强调序列概念，是时间有序性的表现。篇章中的客观时间、概念时间①、艺术时间、绝对和相对性的时间参考点、固定和非固定性时间参考点、相对静止的共时和动态的异时，这些部分或全部出现在同一篇章中，依据事件发展相互联系，有机结合，形成篇章时间语义网。

---

① 所谓概念时间或概念空间是指所回想、联想、设想、展望事件的时间、空间。

8. А час спустя, нащупывая палкой опавшую листву, Василий Ильич шел сначала лугом, потом лесом к станции, шел той просекой, по которой столько лет торопился к утреннему поезду, а вечером возвращался, вдыхая тот хороший воздух, которым захотел подышать напоследок, и жена всегда спрашивала: «Устал, Вася?» – а после обеда сидели иногда в гамаке, и мир вокруг покачивался и тихо плыл, их мир...

（选自《东方大学俄语6》）

该段中时间词有 ① час（спустя）、② сначала、③ потом、④ столько лет、⑤ утренний、⑥ вечером、⑦ напоследок、⑧ всегда、⑨ после（обеда）、⑩ иногда，词 той（просекой）和 тот（воздух）在上下文中也获得时间义素。

①②③表示客观时间，参考点是现实时间，④⑤⑥则表示主人公回忆中的时间——概念时间，④指前文提到的40多年，⑤和⑥只是对事件进行对比，⑦回到客观时间，⑧⑨⑩又是回忆中的时间——概念时间；①②③⑦表示的客观时间和④⑤⑥⑧⑨⑩表达的概念时间交替出现，使词 той（просекой）和 тот（воздух）获得时间义素。这12个词汇单位形成一个当前与过去对比的时间场，对于描写主人公怀念过去的美好时光、反映主人公当前的失望和痛苦，意义重大。

篇章空间也有静态和动态之分。篇章中的客观空间、概念空间、心理空间、社会空间、绝对和相对空间参考点，无论部分或全部出现在同一篇章中，都依据事件发展相互联系，有机结合，形成篇章空间语义网。

9. На станции Василий Ильич перешел на другую сторону платформы, услышал вскоре шум поезда, кто-то, поддержав под руку старого печатника, помог подняться по ступенькам вагона, Василий Ильич сказал ему: «Спасибо, друг» – так и не увидев того, кто помог, – Поезд уже шёл, родней Москвы ничего теперь не было, а старое гнездо не в Фирсановке, а в глубине сердца и нечего искать его там, где оно было когда-то... （同上）

该段中空间词有 ① станция、② другая сторона платформы、③ ступеньки вагона、④ Москва、⑤ старое гнездо、⑥ Фирсановка、⑦ глубина сердца、⑧ там。

①②③描写主人公在车站坐上火车向莫斯科返回的情景，④⑤⑥⑦⑧则是主人公的心理描写。八个空间意义的词汇单位构成一个特殊的空间场，揭示了小说的中心思想，即老年人不仅缺少物质上的关心，而且更缺乏精神赡养，全社会都应关心老龄人口的精神交流、心理慰藉问题。

篇章中的时间和空间常常有机结合，形成篇章时—空语义网。时—空语义网在书面非文学篇章中只起辅助作用。如例 7 Создание ООН 中的 30 октября 1943 года в Москве、апрель 1945 года в Сан-франциско 构成的时—空层，仅反映该段一小部分的衔接关系。时—空语义网在口头交谈和文学篇章中发挥表达篇章语义内容和传递篇章信息的作用。如例 8 中 час спустя、сначала、потом、столько лет、утренний、вечером、нопоследок、всегда、после（обеда）、иногда、той（просекой）、构成的时间场 和 луг、лес、станция、просека、гамак、вокруг、(их) мир 构成的空间场有机结合，以及 сначала、лугом、потом、лесом、к станции、той просекоай、столько лет、иногда в、гамаке、мир вокруг 构成的时—空语义网，有助描写主人公在心灰意冷地离开曾打算安度晚年的老窝时，对过去美好时光的眷恋。

C. 篇章中词的言语风格场

不同语体的篇章，具有该语体特有的言语风格。同一语体的不同篇章也会有作者写作风格的差异。书面语词和口语词及俗语词、科技术语和文学语词、反映异国情调和发达国家高科技成果及他国异乡时尚的外来词、褒贬色彩鲜明的词和反映时代特色的词及方言词等，在不同作者的笔下可能形成不同的篇章言语风格场。

D. 篇章中词的活动语义场

篇章中表示动作、行为的词形成行为语义网。行为语义网与时—空语义网结合，从而形成活动语义场。篇章中词的活动语义场为篇章题旨语义网服务,若把篇章中词的活动语义场比作广阔的场景,词的题旨语义网就是词形的活动场广阔场景中有血有肉的核心分子。

4.2.6 篇章语义词整合的场效应

主题链和思路链构成题旨语义网,时间和空间有机联系构成时—空语义网。题旨语义网和时—空语义网中的节点与言语风格中的节点,交错联系,相互作用,有机结合,形成篇章多维空间语义场。

链是线性关系,网则是由链上节点纵横联系构成的同一个面上关系,场是由不同面上的节点交错联系形成的多维空间结构关系。因此,篇章语义实则是一种多维空间语义场。

场具有能量。我们认为,这种篇章语义的场能量来自人意识的能动性。词把人的能量释放出来,影响人们改造世界的活动。篇章语义内容和信息、语义结构布局、总体结构和风格对理解者的影响,形成篇章多维语义场的能量。这种场能量由篇章所表现出的不同层面场的能量叠加而成。从生成角度来看,场能大小由篇章内容和表达平面各自的语义构成和形式关系以及内容和表达平面之间的有机协调而决定;从理解角度来看,场能大小取决于理解者对篇章不同平面及平面间联系的理解程度和从篇章中所获得的语义信息对理解者自身的影响。理解程度受理解者的认知结构、认知水平等理解能力和阅读次数等因素制约。名著之所以要反复看、仔细读,就是这个道理。不同读者在每一次的阅读中,都会有不同的理解和体会,这是篇章语义整合场能产生的影响,也是篇章语义整合场效应在理解上的典型反映。

篇章所使用的包括词在内的所有语言单位反映出的客观存在,构成篇章的外部语境。在认识篇章的过程中,呈现在理解者大脑中的一切情感、知识、形象等构成篇章理解的内部语境。外部语境作用于人的认识,产生内部语境。多维语义的场空间既可看作外部语境存在形式,又可看作内部语境的表现形式。这由篇章词汇整合机制决定。

篇章词表达的题旨语义网、时间网、空间网、时—空语义网和言语风格场以及活动语义场形成篇章中词的整合场，表现篇章多维度语义联系。非文学语体篇章的语义空间较简单。文学篇章多维语义场比较典型。请看 Владимир Лидин 的 «Гнездо» （见《东方大学俄语6》）。

该短篇小说的主要人物有 Василий Ильич（Корнеев）和 Антонина。其他人物，如印刷厂厂长、主人公的妻子、儿子、Антонина 的女儿 Лида，都是次要人物。

主人公的称名有 Василий Ильич（32 次）、Корнеев（2 次）、старый печатник（2 次，开头和结尾）、отец、папа、хозяин、перст、человек、в шестьдесят пять лет、бобыль、Вася。其中 Корнеев、старый печатник、отец、хозяин、перст、человек в шестьдесят пять лет、бобыль、он 都是小说作者对主人公的称谓，反映主人公的社会身份、在家庭中地位的变化和晚年孤苦伶仃的状况。另外，Василий Ильич 的称谓较复杂，除作者使用外，还在厂长、儿媳与主人公的对话中出现。厂长对主人公 Василий Ильич 的称呼，表现了对主人公的尊敬。而儿媳在小说中从头到尾一直使用如此正式的称呼，反映了儿媳对主人公的冷漠、嫌弃，与主人公夫妇间爱称 Вася、Нюта 和父子间称呼 папа、отец、Миша、Мишенька 形成鲜明对照。

文中使用 Жена、Кастелянша、жена сына、Антонина、Тоня、женщина、Тонечка、вдова、невестка、жена вашего сына、она 称谓主人公的儿媳。其中 жена、жена сына、Антонина（25 次）、женщина、невестка 是作者用语；вдова、жена вашего сына 是女主人公的自我称谓；Тоня、Тонечка（8 次）是主人公对儿媳的称呼，表现了主人公对儿媳的亲情。Антонина 在与主人公的交谈中把自己称作 вдова，反映了她对自己处境的不满和对丈夫的怨恨。Антонина 把自己称作 жена вашего сына，不是旨在强调亲属关系，而是在遭到老人拒绝她的无理要求后，她发泄私愤，表现了 Антонина 自私、刁蛮。

小说对主人公郊外居住之处的称谓 домик、закуток、дом、пристройка、пристроечка、покинутое гнездо、диван в комнате сына、комната、старое гнездо、родное гнездо，描写了主人公安身之所的变化和对晚年幸福生活的向

101

往，小说对主人公城里住处的称谓 комната 和 Большая Полянка（大空地）（2次），则反映主人公退休后孤单、空寂的感觉。

该篇章中主要人物的称谓和主题词 гнездо 的不同表达方式，构成篇章主题链核心词，反映了主人公与小说中其他人物的复杂关系，创造了有血有肉的人物形象。

主题链中核心词大多数表达作者对主人公的爱憎态度，构成了小说创作的风格意义，体现了该篇章言语风格与题旨语义网的交叉。

表达该篇章时间场的词有，客观时间词 сейчас（5次）、на днях、сорок лет、теперь（10次）、сентябрь、старость、через два часа、зимой、после вечернего чая、под утро、день、утра и вечера、утром、час спустя、напоследок、вскоре；概念时间词 своё время、тогда（5次）、на два года、несколько лет назад（2次）、год назад、когда-то（5次）、вечернйи（чай）、предвечерие、после（чая）、давно、обычно、скоро、несколько лет спустя、в свою пору、зимой、зимовать、вчера、на всю зиму、накоротке、с недельку、несколько дней、прежнее、недавно、накануне、по возвращении、столько лет、утренний、вечерам、всегда、после обеда、иногда、когда-то。

叙事的时间参数多次变化。主线以主人公退休前后几日 сейчас 和 теперь 为参考点，向后回溯到 в своё время、в свою пору、год назад、несколько лет назад、когда-то、тогда、когда-то、давно、вчера。有以几年前为参考点向前回忆的 скоро，有以季节为参考点向前推移到 зимой、зимовать、на всю зиму、накоротке，有以现在为参考点向前计算的 по возвращении，有以主人公在 Фирсановка 第三日早上为参考点的 накануне，又有以现在为参考点描述过去的频度副词 всегда、обычно、иногда，有以过去种植苹果树为参考点向前推移的 несколько лет спустя。

客观时间从主人公退休后9月的一天去郊外老家写到第三天早上离开，时间跨度是退休前后的几日；概念时间则从"现在"向后回溯至一年间、几年前、近40年前，向前推至冬季、儿子回来后。如此复杂的时间场形成所描写事件的背景，时间的连续性获得直观感，创造艺术篇章的时间形象。连续性时间也发挥篇章思路链的功能。

该篇章的空间场由客观空间词 типография、подмосковская местность Фирсановка、дом、Москва、терраса、луг、просека、калитка、огород、садик、скамейка、сад、другая сторона дома、пристройка、терраска、комната、санаторий、магазин、другая сторона стола、кухня、опавшая листва、лес、другая сторона платформы、ступеньки вагона（点状空间）、Фирсановка станция、дом、пристройка（矢量空间）和概念空间词 гнездо、домик、закуток、Сибирь（3次）、терраса、Большая Полянка（2次）、строительство、школа、там（2次）、Москва、старое гнездо、глубина сердца 构成。

空间场围绕主人公活动和思绪展开，作者与主人公视点一致，所描写的空间具有连续性，并依据主人公意识活动发散。城里 Большая Полянка 和郊外 домик、закуток 对比，外在的 дом、домик、комната、пристанище 和精神寄托 гнездо 对应，创造独立的艺术形象。空间场和时间场相似，具有衔接篇章和分解篇章的功能。

小说客观空间跨度从莫斯科一间15平方米房间到郊外 Фирсановка 村一座带有小花园的3间屋舍。

概念空间从莫斯科印刷厂到郊外幸福的小屋，从小屋旁孤寂的果园到千里之外的西伯利亚，从现在的小屋到过去的小屋，从现在荒废了的苹果园到昔日飘香的果园，从现在令人心寒的小屋到莫斯科大空地街孤独的房间，时空交错。

客观空间、概念空间、客观时间、概念时间随主人公意识的变化而错落有致地分布，相互缠绕而形成篇章全文独特的时—空语义场。下面画线部分标明篇章全文的时—空语义场。

小说主人公是一位老印刷工人，光荣退休。退休前几年，把自己在郊外的小屋过户给心爱的儿子，并与儿子约定，年老时小屋有他一席之地。儿子婚后应聘去西伯利亚工作2年。老人退休后，孤独、忧伤，想去曾度过近40

年快乐时光的郊外小屋住一段时间。他写信给儿媳，儿媳未回信，老人想去看一看昔日的小屋。

　　他在从车站回小屋的路上，想起昔日妻子在凉台摆好桌子，备好茶水，想起他们与儿子骑自行车的情景及后来儿子结婚的情况。他穿过草地，经过松树林中的通道，回到曾度过近40年幸福时光的小屋——离别几年的故居。打开篱笆门，经菜园、苹果园，沿凉台楼梯而上，屋门紧锁，绕到后门，也进不了屋。独坐在老苹果树下的凳子上，看到眼前瓜果成熟时节花园里荒芜的果树，果树上几个未成熟的果子似乎在欢迎年迈、体弱、老眼昏花的主人回来，思绪又回到昔日。整整冷坐了两个小时，才等回儿媳。儿媳故作惊讶，假装不知，埋怨老人。她一人住3间房子却要老人住在屋外接修的房子。凉台上，儿媳冷言冷语，主人公感到比在大空地街独居更孤单、凄凉。老人说要自己做饭，买东西，自己照顾自己，儿媳不理不睬，却埋怨老人没有阻止儿子去西伯利亚。傍晚，喝完茶交谈时，主人公意识到，在阔别已久的家中，只能找到对昔日美好时光的回忆，只有回忆伴随着他，而在"城里的大空地街"也能靠回忆度日。晚上，躺在儿子房间内的沙发上，想起儿子小时与自己一起钓鱼和儿子少时的勤奋可爱，昔日家中的幸福景象与眼前的凄凉处境形成鲜明对比，老人夜不能眠。第2天早上，老人独自坐在凉台上喝茶，看到果树上一只乌鸦飞走了，似乎孤鸦也不堪忍受他住在这里。为了不成为儿媳的负担，早餐后，老人拄着棍子，摸索着到车站商店，买回细面条、麦糁，打算独立生活。老人度日如年，心事重重地独自过了整整一天。熬到了晚上，儿媳回来后却一反常态，换上漂亮的餐桌布，端上从单位特意带回的奶油果酱卷边饼，并声称要给老人取出丈夫的高领毛衣，对老人说丈夫有一双巧手，原来是看上老人在莫斯科仅有的1间15平方米的房子。老人拒绝儿媳的无理要求后，受到儿媳指责，甚至诬陷。儿媳说，这房子早已属于自己的丈夫Михаил，再次要求老人住到外面。老人感到不该回家，住在屋子里是一种过错，更大的错在于人老了却还幻想什么故乡的安乐窝。

　　第3天早上，老人茶饭不思，回想起从前与妻子一起坐在凉台上及儿子在他（指老人）昨晚休息的<u>屋子</u>玩无线电零件的情景，决定把<u>退休</u>纪念品——他舍不得离身的晶体管收音机——送给儿子。主人公饿着肚子，拄根棍子，踏着<u>落叶</u>，穿过<u>草地</u>，向<u>车站</u>走去。当走在<u>曾经近40年</u>早出晚归而经过的<u>林中通道</u>时，回忆起了<u>昔日</u>妻子的关心和幸福的<u>饭后时光</u>。

穿过<u>车站站台</u>，在陌生人的搀扶下<u>乘上火车</u>。老人清楚地感到：希望已破灭，<u>故乡已无安度晚年的老窝</u>，只有<u>昔日</u>的幸福回忆；曾经给予过幸福的<u>安乐小屋</u>，<u>现在</u>已无可追寻。

主题链、思路链、风格场、时间场、空间场、时—空场词相互交错，形成篇章多维语义空间场。作者正是通过这个多维语义空间场体现篇章内容和表达平面各自的特征和相互关系，唤起全社会对老年人精神赡养问题的关心。读者也能够借助这个多维语义空间场认识到解决老年人赡养问题的重要性。在我们这个全世界大多数国家都在步入老龄化社会的全球化时代，该问题尤显突出。

按照 Седов К. Ф. 和 Тюлякова О. А. 的观点，篇章语义结构模式可分为三个层次："第一层次是所指层，实现情节在空间的发展；第二个层次是心理层次，包括与主人公知觉、内心世界等有关的一切内容；第三个层次是价值层次，表达作者对所描写事物的态度方法。"（Седов，Тюлякова 1992：178）该短篇小说的题目 гнездо 充分表现了这三个层次的统一，因为 гнездо 既是主人公想安度晚年的住处，又是主人公情感寄托的象征和心灵的归宿，同时也表达了作品的中心思想——对老年人赡养问题的关心。词把人的能量释放出来。读者在阅读作品全文的基础上不仅能够体会到小说深刻的思想蕴涵和篇题所表达的意义，而且可能行动起来为实现作者所传递的信念而实实在在地做一些力所能及的事。

第 5 章

篇章语义整合的句素分析

5.1 句素与篇章

5.1.1 句素及其功能与分类

语言功能联系层的抽象构拟单位是句位,直观可见单位是句素。

词的组合反映在语音、语序、形态上。词的语音和语序结合构成句子或词组,却不一定能形成完全的俄语句子语义结构。句子语义结构的构成基础是词汇的语法形态——词的形式。词的形式与句位(синтаксема)结合实现语义化。(Богушевич 1985: 86~91)语言功能联系层的抽象构拟单位是句位,直观可见单位是句素。句位在言语中体现为句素(синтагма),句素表现为实词词的形式、两个此类形式的组合或实词词的形式与虚词的组合。虚词的作用是指示句素能够进入句子结构中的某种关系。(Золотова 1988: 22)我们认为,句位反映诸如施事、受事、述语、原因、限定、工具、状态等句法范畴特征表达的句法语义特征。句位的本质是预示和决定句中词汇单位间关系的结构。

实际上,关于实词词的形式或实词词的形式与虚词的组合作为语言一个层次存在的观点,波兰著名语言学家 И. А Бодуэн де Куртенэ 早在 1904 年就提出过。他在对俄语句子 На то щука в море, чтоб карась не дремал. 做形态切分时,把这句话分为 на то/щука/в море/чтоб... не дремал/карась 5 个句法单位。(Алпатов 1982: 67) **Золотова Г. А.** 为了说明句位的存在,把词区分为词位词和句位词。(Золотова 1982: 46~49) **Бондарко А. В.** 认为,语言的不同形式,要么反映语句意思的不同,要么反映意思虽然相同(近),但语言意义的诠释成分(интерпретационный компонент языковых значений)不同。(Бондарко 1996: 9) 因此,他提出把形式(词、词组、句)区分为"作为意思基础的载体"的形式和作为"只有形式(词的语法形式、句法结构)具有的语言对语义的独特诠释成分的载体"的形式。(Бондарко 1996: 4~10)"语言对语义的独特诠释成分"实际上就是句素和句式。

  词组可看作由几个词的形式组合构成。词的形式的组合受直观可见层单位必选关系①和聚合关系制约,其构成和结构出现了很大程度的恒定性。具有一定恒定性的词的形式的组合受到词汇语义类别的制约,就产生了词组。词组对于词的形式(句素在言语中的表现形式)进入句子结构不是必要条件,词组本身可分解为若干句素,并且词组的功能与词的相同。(华劭 1987: 26) 因此,词组虽然在句子的许多模式中可单独成层,但不进入直观可见单位层级链。词组在词和句素层实现语义化。关于这一点,可参看 Золотова Г. А 对句位功能的三种分类。(Золотова 1988: 4)

  篇章内容平面是语法和词汇意义在言语中相互作用所构成的内容。(Бондарко 2002: 102)"语法意义组织、连接词汇意义,确定词汇意义之间关系。这并不排除语法意义对意思内容而言具有独立性,也不排除语法意义通过确定词汇意义之间关系而对外部世界的性能和关系而言具有其独立性。"(Бондарко 1996: 32) 我们认为,作为预示和决定词汇单位间关系结构的句

---

① 所谓必选关系(облигаторное отношение)是指在构成高一级语言单位时,必须选择其低一级语言单位作为高一级语言单位的直接构成成分。如英语词 tree 在构成复数时必选词汇形素 tree 和复数形素-s 构成 trees。(Богушевич 1985: 23)

素，通过确定词汇意义间的关系，独立地反映外部世界的性能和关系。因此，联系功能决定句素作为语言单位一个层级而存在的理由。有人认为，句素层的功能是指称。其实指称是词的基本功能，处于比词更高层次的句素拥有词的功能并不奇怪，指称功能是从句素表达具有相互关系的客体角度而言，联系功能是从句素体现客体之间的关系而言。二者实质上是相通的，并不矛盾，这是因为客体及其关系是密不可分的。但从句素的本质来看，句素反映言语情景中事物缩图的构成，联系功能更能反映句素的层次特征。

Золотова Г. А. 把句位分为独立的、受制约的和被黏联的三种。**Богушевич Д. У.** 把句位分为独立和从属两大类。这些分类依据句素在句子结构中的位置或功能。根据句素的联系功能，当然可把句素分为反映语言外客体间关系的句素和只反映语言内意义的狭义句素（关系单位）。（关系单位的篇章功能请参看 Верещагин，Костомаров 1990：114～117）

5.1.2 句素与篇章

我们不难发现，句子层次中的许多现象，其实在篇章层中也存在。或如廖秋忠所言："许多篇章现象是体现在句子之中的。由于它们出现在句中，过去又以句子为最大研究单位，再加上有些篇章现象在句法层面也有类似表现，因而很容易把属篇章的现象或可在篇章层得到更好解释的现象一概视作句法层面现象加以研究。"（廖秋忠 1991：209）如称名的有定/无定、名词句素和代词句素等的指同功能，都属篇章中的句素现象。**黄苏华**教授对俄语名词性范畴创造诗歌形象的篇章功能分析（黄苏华 2002：59～62），为我们进行篇章句素分析提供了例证。动词体在当代语言学中作为篇章现象研究。从一些学者采用篇章方法研究斯拉夫语动词体所得出的结论来看，关于体范畴意义的不同观点在相互接近。

Золотова Г. А. 划分两类基本言语交际类型的依据就是句位。（Золотова 1982：348～349）她指出，像名词的数和动词的体、时这样的形态范畴均可成为组织篇章的手段（Золотова1986：68），动词的体、时等语言范畴为建

构篇章而存在，并且动词体、时是建构篇章的主要手段。（Золотова 2002：8）

Бондарко А. В. 在谈到语法范畴的篇章功能时，引用 **Якобсон Р.** 和 **Зубова Л. В.** 的分析例子。**Якобсон Р.** 指出："俄语完成体隐含的界限性范畴，使得完成体动词不可用来描写作为皇帝的彼得或彼得的青铜像。刻画彼得的叙述句无一个使用完成体动词的人称形式，如 стоял、глядел、думал、стоит、сидел、возвышался、несется、скакал；相反，描写叶甫盖尼的反叛史则使用完成体，如 проснулся、вскочил、вспомнил、встал、пошел、остановился、стал、вздрогнул、прояснились в нем страшно мысли、узнал、обошел、навел、стеснилась грудь、тело прилегло、глаза подернулись、по сердцу пламень пробежал、вскипела кровь、стал、шепнул、пустился、показалось ему、讲述得充满混乱和气喘吁吁。" **Якобсон Р.** 认为："青铜骑士中动词未完成体表达纯粹持续性，未完成体表达行为的未完成性，描写相关事件时使用完成性、界限性动词，形成了鲜明的对比。使用动词形态范畴（体、时、人称）作为凸显行为的手段，是普希金最具表现力、最鲜明的戏剧手法之一。"（Бондарко1996：65）

Бондарко А. В. 认为，时间、时序、主体、客体、性质、数量、空间、存在、领属、制约性（条件、原因、目的、让步）等语义范畴，在言语中都可能成为说话人想凸显或强调的意思。（Бондарко 1996：69；2000：31）

句素（词的句法形式）由词的语义范畴决定，当句素语法性能（范畴）的语义在特定语境中被凸显、被强调，为表达篇章交际意图服务时，句素就获得篇章功能。请看 **Зубова Л. В.** 对 Цветаева М. 诗歌中时间和态的分析：

Я – есмь. Ты – будешь. Через десять весен/
ты скажешь – есмь！ – а я скажу – когда-то.

（选自 Цветаева М.，Я есмь. Ты будешь, между нами бездна...）

凸显现在时和将来时的对立，伴随我和你对立。（есмь 是 быть 现在时单数第一人称的古旧形式）

Вепревержец, пей и славь

С нами мчащуюся-мчимую –

Юность невозвратимую!

凸显主动与被动的对立。（见 Бондарко 1996：65）

句素体现为词的形式，一个或若干个词的形式构成句素。因此，句位在可见层面显示为句素（синтагма）。**Торсуева И. Г.** 在评价 Виноградов В. В. 语段理论的价值时指出，该理论"允许把句素看作篇章的极限单位，提供机会不仅从语段的语音特性角度，而且从句素进入篇章的角度进行分析……以句素为例清楚仔细地研究了语音切分与篇章共同语义的关系"。（Торсуева 1984：123）这说明，Виноградов В. В. 的句素理论实则也证明了对篇章进行句素整合分析的可行性。

根据 Kintsch W. 的整合结构理论（Kintsch 1988：163~182），篇章语义表征可看作语句论元重叠所形成的命题网。因而，句素所反映的论元是篇章命题网中的语义节点。（这方面的研究成果甚丰，本书不再涉及。）因此，语句论元的篇章功能应是篇章语义句素整合分析的对象。**Онипенко Н. К.** 所提出的篇章主体发展前景（субъектная перспектива текста）概念（Онипенко 2002：179~192）是对主体论元篇章整合的具体论述。

5.1.3 篇章句素分析的内容

Золотова Г. А. 认为："句位是具有：①词的语义范畴意义；②相应的形态；③以及由此两者所决定的句法功能的三位一体的句法语义单位……与句子相连的不是词汇名素词（слово-лексема），而是句法名素词。"（Золотова 1988：4~6）句法名素词（слово-синтаксема），如时间功能语义场中 сегодня、давно、скоро 等状语，时间定位/非定位场中 однажды、обычно、всегда 等，动作方式语义场中 медленно、постепенно、вдруг、внезапно 等，空间定位场中的 здесь、там 等，其概括范畴意义是与语法意义相对照的语义成分。词的概括意义常常被归结为词类的概括范畴意义，由词的词汇和语法意义抽象而来，是词最概括的语法意义。因此，篇章中词的语义概括范畴意义成为篇章句素分析的对象。这一现象的语言学依据在于词形语法名素（граммема）——句素所表达的概念范畴与词形词汇名素（лексема）——词所表达的概念范畴一致。现代语言学认为，词类是句子的形态化成分。因此，Золотова Г. А. 把句素相应地分为名词、动词、形容词、副词句素。（同上）

以 Бондарко А. В. 为代表的功能学派，确定了俄语 16 个语义范畴：体貌、时貌、情态、存在、人称性、语态、主体、客体、句子交际前景、有定/无定、性质、数量、比较、领属、方位性、制约性。功能语法通过对照现实范畴化与词类形态范畴化，把这 16 个语义范畴分类如下：①体貌、时貌、情态、存在、人称、语态语义范畴，这些奠定了以述语为核心的功能语义场的基础；②主体、客体、句子交际前景、有定/无定范畴，奠定以区分主、客体为核心的功能语义场的基础；③性质、数量、比较、领属语义范畴，奠定以性质、数量限定为核心的功能语义场的基础；④方位性、制约性语义范畴，奠定以情景环境状态为核心的功能语义场的基础。（ТФГ 1987：31~32）这与 Булыгина Т. В. 和 Крылов С. А. 关于语言概念范畴的系统分类不谋而合。

语言概念范畴的系统分类，可揭示其与相应语法范畴或类别的相互关系。如①行为或述语概念范畴对应于动词语法范畴；②事物性概念范畴对应于名词语法范畴；③限定性概念范畴对应于形容词语法范畴；④状态类型概念范畴对应于副词的语法范畴。

事物性概念范畴包括性别、语义动物性/非动物性、表人/非表人分类基础和其进一步细分的标准。如指涉类型、称名性（包括有定/无定、指涉/非指涉，具体/非具体等）、语义影响（施事、受事、主体、客体、工具、产品等）。人称性范畴（行为参与者与言语行为参与者）有时同属行为和事物性概念范畴。

述语概念范畴可分为体貌—时貌、情态—存在、行为—题元范畴。体貌—时貌包括体、时、时序、时列；情态—存在包括客观情态（现实、必须、可能)、主观情态（命令、愿望）、陈述、疑问、肯定、否定、存在；行为—题元包括语态及基于动—静、及物—不及物、相互性—反射性关系所做的分类。（显然，行为概念反映的不仅有句素的语义，而且有句子结构语义。——本书作者注）

限定性概念范畴包括性质、数量、程度、领属。（性质还可分出指小表爱、指大表卑的评价，一般由词素手段表达。——本书作者注）

数量范畴不仅与限定范畴而且与事物性范畴（构成单数/复数、抽象/具体/集合等）及述语性（构成次数、重复性范畴）相交。（Булыгина，Крылов 1998：385～386）

句素能涵盖的语义概念范畴非常庞杂。事物性概念范畴的全部概括语义，行为概念范畴的体貌—时貌、语态、主客观情态的概括语义，限定性范畴的概括语义，最起码这些都属句素的语义范畴意义。本书受篇幅等诸多因素的限制，只讨论其中的一小部分。

应该指出，俄语句素的语义范畴意义并不全部体现于句素的句法形态。如称名的有定/无定、时间的有定/无定就无专门形态表达。本质上无语义内容的语法性能，如形容词的性、数、格及长、短尾形式（关系单位狭义句素），在特定语境下能获得概括语义内容。直接反映语法性能（如动词人称、时、式）的语义内容，在特定范围内根据语境而变化。因此，俄语篇章中句素表达的特定语义信息，不仅有来自语言范畴系统中句素由词汇语义决定的语法性能的语义范畴内容所产生的内容，而且有句素在交际中获得的言语意思。

5.2 篇章语义句素整合

5.2.1 篇章语义句素整合

篇章的语义信息是发话人想表达和表达的信息及受话人理解的信息。篇章句素分析的标准,是句素的语义范畴内容或意思是否能够和在多大程度上能够成为篇章语义内容和信息的组成成分。篇章语义句素整合,表现为句素语义范畴所表达的内容和意思与篇章语义内容和信息的相互依存,篇章中各个不同句素的语义范畴相互协调,体现篇章基本语义要素。如"体的篇章功能取决于篇章叙述的时间"(Петрухина 2000:57)。因此,以体为中心的体貌功能语义场和以时为中心的时貌功能语义场联系密切。这反映了篇章句素语义范畴的一体化整合特征。正如**Бондарко А. В.**所言:"范畴之间相互联系问题的现实意义首先由下列事实决定:言语所表达的综合语义,永远是在与词形的词汇意义、语境和言语情景相关的特定条件下几个范畴相互影响的结果。"(Бондарко 2000:20)因而,句素范畴语义在言语中的体现,依赖范畴之间的相互作用。

综上所述,所谓篇章句素整合,是指在特定篇章语境中各个不同句素的语义范畴相互依赖,相辅相成,共同表达一定的语义信息,服务于篇章意图的实现。请看下例:

1. ① Выпавший за ночь снег замёл узкую дорожку, ведущую от Уваровки к школе, и только по слабой прерывистой тени на ослепительном снежном покрове угадывалось ее направление. ② Учительница осторожно ставила ногу в маленьком, отороченном мехом ботике, готовая отдёрнуть ее назад, если снег обманет.

③До школы было всего с полкилометра, и учительница лишь накинула на плечи короткую шубку, а голову повязала легким шерстяным платком. ④Мороз был крепкий, к тому же еще налетел ветер и, срывая с наста молодой снежок, осыпал ее с ног до головы. ⑤Но двадцатичетырехлетней учительнице все это нравилось. ⑥Нравилось, что мороз покусывает нос и щеки, что ветер, задувая под шубку, студено охлестывает тело. ⑦Отворачиваясь от ветра, она видела позади себя частый след своих остроносых ботиков, похожий на след какого-то зверька и это ей тоже нравилось.

⑧Свежий, напоенный светом январский денек будил радостные мысли о жизни, о себе. ⑨ Всего лишь два года, как пришла она сюда со студенческой скамьи, – и уже приобрела славу умелого, опытного преподавателя русского языка. ⑩И в Уваровке, и в Кузьминках, и в Чёрном Яру, и в торфгородке, и на конезаводе – всюду ее знают, ценят и называют уважительно – Анна Васильевна. （选自 Нагибин Ю. М., Зимний дуб 1985）

该部分是小说的开头。第1句的第1分句中 замёл 是完成体 замести（覆盖）的过去时，实现完成体过去时"采用过程向行为结果方向转折，表达保持这一结果"（Виноградов）的结果存在完成时篇章功能，句中主、客体（дорожку）都是有定名词，是对情景的静态描写，表示情景产生，把白雪茫茫的"空间纳入"小说"情节时间"（Золотова 1998：27）。主体由非动物名词 снег 表示，它没有积极能动作用，这对 замести 与其他相关成分一起实现完成体的上述功能，起了很大作用。

未完成体过去时 угадывалось（辨认）用来描写依稀可见的雪地小道，呈现行为的过程，客体是有定的，突出未完成体篇章的描写性、表现性。

第2句中未完成体过去时 ставила（放、插），形象地刻画了女教师小心翼翼踩着积雪上班途中的情景，主体是无定表人名词，引入小说女主人公。

第3句的第1分句中 с полкилометра 的数量语义范畴，为描写女教师衣着埋下伏笔。第2分句中完成体过去时形式 накинула（披）和第3分句中 повязала（系），形式上是叙述女教师的动作，实则也是通过动词完成时的篇章功能呈现事物状态，通过行为句素刻画人物，把人物叙述描写化。该句话在篇章全文宏观语义结构影响下起着把女教师（表人名词）积极主动、热情向上的形象纳入小说时空域的作用。

第4句的第1分句中未完成体 налетал 具有描写性语义（寒气袭人），叙述、交代人物所处环境。主体 мороз（严寒、寒气），是有定非动物句素。第2分句中未完成体过去时 налетал 和 осыпал，描写肆虐的寒风，其中 налетал

（骤然刮来）的主体（风）是无定、非动物名词，而把刚下的雪刮起并 осыпал（洒落）的风（主体，文中省略），是有定、非动物名词，налетал 执行事实描写功能，而 осыпал 执行形象描写功能。налетал 和 осыпал 的篇章功能，导致非动物句素 ветер 获得表人语义，仿佛寒风也有了灵性。

第 5 句中主体带了一个用数量表年龄的 двадцатичетырехлетняя，нравилось 未完成体过去时形式执行性质描写功能。

第 6 句中重复 нравилось，通过未完成体动词 покусывать、задувать、охлестывать 具体详细地描写严寒刺鼻、冻脸，寒风吹起大衣、抽打人体，再次凸显主人公享受严寒，喜欢冰天雪地自然风物的性格特征。

第 7 句中通过描写主人公 отворачиваясь（回头）видел（看见）自己在雪中留下的脚印，通过使用形容词短语 похожий на след какого-то зверька 把脚印描述成像某个可爱野生小动物在雪地上留下的印迹，通过 нравилось 再次重复，更加突出了未完成时句素的性质描写功能。5、6、7 句的主体表人，客体是自然现象与人的活动。

第 8 句中 будил 未完成时具有过程持续功能，与有定主体句素 денек 的有定性质、限定句素 свежий 和 напоенный светом、时间修饰语 январский 和有定客体 мысли 及其限定句素 радостный 共同作用，完成直观描写功能。

第 9 句第 2 分句中完成体句素 пришла 的时间界限，以 "情景移动""时间轴新界标""新情景出现"为前提（Бондарко 1996：143~147），与第 1 分句中时间句素 два года 及第 3 分句中 приобрела 的完成体界限性一起成为推动文中情节展开的条件。完成体句素 пришла、приобрела 在篇章中的结果存在完成功能与数量（存在）范畴共同作用，主体的有定表人和客体 слава 的有定及其有定特征限定句素 умелый、опытный 共同完成直观描写功能。

第 10 句中先是 5 个具体地点句素，接着是总括词 всюду，与未完成体 знать、ценить、называть 不定人称现在时句素结合，叙述时间由篇章过去时转变为重复行为的历史现在时（历史现在时既具有简单过去完成时叙述动态行为的功能，又具有未完成时描述过程的功能），凸显了未完成体在篇章中的性质描写功能，随后使用专名句素 Анна Васильевна，既具有塑造受人尊敬的主人公形象的功能，又具有点出小说主人公、组织篇章的功能，可看作小说第 1 部分结束的标记。

通过以上分析可以看出，该部分被描述事物以自然风物和小说主人公交替出现（снег、учительница、школа、учительница、мороз、ветер、учительница、мороз、ветер、она、ей、денек、она、Анна Васильевна）的方式突出名词句素（主要以二格形式）的非动物/动物范畴关系，与塑造主人公热爱大自然的性格一致，为小说后面描写人与自然的和谐相处，叙述主人公探究自然界生命的活力、认识生活真谛，做了铺垫。述语动词完成体句素，在该部分执行呈现事物状态的完成时结果保持功能及新情景出现的简单过去完成时功能。未完成体执行描写表现功能、性质描写功能；述语句素时间范畴（过去时、历史现在时对立）和有定称名结合，使一个热爱生活、乐观向上的优秀女教师形象跃然纸上。如果把上述未完成体全部换成完成体，那就失去了该有的描写性和表现力。

5.2.2　篇章语义句素整合的生成机制

篇章语义句素整合产生于句素所反映的关系范畴，通过实现句素语义范畴的对比、照应或多次重复，凸显篇章要表达的义素。这首先是由句素语义范畴的对立或区别语义特征决定。如名词有动物、非动物性之分，动物性有表人和非表人之别，非动物性有事物具体、抽象之分，体貌有界限性和过程性之分，称名区别有有定和无定之分；时貌有过去、现在、将来之分。

过去时在抽象的现在—将来时语境中形象地呈现典型事物，以某行为的一个动作为例形象地展示行为的重复性。例如：

2. На этом свете ничего безнадежного нет... надо только хотеть... захотел я, чтоб ружье мое не давало осечки, - оно и не дает... захотел я, чтоб барыня меня полюбила, - она и полюбит... （Чехов А.）

其次，文学篇章中，作者有意使用某种语法性功能标记，通过特定语境作用，突出特定范畴语义，达到一定的表意和修辞目的。

未完成体过去时可以插入完成体过去时序列，表示行为在叙述线索中的相互转换。虽然语境指出行为的完结和结果，但未完成体仍强调行为过程中的时间，创造持续性被强调的效果，是一种标记性篇章修辞手法。例如：

3. Тогда командарм ходил в спальню, принес большой блокнот, позвонил, сказал вестовому... Однажды звонил телефон, он слушал и ответил. （选自 Пильняк Б. Повесть непогашенной луны1989）

ходил 是概括事实意义，表示"去了一趟"。只有过去时具备这一用法。звонил 和 слушал 所表示的过程持续意义与动词本身的词义有关系。难怪 **Золотова Г. А.** 在研究句位时不仅考虑语法意义而且考虑词汇意义和句位的造句功能。未完成体的过去时给记叙带来描写成分，详细描写集团军司令员在面临他并不需要做的外科手术而别人又强迫他做手术前夕的表现。完成体强调动态连续行为，未完成体表达过程持续行为，通过对行为链（由完成体表示）中的持续行为（未完成体）的描述，刻画了人物困惑、犹豫、矛盾的心理状态。

请看利用句素所指的语法性和篇章所实指的人的性别之间的矛盾，创造篇章隐喻的例子。

4. Три женщины, три дара, три поэта,

 три женских брата, Ваши имена

 так музыкальны - слышу: Альфа, бетта,

 а в третьем море, пролитое в март. （Антонова Н.）

作者在 дар、поэт 阳性名词所形成的上文语境作用下，利用句素的语法范畴性，通过隐喻思维把 сестра 换成 женский брат。究其原因还有篇际单位的作用。俄国著名作家 Чехов А. 有句名言 Краткость - сестра таланта. （简洁是天才的姊妹）брат 正好与 талант 相对应，женский брат 表达"天才女诗人"之意。与此同时 женщина→дар - поэт→женский брат 序列体现句素语法性与篇章实指性别间的一致→不一致→和谐统一的动态关系，凸显女诗人非凡的个性。

5.2.3　篇章语义句素整合的类型

Золотова Г. А. 把言语交际类型分为情景直观再现描述和信息传递两大类。情景直观再现描述类分为直观再现的叙述和描写；信息传递类分为事实的描写和叙述及事实逻辑信息、思想评价和思想逻辑概括信息。**Всеволодова М. В.** 也有类似的划分。（Всеволодова 1995：522）根据 **Золотова Г. А.** 的观点，情景直观再现描述类言语具有情节时间、时空域（хронотоп），行为具体，说话人（作者）主体知觉参与言语内容；信息传递类言语具有非情节时间，没有时空域，使用非具体静词、集合静词、非指涉静词，行为不是主体知觉可观察到的（也可能有指涉静词和可观察到的行为），行为无具体的持续性，说话人（作者）主体不参与言语内容。通过定义交际类型及其篇章表现，确定的是重复性语言手段的组合规律，而不是言语交际类型块的大小。（Золотова 1982：337~350）

当代体学研究证明，完成体执行记叙（叙述、过去完成时）功能，未完成体执行描写和说明功能。（Золотова 1982：348~356；1995：85）

这些都说明篇章句素整合类型与言语类型具有对应性。**Онипенко Н. К.** 认为："解释具体词的形式、词汇语义类别和形态范畴，必须考虑诸如言语交际类型和篇章主体发展前景这样的概念。"（Онипенко 2002：180）如果说，言语交际类型与所有句素的篇章功能相关，那么篇章主体前景则只是主体句素篇章功能的集中体现。因此，我们可以依据 **Золотова Г. А.** 的言语交际类型学说，区分情景的直观再现的描写和叙述、事实描写和叙述、事实逻辑说明等句素整合类型，以行为句素为例分类如下：

>>> 第5章 篇章语义整合的句素分析

言语类型 \ 句素	行为范畴						
	体貌		时貌			行为类型	
	完成	未完成	时间情节性/非情节性	时空域有/无	时间序列有/无	连续性有/无	主体知觉行为可观察性
对情景的直观再现描述类 — 描写	−	+	+	+	+	+	+
对情景的直观再现描述类 — 叙述	+	−	+	+	+	+	+
信息传递类 — 事实描写	−	+	−	−	−	−	−
信息传递类 — 事实叙述	+	−	−	−	−	−	−
信息传递类 — 事实逻辑说明	−	+	−	−	−	−	−
信息传递类 — 思想分类评价	−	+	−	−	−	−	−
信息传递类 — 思想逻辑概括	−	+	−	−	−	−	−

篇章体貌比较复杂，随着科学研究的深入，人们对篇章体貌有了更细致的认识。Золотова Г. А. 强调简单过去完成①（对系列行为的动态叙述是其典型用法）没有穷尽完成体独特的篇章功能，完成体还具有结果存在功能，即"把状态（人、事物、空间）纳入情节时间，结果存在完成时执行静态直观描写功能"。（Золотова 1998：27）如 5.2.1 中 замести、накинуть、повязать、приобрести。未完成体执行凸显过程、动态重复和性质描述（说明）功能。因此，体貌句素在情景直观再现描述类言语和信息传递类（描写、叙述）言语中的整合可分类如下：

---

① 根据 Золотова Г. А. 的观点，在完成体内部可分出对系列行为进行动态叙述的简单过去完成时和结果存在完成时，在未完成体内部可分出过程性未完成时和习惯性描述未完成时。（Золотова 2002：13～14）

言语类型	体貌	篇章功能体系				
		完成体功能		未完成体功能		
		简单过去完成	结果存在完成	凸显过程	动态重复	性质描述
情景直观再现描述类	描写	-	+	-	-	-
	叙述	+	-	+	-	-
信息传递类	叙述	-	+	-	-	-
	描写	-	-	-	+	+

请看下例：

5. **Берегите старину**

Сегодня до меня дошли вести, которые, если бы даже оказались слухами, то все-таки заслуживают ближайшего внимания.

Мне сообщили, что высланные во внутренние губернии немецкие подданные «при сей верной оказии» занялись скупкою русских древностей.

И теперь, если только мы вспомним большое количество высланных и вспомним центральные губернии, изобилующие древностями и художественной стариной, то станет ясно, какой безграничный вред и в этой области могут нанести наши внутренние враги.

Дело местной древности находится в руках архивных комиссий, отделов «общества памятников старины» и прочих археологических и художественных учреждений.

Хотя, очевидно, война оторвала из этих сфер очень многих деятелей, но и оставшимся необходимо неожиданно уделять силы на борьбу с новыми проделками врагов, очевидно, пользующихся всеми способами, чтобы нанести ущерб русской культуре.

Кто бы мог думать, что хищные германцы не оставят в покое такой, казалось бы, удаленной от них области, какую представляют древности и художественная старина наших центральных губерний?

Еще раз, берегитесь немцев и помните, какой скрытый на первый взгляд и огромный по последствиям ущерб могут нанести нашему еще молодому делу охраны и изучения старины и искусства разосланные внутрь страны враги. （选自 Рерих Н. К. Берегите старину 1993）

第1自然段，完成体 дойти 引出不定句素 вести，从句概括描述 вести 的特征，进一步证明了 вести 信息的重复性，全句属信息叙述类言语。

第2自然段，完成体 сообщить 引出消息（вести）的具体内容，完成体 заняться 简单过去完成功能与不定句素 скупка русских древностей 共同形成事实叙述从句，全句属信息叙述类言语。

第3自然段是信息传递类言语。完成体 вспомнить 的结果存在完成时功能，引入有定数量句素和有定称名"中心省"（形动词限定句素对该称名进行性质修饰），стать 结果存在完成时功能（强调状态变化）引入从句（мочь 性质描写功能组成的从句）内容，对前面提到事情的危害性进行评价。

第4自然段，以未完成体 находиться 为首的句素说明事实信息，构成下文背景。

第5自然段，уделять силы 与 необходимо 情态句素组成事实逻辑信息类言语，说明作者观点。

第6自然段是信息传递的事实逻辑说明类言语。从句通过 оставить в покое 直观叙述有定人称的行为，оставить 的说明从句则由 представлять 句素的性质描写信息功能构成。它们与情态句素 мочь думать 共同评价事件行为。

第7自然段，通过 берегитесь 和 помните 直接表达作者意愿，是对作者意思的直观描写。从句中 мочь нанести 情态句素，描述有定主体 разосланные внутрь страны враги，传递起警示作用的信息。

短文从信息叙述事件——得到消息开始，再说明作者对消息的认识及看法，先具体后概括，最终形成全文中心思想。

5.2.4　篇章语义句素整合的功能

句素的范畴内容在篇章语境综合因素作用下产生新的语义特征，这表现了篇章语义句素整合的功能。请看下例：

6. 　　　　　　Опомнитесь！

Письмо в «Биржевые ведомости»

Недавно станция Боровенка Николаевской железной дороги была переименована.

Это несчастье не должно пройти незамеченным. Необходимо теперь же громко защитить мудрую красоту русского языка, живущую в названиях городов, сел и урочищ.

Неужели вандализм и нерадивость, от которых повсеместно гибнут памятники русской старины, нашли себе еще новое поле действия?

Горько и страшно становится русскому сердцу от мысли, что имена селений, из которых многие и многие имеют смысл исторический, из которых многие являются единственными источниками исторических исследованй, стали доступны произволу забывающих родину и родное.

　　　　　　Анатолий Лядов

　　　　　　Николай Рерих

　　　　　　Сергей Городецкий

（选自 Рерих Н. К. Берегите старину1993）

该书信篇章中，完成体句素 переименовать、пройти、защитить、найти、стать 有界限限制的语义内容，在该语境中表现为一种达到界限状态，未完成体 становиться 也因之获得极限义素，表达作者激烈的情绪，说明作者对摧残文化的野蛮行径愤怒到极点。

再看下例中名词数范畴的语义内容在该篇章语境作用下获得的篇章语义

信息：

  7. Некоторое время профессор наблюдал за ним. Перед его глазами за длинную жизнь прошла не одна тысяча таких вот парней; он привык думать о них коротко – студент. А ведь ни один из этой многотысячной армии не походил на другого даже отдаленно. Все разные. （Шукшин В. М. Экзамен）

（选自《东方大学俄语 7》）

  从该段上文来看，студент 和 парни（парней）、они（о них）具有指同关系，似乎应使用复数，但作者独具匠心地使用了单数。单数语法意义在语境作用下成为彰显"个体、个性"意义的依据，与下文意思具有内在联系，全段在"语义和表达意思的诠释成分"（Бондарко 1996：6）上结合得天衣无缝。

5.2.5　篇章语义句素整合的序模关系

  在对文学篇章叙述言语进行分析时，人们发现，动词句素的体、时能够表达两个行为或者更多行为在时间连续体上的一种相互联系，这实际上是时间有序性的表现。这种情况下，时间句素获得特殊的篇章功能：形成"篇章时间轴"（Golton 1976：11～22；Sacker 1983：178；Бондарко 1996：167～196），间接表达事件行为或状态之间的因果联系，决定篇章的结构（Савченко 2002：89～93）。

  篇章时间轴呈现为一种序列或序模结构。这种序模结构由行为的动态/静态、前后递现/共现关系形成。动态行为与前后递现相连，静态行为与共现相连。运动、变化、连续是前后递现的前提，不运动、不变化、静止状态是共现的前提。人对时间的理解在语言句素层也得到反映。俄语使用完成体语法范畴表达时间连续性。完成体把事件放置在时间轴的特定位置，在前后时间段之间、在时间联系中描述行为，不仅指出事件存在，而且指明事件发展的承继性。俄语使用未完成体表达静止状态。未完成体表达连续体中的持续未变化状态，描述某个特定时间段中事件行为的相对不变化状态。未完成体是从时间连续性中抽象出来的，因而在特定条件下也可表达时间连续性。时间序模把一系列连续行为和某些相对孤立的行为纳入事件和时间连续体。因而，时间序模作为一种特殊的语义范畴在篇章中获得最充分的体现，是篇章事件行为范畴的动态/静态组合，决定完整篇章的语义结构。篇章中体、时形态组合体，呈现时间流动，形成时间轴，反映篇章事件行为范畴的动态/静态组合，间接表现人们在日常生活思维中习惯了的时间因果关系，并以此决定了完整篇章的语义结构。请看下例：

8. **Семейная загадка**

А. Даутов

Проснувшись утром. Штукалов позвал жену:

И тут же понял, что забыл, как ее зовут.

– Чего тебе? – откликнулась на «Эй!» жена.

– Это самое... Завтрак скоро?

– А ты в магазин сходил? – моментально подбоченилась слабая половина.

Собравшись, Штукалов пошарил по карманам, но, видно, до него шарили другие.

– Слышь! – позвал Штукалов, – А деньги?

Имя жены никак не вспоминалось, и он уже пугался.

– Дорогая, – нашелся Штукалов. – Я готов!

– На, – удивленная жена протянула Штукалову кошелек.

Секунду назад она хотела заставить его сдать все бутылки, и на эти деньги купить провизии на весь месяц.

Сбегав в магазин и купив две бутылки водки и банку килек, Штукалов объявил от порога:

– Любимая! Я все!

Уронив кастрюлю с кипятком, жена уставилась на Штукалова.

– Лапочка! Солнышко мое, ты что? – супруг нашел удобный

第 5 章 篇章语义整合的句素分析

литературный прием и теперь нещадно эксплуатировал его.

— Штукалов, — садясь мимо табуретки, произнесла жена. — Что с тобой сегодня?

— А чего, зайчик? — махнув быстренько стакан, округлился Штукалов.

— Да ты же всегда только орешь: «Ленка! Катька!», а сейчас: «Солнышко, зайчик...»

«Или это Ленка, — догадался Штукалов, — или Катька!»

Ответ не приходил, и Штукалов решил поискать паспорт жены.

— Так! Что ты лазаешь« — подкралась со спины жена. — Деньги»

— Уйди, Катька! — отмахнулся Штукалов, и тут же мокрая тряпка загуляла по его спине и голове.

— Уже напился, сволочь! — приговаривала. — Катькой меня обзывает!

— Уф! — успокоился Штукалов, — Ленкой! Ленкой ее зовут!

Шарахнув жену в челюсть, он тут же рассеянно почесал в затылке; «А кто тогда Катька?» (选自 Молодежная эстрада 2002, № 10~11)

该短文时间关系几乎都靠动词述语句素表达。动词简单过去时表示的情节时间界限与故事界限一致。完成体系列 проснувшись（睡醒）→позвал（召唤）понял→откликнулась（回应）подбоченилась（双手叉腰）→собравшись（穿戴好之后）→пошарил（摸索）→позвал（招呼）→нашелся（想出应付的办法）→протянула（递过来）→сбегав（跑一趟）→купив（买）→объявил（告知）→уронив（掉）уставилась（盯着看）→нашел（找到）→эксплуатировал（使用）→произнесла（说出）→махнув（喝下去）→округлился（思想有了完整表达）→догадался（猜出）→решил поискать（决定寻找）→подкралась（悄悄走近）→отмахнулся（一挥手赶走）→успокоился（平静下来）→шарахнув（猛击一下）→почесал（挠），从头至尾把小说按时间顺序叙述得井井有条，使人对整个情节发展一目了然。未完成体 шарили（摸），（не）вспомнилось（想起）、пугался

（害怕），хотела（想）、（не）приходил（来到），приговаривала（数落）所表示的静态状况穿插其中。动态叙述与静态描写有机结合，构成篇章全文小巧精致的微型结构，把事件过程描述得有声有色，充满戏剧感。

5.2.6 篇章语义句素整合的效应

句素的篇章功能服从篇章整体性的要求。篇章对句素的整合作用既是篇章整体性的要求，又综合体现篇章整体性。篇章各类句素，尤其是时间句素，有机结合，能够比较典型地反映篇章句素的整合。而这一整合对理解者所产生的影响形成了篇章句素语义的整合效应。请看下例：

9. Имение

С. Алексеев

По Украине враги шагают. Рвутся вперед фашисты.

Хороша Украина. Воздух душист, как травы. Земли жирные, как масло. Щедрое солнце светит.

Пообещал Гитлер солдатам, что после войны, после победы, получат на Украине они имения.

Шагает солдат Ганс Муттерфатер, подбирает себе имение.

Приглянулось ему местечко. Речка журчит. Ракиты. Луг рядом с речкой. Аист.

– Хорошо. Благодать! Вот тут я, пожалуй, после войны останусь. Вот тут у речки построю дом.

Прикрыл он глаза. Вырос красавец дом. А рядом с домом конюшня, амбары, сараи, коровник, свинарник.

Расплылся в улыбке солдат Муттерфатер.

– Отлично! Прекрасно! Запомним место.

Дальше идут фашисты. Хороша Украина. Взгорки. Низинки. В низинках лежат пруды. Села на взгорках. Внизу мосточки. Машет крылом ветряк.

Глянул Ганс Муттерфатер:

— Отличное место!

Залюбовался.

Вот тут я, пожалуй, после войны останусь. Вот тут, на взгорке, построю дом. Прикрыл он глаза. Вырос красавец дом. А рядом с домом другие службы: конюшня, амбары, сараи, коровник, свинарник.

Запомнил солдат местечко.

Дальше идут войска.

Вновь остановка.

Степью легли просторы. Нет им конца-края. Поле лежит, как бархат. Грачи по полю словно князья шагают.

Захвачен солдат безграничным простором. Смотрит на степи, на землю-душа играет.

—Вот тут я, вот тут навсегда останусь.

Прикрыл он глаза: колосится пшеницей поле. Рядом идут косцы. Это его колосится поле. Это на поле его косцы. А рядом пасутся коровы. Это его коровы. А рядом клюют индейки. Это его индейки. И свиньи его, и куры. И гуси его, и утки. И овцы его, и козы. А вот и красавец дом.

Твердо решил Муттерфатер. Тут он возьмет имение. Не надо другого места.

— Зер гут! — произнес фашист. — Навечно я здесь останусь.

Хороша Украина. Щедра Украина. Сбылось то, о чем так мечтал Муттерфатер. Остался навечно здесь Ганс Муттерфатер, когда открыли бой партизаны. И надо же — тут же, прямо в его имении.

Лежит Муттерфатер в своем имении. А рядом мимо дальше идут другие. Выбирают и эти себе имения. Кто на взгорке, а кто под горкой.

Кто у леса, а кто у поля. Кто у пруда, а кто у речки.

Смотрят на них партизаны:

– Не толпитесь. Не торопитесь. Велика Украина. Щедра Украина. Места любому хватит. （选自 Молодежная эстрада 2003, No 3-4-5: 160 – 161）

该篇章时间句素整合可分为五个层面。

第一层面，作者采用历史现在时 шагают、рвутся（侵略者的概括场景）；идут（侵略者第1个具体场景）；идут（第1次重复）（第2个场景）；идут（第2次重复）、выбирают（第3个场景）；смотрят（游击队员的场景），从宏观上展示二战中敌人的凶残本性和游击队员顽强不屈的性格特征。历史现在时把事件场景化，把疯狂的侵略者和人民战争生动形象地展现在读者眼前。

第二个层面，恒常现在时 хороша、душист、жирные、светит（第1个概括场景）；журчит 称名现在时（第1个具体场景）；хороша、称名现在时、лежат、存在句现在时、машет（第2个具体场景）；легли（完成时结果现在存在意义）、нет、лежит、шагают（第3个具体场景）；хороша、щедра（第2个概括场景）凸显乌克兰美丽、富饶、慷慨（给侵略者总有葬身之地）。把伟大、永恒、不可战胜的乌克兰呈现在读者眼前。

第三层面，写一名侵略军士兵 Ганс Муттерфатер 的活动。пообещал 表达的时间意义虽说在整个二战事件情节之内，但对于微型小说所反映的情节而言，仅仅是个引子，属情节前时间。历史现在时 шагает、подбирает（概括场景）；现在时时间句素省略（вновь остановка）、захвачен、смотрит、играет（第3个具体场景的一部分）；动态的简单过去完成时 приглянулось、прикрыл глаза、расплылся（第1个具体场景），глянул、залюбовался、прикрыл глаза、запомнил（第2个具体场景），прикрыл глаза、решил、произнёс（第3个具体场景的另一部分）；结果完成时 сбылось、остался 和描述未完成时（结局）有机结合，写一名侵略者士兵如何从觊觎别人的家园

128

到得到应有的下场。

第四个层面，将来完成时 останусь、построю、запомним（第 1 个场景）；останусь、построю（第 2 个场景）；возьмёт（第 3 个场景）写侵略者士兵狂妄不可一世的想法，第一人称句素刻画不可一世的侵略者，而第三人称 возьмёт 与"结局"对比，形成讽刺效果。完成体的极限意义也成了实现"侵略者必将自取灭亡"语义的"语言诠释"手段。

第五个层面全部由 прикрыл он глаза 引出。вырос 现在完成时、存在句现在时（第 1、2 个具体场景）；колосится、идут、колосится 的领属关系现在时、пасутся 的领属现在时、клюют 的领属现在时、存在句现在时（第 3 个具体场景），这些性质描写句素，写侵略军士兵对占领后"美好"生活的幻想，凸显侵略者贪婪的掠夺本性。

作者通过句素在这五个层面的有机结合表达了侵略者必将自取灭亡的主题；读者通过这五个层面所形成的语义流，感受到正义战争的力量，认识到侵略者最终必败的真理。

第6章

篇章语义整合的语句分析

6.1 语句与篇章

6.1.1 语句及其功能与分类

语言模型化层次单位，体现为三类直观可见单位（语句）和一类抽象构拟单位（句子）。利用专门语调表达出的一个词（句素），或包含一个至几个语段具有完整语调的一组词（句素的组合），都可构成语音句；具有完整性标记（语调或停顿点）的一个词形（句素），或一组词形的序列（句素组合），构成语序句；一个词（句素）或由一定形式语义关系联系起来表达完整思想的一组词（句素组合），构成形态句。语音句联合具有逻辑联系的语段，语序句联合词的组合，形态句联合句子的结构组成部分。（Богушевич 1985：91~95）实质上，语音句体现为语调语音链；语序句体现为形式关系链；形态句体现为形式语义链。句子的抽象构拟单位是指句子的恒常要素，即人们所说的语义结构、命题、命题功能、抽象句、核心句、准句子、深层句。命题有逻辑（概念范畴）、心理（实义切分）、真值等特征和范畴，反映句子的纯语义结构，把直观可见层的不同类型语句（语音句、语序句、形态句）组织为聚合体。

句子按交际功能分为陈述句、疑问句、祈使句和感叹句。但陈述句的交际功能并非总是陈述，在不同语境中，可表达陈述、推测、允诺、警告、威胁。疑问句、祈使句、感叹句莫不如此。因而，句子所表示的功能标记与具体的实际功能不一致。这就产生了同一结构与不同功能的矛盾。这种矛盾只有通过把句子与具体上下文或语境结合起来才能解决。

所谓句子的模型化功能，是指句子采用模型化方法表达思想（模式）的功能。表达同一思想模式的句子，具有不同程度的完整性和由不同成分组成的事件、事实结构缩图。句子模式与思想模式之间是多对一关系。因而，句子的模型化功能还体现在句子是思想的语言符号模式（或模式化语言符号）。模式是关系的反映，联系功能由句位完成。因此，语句由一个或几个句素通过命题联系而构成。

句子的模型化功能包含两个方面——称谓和述谓。称谓是对命题主目的指称，即相应事件情景中某命题对象的命名；述谓把命题主目与现实联系起来，反映所指事件情景与现实的关系。情景称谓意义是述谓化的作用场。述谓化不仅把句子内容与现实联系起来，而且把句子称谓内容与现实联系起来。句子在句法聚合体中表现为最小的基础命题单位（элементарная пропозитивная основа）。最小的基础命题单位，即句子最小的基本模式，由两个主要句法分体系——指称功能结构分体系和述谓化功能分体系——建构而成。指称功能分体系形成含有各种主从、并列或其他复杂化成分的指称结构；述谓化功能分体系用于直接针对情景主目的述谓联系。因此，我们认为指称功能结构表达篇章事件情景中的某事件、事实，述谓化功能表达句子交际层面，句子是表达篇章总体事件中某个事件、事实的结构缩图的原型语言单位。

句子的本质在于，从形式层面把整个语句切分为主语和谓语两部分；在纯语义层面把语句分为主观意义和命题意义；在交际层面把语句切分成主题和述题部分；在指称层面分出语句所指的事件情景中的某个命题对象。（关于句子四个平面理论的详细分析可参看郭淑芬2002：260～273；Никитин

1996：589~646）

6.1.2 语句与篇章

以 Золотова Г. А. 为代表，交际语法既在语言系统框架内研究句子，又在篇章、具体言语类型片段及其组合块框架内研究语句。他们认为，语句具有特定语法形式的基础模式或其结构语义变体、（如同义变体）、表情变体、多述语结构，一个句子模式的语法变体、结构语义变体、表情变体和主—述题变体都是该模式适应具体篇章条件的结果。（Онипенко 2002：178~180）

许多学者把语句看作言语交际的单位。**Солганик Г. Я**. 认为："句子是言语的建筑材料。"（Солганик 2001：36）华劭先生认为语句是篇章的构筑单位。（华劭 2003：273）"对句子正确、完整的认识只有在言语交际过程中，只有在它进入篇章之后才能达到。而对篇章的整体分析也离不开句子。"（邓军 1997：83）**Лаптева О. А**. 认为："连贯篇章最小的基本语义单位是句子。"（Лаптева 1982：79）

Арутюнова Н. Д 提出的四种逻辑句法关系（邓军 1997：84~96；华劭 2003：274~275），对句子的分类，实际上反映了语句在其上一层语言单位（篇素）中的功能特色。语句是篇章生成和理解的构件，篇章正是借助语句增加新信息，各种类型句子转换都与语句的篇章生成功能相连。语句结构的实质，是在最大程度上适合完成篇章建构和解码的功能，满足生成和理解篇章的要求。

Ляпон М. В. 指出："出现在完整篇章中的关系，显然在许多方面与我们在复合句领域观察到的关系等同或相似……句子是两个相互对立因素——称名和评说的相互作用场。句子仍然是可以揭开超句层特殊规律的工具。"（Ляпон 1982：76）

Залевская А. А 说："篇章理解，如同篇章表征，应在命题中实现，也是众所周知的。"（Залевская 2000：249）

Чугунова С. А. 发现，在那些关于读者可以利用时、空、因果等信息建构情景模型、理解篇章的假设（如 Zwaan R. A. 和 Rad vansky G. A. 1998 年在 *Psychological Bulletin* 上所发表的文章 *Situation models in language comprehension and memory*）和从结构整合理论角度对命题层篇章语言表征所进行的研究之间存在同构现象。（Чугунова 2002：110）

以词为单位的计算理论已不能满足篇章自动处理的要求，一些有远见卓识的学者，提出了以句子为计算单位进行篇章自动处理的方法（如 Скороходько 1983；Андреева 2001）。这种情况也说明了语句在篇章分析中的必要性和重要性。

6.1.3 篇章中语句的分类

Арутюнова Н. Д. 所提出的四类句子逻辑语法类型，可看作是句子语义句法结构研究的高层次概括。

理想的篇章应该具有对客体存在的肯定、对客体的称名、对客体同一特征的确定和对客体不同特征的描述。但是，这些在现实篇章中却很少明显清晰地显示出来。比如，有些客体的存在根本不出现在篇章中，而是作为"篇章所依赖的预设条件"（邓军 1997：86）发挥作用。这种作为篇章预设条件而省略表达的情况比较容易理解。

邓军教授指出："篇章信息结构中的引入部分通常是三种逻辑关系的结合。"（邓军 1997：85）她对存在、称名、证同三种关系的彼此交织现象和存在与描述关系的融合现象在篇章中的表现做了详细而又明了的分析。

Ширяев Е. Н. 发展了 Арутюнова Н. Д. 提出的四种逻辑句法关系学说。他认为，逻辑关系展示句素指涉实体在句中的分布；语法关系表明具有某个指涉的句素的形态句法地位。在形成句子逻辑关系中有两类静词指涉发挥作用：具体指涉和概念指涉。具体指涉借助各种语言、非语言手段表示整个事物集合中的一个具体事物；概念指涉常参考词典中记载的词的概念。因此，证同的实质在于使静词失去概念指涉，使静词具体化。每类逻辑语法句型都分出语义次类。存在句根据方位语义成分和事物名词的语义进行分类。描述句至少有三个语义次类：①关系句（реляционное），如 Мальчик читает в кресле сказки.；②性质句（качественное），如 Он хороший студент.；③状况句（обстоятельственное），如 Собрание будет в зале в пять часов. 。(Ширяев 1995：7~15)

综上所述，我们认为，Арутюнова Н. Д. 和 Ширяев Е. Н. 实则是从句子语义逻辑、篇章思维步骤的角度提出了句子命题的科学分类。

Арутюнова Н. Д. 从句子语义关系的范畴意义推导出句子的篇章功能。这启发我们寻找句子各个语义句法次类的篇章功能。关系句实则反映具体情形下主、客体关系，性质句说明事物的性质、数量、评价等特征，状况句说明事物（特征）所处的时间、地点等状态。

篇章中的语句形式各种各样，按不同的分类方法，可有不同的名称。如长句和短句、简单句和复合句、肯定句与否定句、判断句与描写句、陈述句与祈使句、口语句与书面语句、对偶句与排比句。句子形式的选择、组织方法多种多样，但归根结底都与篇章语义整合密切相关。语句形式所表达的范畴语义也会成为篇章要凸显的意义。

当然，从语句在篇章结构中发挥的功能来看，还可把语句分为起衔接过渡作用的和表达篇章中心思想的两种。

6.2　篇章语义语句整合

6.2.1　篇章语义语句整合

Kintsch W. 认为篇章语义表征具有结构整合性（construction-integration）。**Рафикова Н. В**. 认为篇章语义表征具有结构整合还原性（конструктивноинтегративно-восстановительный характер）。（Чугунова 2002：109~111）

篇章生成，作者利用四类语义句法关系及其语义次类关系，遵循篇章全文思想观念范畴的要求，按照不同的表达方式综合形成篇章内、外在形式相互和谐的统一体；篇章的所有语句不仅在形式和语义上、在交际和所指层面上各自形成篇章全文整体上的统一性，而且服从作者篇章全文的交际意图，相互交织，融为一体，形成篇章整体语义连贯表征的形象体系，完成篇章全文的语用功能。

在篇章对语句进行语义整合的过程中，篇章会激活语句原本隐蔽的义素，甚至促使语句产生原本没有的义素。这样，一定篇幅内篇章的语句命题和命题态度语义累积融合，创造增加意义，形成篇章语义和信息场。

理解篇章，读者每读懂一个句子，都会构建一个情景事况模型；在把从语句中获得的一定量信息与自己意识中的现实表象进行比较的基础上，读者通过归纳总结，综合形成一体化的情景模型。对语句的加工处理是在一体化情景模型的基础上进行，把所获得的信息归并进已有的一体化情景模型，补充新信息，完善已有的一体化模型，最终形成篇章全文整体情景的形象体系。请看下例：

1. **Случайность**

   Анна Гедымин

   ①Он что-то нес за пазухой. ②Просто шел и что-то нес за пазухой, бережно, как котенка. ③Он не выглядел ненормальным или даже просто возбужденным. ④Поэтому, когда он упал и на асфальт потекла красная жидкость, все сначала подумали, что он нес вино или сок – и вот разлил. ⑤Лишь через несколько минут кто-то вспомнил хлопок и понял, что это выстрел. ⑥Все сразу же закричали, загалдели невыносимо – счастье, что он этого не слышал. ⑦Не кричала только ты. ⑧Просто приближалась мягким шагом.

   ⑨Он шел на встречу с тобой. ⑩Сказать, что ты можешь делать что угодно. ⑪Хочешь – даже выходи замуж за это ничтожество. ⑫А он – он не желает этого видет. ⑬И покидает тебя. ⑭И все, и все... ⑮А получилось так, что события не связались во времени – он не выдержал раньше, чем вы встретились.

⑯Приехали милиционер и доктор. ⑰Оказалось, что никакая это не кровь, а пакет вишневого сока.

⑱ – Ну и слава богу! – ⑲заскучали зеваки и начали разбредаться.

⑳Только ты никуда не уходила. ㉑Ну и что, что не кровь? ㉒Сердце-то все равно остановилось – по сигналу постороннего выхлопа с автострады.
（选自 Дружба народов 2003，No6）

这是一篇可谓精致的微型小说。

从语义句法关系类型来看，第 1 句是关系描述句，第 2 句是状况描述句，第 3 句是性质描述句，写男主人公情况；第 4 句 поэтому 引出下文，时间状语从句也执行状况描述功能，写男主人公情况，第 4 句的主句感知关系描述句写旁观者，说明性从句从看客角度写男主人公状况；第 5 句感知关系描述句、第 6 句第 1 部分行为事实描述句写众看客；第 6 句的第 2 部分性质描述句是作者的抒情插笔，评价众看客大呼小叫的行为；第 7 句是兼描述句功能的存在句，引出女主人公；第 8 句是状况描述句，写女主人公表现；第 9 句关系描述句写男主人公此行的目的；第 10 句言语行为句；第 11、12、13、14 句关系描述句写男主人公与女主人公见面的目的；第 15 句事实描述句写见面事件的结局；第 16 句是兼有描述成分 приехали 的存在句，引出警察和医生；第 17 句是证同句，写法医的鉴定；第 18 句是看客对事件的评价；第 19 句是行为句，描述看客；第 20 句是状况描述句，写女主人公表现；第 21 句是证同句，写女主人公的疑问；第 22 句是情状描述句，写男主人公猝死。

从故事情节的整体语义内容来看，第 1~8 句写男主人公当街猝死事件的发生，第 9~15 句交代事件背景，第 16~22 句写事件处理结果。小说各部分所运用的语义句法结构与各部分的主要内容和谐一致。

所有语句在形式与语义上结合得恰到好处，和谐统一。

第6章 篇章语义整合的语句分析

作者似乎在与人闲谈，所使用的句子大多是口语化句式，简单句居多，复合句用得也很简洁。其中，第1、2、3句是具有层递关系的口语句，第4句和第14句虽则较长，但句素短小精悍，界限分明。省略句（第2句、第8句；第13句）、口语句（如第6句的第2分句、14句的第1分句、第11句、第16句、第17句）以及分解结构（第9句、第10句和11句），把整个事件讲述得如同拉家常。作者告诉我们，整个事件平平常常，普普通通，人们已司空见惯，毫无奇怪之处。这实则反映一种见怪不怪的社会怪现象。这一矛盾在小说最后一句的形式结构中得到充分反映。该句前半部分鲜明的口语色彩与后半部分严谨的书面语格调形成鲜明的对照。

篇章交际与语义结构密切相连，水乳交融，凸显全文所指结构。

交际结构如下：第1句写男主人公的出现（怀揣东西）；第2句写他出现的方式（怀揣东西，小心翼翼）；第3句写他出现方式的特征（看上去没有任何不正常，甚至没有极普通地激动）；第4句写他倒在血泊中，众人最初的看法（以为他怀揣的葡萄酒或果汁洒了）；第5句写有人认为男主人公是被枪击中（忽有人想起刚才有砰的响声并意识到是打枪）；第6句写众人的反应（纷纷大喊大叫、喧哗一片）和作者对众看客的评价（所幸的是男主人公已听不见了）；第7句写女主人公的出现；第8句写女主人公出现的方式（轻轻走近）；第7、第8句实则写只有女主人公一人关心倒下的人；第9句写男主人公出现的原因（他来和她会面）；第10句至第14句写见面的目的，进一步写男主人公是一个善解人意，深爱着女主人公的好人；第15句字面上写悲剧发生的时间原因——没有挨到与女主人公会面，实则写他当街死亡；第16句、17句交代事件处理结果；第18句写众看客对待事件处理结果的态度（长叹一声）；第19句写众看客感到扫兴，开始四散；第20句至最后一句以内心独白形式写女主人公无助地独自面对心爱的人突然死去。

该篇章的语义结构由主体 он、ты、зеваки 和 милиционер、доктор 及 он 的述体 что-то нёс、шел（行为述体）、не выглядел ненормальным или даже просто возбужденным（特征述体）、упал（行为状态）、не слышал（状态特

征)、шел на встречу（关系特征）、ничтожество（性质）、покидает（与ты的关系）、не удержал、сердце остановилось（行为述体）；ты 的述体 не кричала、приближалась мягким шагом、не уходила（行为述体）以及女主人公内心的呐喊（最后两句）；зеваки 的述体 подумали、вспомнил и понял、закричали、загалдели、заскучали、начали разбредаться（行为述体）；милиционер、доктор 的述体 приехали（行为述体）构成。三类主—述体关系有机结合，有详有略，重点突出，形成全文语义结构。

  交际结构（线性）与语义结构（非线性）结合，形成篇章所指结构。篇章所指结构由句子指称结构所反映的具体事实、现实生活原型事件构成。"他"来和"你"见面，想对"你"说再见。他小心翼翼地怀揣一颗真挚善良的心而来，却当街猝死。众看客先是猜测鲜红的液体是葡萄酒或者果汁，后是惊呼喧嚷。"你"没有惊呼，没有害怕，只是走上前来。警察和医生来了，做出结论：红色液体不是人血而是果汁。众人感到扫兴，开始四散。"你"没有离开。不是血又怎么样？人心不再跳动，汽车川流不息，公路上与此毫不相干的汽车发出的尾气排放声惊人心魄。

  从读者理解篇章语义表征的角度来看，该篇微型小说的语义整合过程可列表如下：

语句	命题	情景	情景模型
1	他怀揣东西走来	主人公出现	男主人公倒在街道事件（A）的情景1
2	怀揣东西，小心翼翼	一个小心谨慎的男人	情景2
3	他没有什么不正常，甚至也未激动	一个小心谨慎、举止平常、不引人注意的男人	A 的情景 1 + 2 和发展引申
4	他倒下，红色液体流出，众人认为是果汁	男主人公倒下，众人认为他撒了果汁，毫无惊奇之处。（人倒下无人关心）	A 的情景 3 和发展引申

第6章 篇章语义整合的语句分析

续表

语句	命题	情景	情景模型
5	有人想起刚才有响声，认为是枪击	有人认为男主人公被枪击中	A 的情景 4 发展
6	众人大喊大叫，所幸他已听不到	发生了枪击事件，众看客激动不已，作者却不以为然	A 的情景 5 和 3＋4，作者议论
7	只有女主人公没有喊叫	女主人公出现，与众人的反应形成鲜明的对比	A 的情景 6 和发展引申
8	女主人公轻轻地走近	男主人公倒下，鲜红的液体洒在柏油路上，众人以为发生了枪击，大喊大叫，只有女主人公一人上前关心倒下的人（整合给该句所添之意）	A 的情景 7 及 1＋2 和 3＋4＋5 和 6 的发展引申
9	男主人公来见女主人公	男主人公怀揣东西走来是有原因的	男、女主人公会面事件（B）
10	他要对她说："你可做任何事情。"	男主人公来见女主人公是有话要说	B 的情景 1
11	他要对她说："如果你愿意，可以嫁给（我）这个不复存活的人。"	同上	B 的情景 2
12	他不愿看到这一点	同上	B 的情景 3
13	他要离开她	同上	B 的情景 4
14	再没有可说的	男主人公来见女主人公想说分手，表现了男主人公的善良	B 的相对完整的一体化情景
15	事件发生得突然，他们未见上面	男主人公未能见到女主人公，却猝死街头	AB 事件的复合情景
16	警察和医生来了	警察和医生来处理事故	处理事故的事件（C）的情景 1
17	不是人血，是樱桃汁	男主人公洒了果汁，无枪击事件	C 的情景 2

续表

语句	命题	情景	情景模型
18	"嘿！谢天谢地。"	男主人公只是猝死，众人长舒一口气	A 的情景 8 与 C 的情景 3 重合
19	众人感到扫兴，开始四散	"令人好奇"的事未发生，众人无聊而散	A 的情景 9 和 3+4+5 加 C 的情景 2+3，较完整的一体化情景发展
20	只有女主人公未离开	男主人公猝死街头，只有女主人公关心（整合所增之意）	A 的情景 10 和 6+7 加 C 的情景 1+2+3，一体化复合情景和发展引申
21	不是血又怎样？	女主人公独自面对男主人公猝死	A 的情景 11 和一体化复合情景的发展引申
22	男主人公的心脏停止了跳动，他是随着路边汽车尾气排放声倒下的	男主人公来与女主人公会面说分手，不料心脏病发作，猝死街头，洒了果汁，且恰与路边汽车尾气排放声巧合，众人以为是枪击事件，当弄清鲜红液体不是人血后，都无聊而散，无汽车停下（伸出援助之手），只有女主人公一人独自面对心爱的人突然死去	ABC 的情景还原整合——完整的复合情景的形象体系，形成篇章义和信息场

　　该篇章的语义和信息场为，一个小心谨慎、普普通通、知道关心疼爱别人的男子，猝死街头，众看客与警察、护士只关心马路上的红色液体是不是人血，只有女主人公独自一人面对心爱的人突然暴尸街头。正如小说题目"意外事故"所揭示的内容，男主人公之死纯属偶然。但偶然事件中隐涵必然：众人（包括众看客、警察、护士、马路上的跑个不停的汽车的司机）漠视人生命的存在价值。这正是该小说命题语义整合产生的总体信息，也是小

说要实现"鞭挞现实中黑暗面"的语用功能所凭借的语义核心。

6.2.2 篇章语义语句整合的生成机制

篇章中语句的主—述题序列形成篇章主—述题结构。篇章主—述题结构的心理现实，是人类认知领域中的主—述题结构，即心理语言学所描述的篇章多层次主—述题结构化（многоуровневое тема-рематическое структурирование текста）。（Сахарный, Стрекаловская1996：124~131）心理语言学的篇章多层次主—述题结构化能够揭示篇章句子语义整合机制。

篇章主—述题结构是由获得所谓实义化（实际化）的最小述谓结构、狭义主—述题结构和广义主—述题结构这三个层次构成的多层次主—述题结构。这个多层次主—述题结构不仅反映了篇章中单个语句如何生成，而且反映各个语句如何整合形成篇章。

心理学认为，事物的对象化一般经历四个阶段：①事物本身（вещь），即事物不依赖于人而存在；②对象物（объект），指当事物变成人所关注和感兴趣的对象，此时的事物与主体相对而存在，因而也叫做客体；③对象物或客体的表征（представление объекта），此时对象物已被看作事物的形象，能够借助不同的本体图景由具备不同职业背景和价值取向的主体进行不同的描述；④对象（предмет），在主体的立场和切分方法确定之后，对象物的某一个方面成为主体关注的对象。（Чебанов, Мартыненко 1999：50）

心理语言学认为，在人脑中，现实中的客体（对象物及其属性）反映为一个动态的表象，事物及其特征是共现的、整体的、完全不被人意识到的心理现象。这个心理现象是篇章整体性的心理现实，心理语言学称之为整体性。人在对客体的认识过程中，从整体性（цельность）分离出一些关键的片段，而且从这些整体性片段可以进一步分离出小的片段，随着认识的不断深入和扩大，人们可以切分出更小的片段，这就是认识的结构化。每一次新的切分，都在一定程度上克服认识过程中的下意识性、非离散性、感性、无形性和不确定性。每一次分离出的结果，或者被以内部语言形式保存在记忆中，或者在认识过程中被进一步加以分解，使其在人脑中进行结构化。人们往往把整体性或在认识过程中分离出的整体性片段作为主题，把获得实义化的整体性或其片段作为述题。述题说明主题性质，在结构上补充主题，使主题更确切，减少主题的不确定性。在这里，述题是在内部言语中获得实义化的特点和特征。因而，人脑对整体性的主—述题结构化可分为两个阶段。即第一，从某个主题自身中或从其与别的对象关系之中切分出可以用语言表达的述题，这样就产生一个主—述题认知结构。即第二，这个主—述题认知结构获得内部言语表达。

从对整体性进行结构化过程中分离出的语义述题成分，在实义化后，可看作是整体性中相对独立的、不依赖于主题而存在的语义成分。心理语言学把这样的语义成分称为对象（предмет）。对整体性所进行的结构化是一个连续统，在从这个连续统中分离出独立的语义成分（对象）的同时，产生一个主—述题结构，即存在结构，可表示为存在（主题）＋对象（述题）。

从对整体性进行结构化过程中分离出的语义述题成分，也可看作依赖于主题而存在的语义成分。这个述题成分以某种方式标记主题，使其精确化，降低其不确定性。心理语言学把这种述题成分称作特征（признак）。获得实义化的特征依赖于对象而存在。这样，就形成另一类型主—述题结构。这种结构被称作有标记的结构，可表示为：对象（主题）＋对象特征的说明（述题）。

单个对象，以其内部主—述题结构化的动态基础单位为依据进行实义化。这个动态基础单位，可以称为主—述题综合体。主—述题综合体是对象及其可能特征在人脑中的实际表征。

上述情况都发生在我们思维中，即在人脑对整体性进行主—述题结构化过程中。

在外部言辞化时，必须克服人脑中对整体性进行结构化的同时发生性与在篇章中组织语言材料的顺序性（线性）之间的矛盾。篇章的线性特点，决定关于某对象的言辞材料可能局限于篇章一个位置，也可能出现在篇章各个不同的位置。一方面，因为内部主—述题综合体结构化同时发生，所以主—述题综合体不取决于其在篇章中出现位置的多少，而具有共同性。这个由同一对象所联系在一起的主—述题综合体的总和，可称为共同主—述题综合体。心理语言学称之为广义的主—述题结构。另一方面，内部主—述题综合体若只外显为篇章中一个位置的单位，那么在篇章中就作为单个独立的主—述题结构发挥作用，与它是否完整地呈现了共同主—述题综合体无关。语言学把篇章一个位置出现的主—述题综合体称为狭义主—述题结构。现实中，具体篇章可看作狭义主—述题结构连续统外显为语句的线性序列。

在内部主—述题综合体外显到篇章中时，整体性中获得实义化的语义成分，可在篇章中借助焦点重音，表现为外部述题——谓词。因为狭义主—述题结构可能相当复杂，并且不止一个重音焦点，因而狭义主—述题结构可能具有几个获得现实意义的述题谓词，所以狭义主—述题结构就不是篇章主—述题结构的最小功能单位，对于全面分析篇章主—述题结构显得解释力太小。这样，在组织篇章中发挥最重要作用的是获得现实意义的内部最小述谓结构，即命题的基本结构。

最小述谓结构形成狭义主—述题结构，狭义主—述题结构组合形成广义主—述题结构。

内部最小述谓结构有存在型和标记型两类。存在型，证明存在或出现了发挥述题功能的对象，在篇章中表现为诸如 Пошел дождь. 和 Наступила зима. 等类的不可切分句；标记型，该结构中焦点（述题）表示特征，即给对象作确切性说明，以某种方式标记对象。在内部言辞化时，每个标记型前面都有一个存在型，可表示为：存在该对象、该对象被某特征说明。存在型和标记型结构通过下列方式出现在篇章中：

简单式 $\begin{cases} 1\ 存在型（获得实义化的最小述谓）\\ 2\ 存在型 + 一个标记型\\ 3\ ［存在型］+ 一个标记型（方括号表示在篇章中隐涵性表达）\end{cases}$

复合式 $\begin{cases} 4\ 存在型 + 几个标记型\\ 5\ ［存在型］+ 几个标记型\end{cases}$

在复合式中，几个获得实义化的标记型最小述谓结构，可能形成相当复杂和独特的组合。这表现为篇章语句之间的因果、连续、递进、程度、方式、说明等关系。标记型最小述谓结构与初始存在型最小述谓结构之间的基本联系，可能是直接的，也可能是间接的。直接联系形成平行结构，间接联系形成链式结构。这外显为篇章中句子间的平行和链式联系。

狭义主—述题结构在语义上有具体和概括之分。语义具体的狭义主—述题结构之间的关系，表现为人脑对整体性进行结构化重构过程中进行的概括和凝缩，对应于一个语义概括性主—述题结构。具体性狭义主—述题结构，在概括性主—述题结构框架内相互作用。具体和概括之间存在两类联系。第一类，表现为对象整体与部分间的联系；第二类，表现为概念的类—种关系。这外显为篇章中句子间的上—下位语义联系。具体性狭义主—述题结构之间关系，常在篇章中外显为语句之间同位或从属联系。存在型在语言中可能表现为存在句，而标记型则可能体现为称名句、证同句和各种描述句。

语句是表达篇章情景中某对象（事件、事实）缩图或称作"情景事况"的基本语言单位。篇章情景中事件、事实之间具有因果、连续、递进、程度、方式、说明、对比等语义关系。正是在针对语句整体性所形成的认知语境框架内，通过平行式和链式结构联系，以及句子间的因果、连续、递进、程度、方式、说明等语义关系或上下位、同位逻辑关系，形成篇章全文。

6.2.3 篇章语义语句整合的生成类型

语句指称的对象是我们周围的事物、现象、人、动植物及其特征、各种各样的概念、事实和生活情景。这一点奠定了俄语语型分类的方法基础。我们据此可以分出篇章语句的四大基本语义整合类型：叙述、议论、描写和说明。

A. 叙述

叙述（повествование），按一定顺序对事件现象进行讲述、叙述，具有口头交谈和文学语体篇章的语言特性。例如：

3. Отец мой умер совсем молодым человеком, и его друзья взяли своего рода шефство над обезумевшей от горя мамой, а заодно и надо мной. Теперь, когда и мамы уже нет, их круг заметно поредел. Но с пожилым профессором Николаем Ивановичем у нас за эти годы сложились особые отношения. Я стала ему вроде родственницы: интересовалась здоровьем, планами, работой, отношениями с коллегами. Он принимал мое внимание с благодарностью – семей за долгую жизнь у него сменилось немало, но душевной близости не сохранилось ни с кем, кроме меня, – ни с бывшими женами, ни с детьми.

И вдруг выясняется, что Танька влюбилась именно в моего семидесятилетнего Николая Ивановича! Более того, что и он сам совершенно потерял от нее голову!

– Как вы думаете, – советовался утративший рассудок профессор, – я должен сразу сделать ей предложение или сначала пригласить в какую-нибудь поездку? Скажем, на теплоходе вокруг Европы? Или это будет нескромно?

«Это будет для вас смертельно!» – чуть не выкрикнула я. Но не выкрикнула. Какое, в конце концов, я имею право лишать людей радости? Даже если она вредна для их здоровья?

В общем, я избрала иной путь: просто отдалилась от Таньки и Николая Ивановича. Тем более что это было несложно – после круиза вокруг Европы они отправились в свадебное путешествие на остров Бали.

– Ты не поверишь! – кричала мне Танька по телефону накануне этой поездки. – Он хочет детей! Но мне кажется, я уже слишком стара. А он – совсем как ребенок.

Я сделала вид, что у меня сломался телефон. （选自 Гедымин А. 2003）

B. 议论

议论（рассуждение），对事实、概念、现象的肯定或否定等评价，具有科学语体和政论语体篇章的语言特性。例如：

4. Странная это вещь – книга. Есть в ней, мне кажется, что-то загадочное, чуть ли не мистическое. Вот вышло в свет очередное новое издание – и тотчас где-то в статистике оно уже фигурирует. А на самом деле, хоть книга и есть, но её ещё нет! Нет, пока не прочтёт её хоть один читатель.

Да, странная вещь – книга. Стоит, она на полке тихо, спокойно, как и многие другие предметы в вашей комнате. Но вот вы берёте ее в руки, открываете, читаете, закрываете, ставите на полку и… всё? А разве что-то в вас не переменилось? Прислушаемся к себе: разве после чтения книги не зазвучала в нашей душе какая-то новая струнка, не поселилась в голове какая-то новая дума? Разве не захотелось что-то пересмотреть в своем характере, в своих взаимоотношениях с людьми, с природой?

Книга… Это ведь кусочек духовного опыта человечества. Читая, мы вольно или невольно перерабатываем этот опыт, сопоставляем с ним свои жизненные обретения и потери. В общем, с помощью книги мы самосовершенствуемся. （选自 Морозова Н. Осенью）

C. 描写

描写（описание），对象是事物、现象、动植物和人的状态或感性特征，具有文学语体篇章的语言特性。例如：

5. Море гудело под ними грозно, выделяясь из всех шумов этой тревожной и сонной ночи. Огромное, теряющееся в пространстве, оно лежало глубоко внизу, далеко белея сквозь сумрак бегущими к земле гривами пены. Страшен был и беспорядочный гул старых тополей за оградой сада, мрачным островом выраставшего на скалистом прибрежье.

Чувствовалось, что в этом безлюдном месте властно царит теперь ночь поздней осени, и старый большой сад, забитый на зиму дом и раскрытые беседки по углам ограды были жутки своей заброшенностью. Одно море гудело ровно, победно и, казалось, все величавее в сознании своей силы. Влажный ветер валил с ног на обрыве, и мы долго не в состоянии были насытиться его мягкой, до глубины души проникающей свежестью. (选自 Бунин И. К осени)

D. 说明

说明（характеристика），对事物、概念的主要特点、形状及其成因或功能作解释或规定，具有科学语体和公文事务语体篇章的语言特性。例如：

6. В дошкольном возрасте ребенок достигает довольно высокого уровня восприятия отдельных внешних свойств вещей; он может хорошо решать практические задачи, заданные в наглядной, образной форме. Однако за видимость вещей ребенок еще не проникает, и это естественно: ведь вещи существуют для него и интересуют его только как то, с чем можно непосредственно, практически действовать. Непосредственно воспринимаемое свойство предмета – ориентир для ребенка: оно говорит о том, как практически можно употребить этот предмет (из мячей не сложишь домик, потому что они круглые; кубик неудобно катать по полу – для этого как раз подходит мячик).

(选自 Семья и школа 2003, N o5)

6.2.4　篇章语义语句整合的功能

篇章中的语句，反映篇章总体事件情景中对表达主题思想而言必要的对象。这些对象出现在篇章所记述的事件中和所描写的情景中。篇章交际意图、主题思想、交际策略决定各个对象缩图（ракурс）的编排顺序。篇章语义语句整合的目的，在于表达篇章主题思想，篇章中每一个语句都为该目的服务。某些看似与此无关，甚至矛盾的语句，实则在深层意义上为表达主题思想服务。请看下例：

7. **Сексуальная контрреволюция**

（1）Знаменитое высказывание Зигмунда Фрейда «Секс – это политика» в современной Америке, похоже, получает новое звучание. （2）Доказательством может служить кампания Белого дома по поощрению полового воздержания подростков.

（3）«В стране идет сексуальная революция», – оповестил не так давно еженедельник «Ньюсуик» и уточнил: не подумайте, что речь идет об очередном витке вседозволенности. （4）Напротив, обозначилась волна контрсексуальной культуры. （5）Ее носители – школьники старших классов и студенты – отрицают расхожее представление о том, что гормональная буря в молодом организме сметет любые запреты.

（6）Вот цифры: по данным федерального Центра по контролю над заболеваниями, число юношей и девушек, не вступавших в сексуальные контакты до окончания школы, возросло за последние 10 лет на 10 процентов. （7）В абсолютных величинах речь идет о миллионах тинэйджеров, сознательно выбравших половое воздержание. （8）До каких пор? （9）Тут обеты молодежи расходятся. （10）Одни заявляют – до брака, другие – до официального порога совершеннолетия （в Америке это 21 год）. （11）Белый дом охотно популяризирует эти цифры. （12）Но не только. （13）Администрация намерена выполнить предвыборное обещание Джорджа Буша материально поддержать пропаганду воздержания от секса.

（14）Администрация Буша финансирует программу под названием «Свободные подростки» – имеется в виду свобода от секса. （15）Но одновременно администрация сокращает ассигнования на половое просвещение в американских школах, – вернее, отдает эту сферу на

>>> 第6章 篇章语义整合的语句分析

усмотрение школьных советов. （16）Недавно газета «Вашингтон пост» посвятила большой материал итогам такой политики в Техасе, где Джордж Буш в бытность свою губернатором утверждал, что обучение школьников мерам предохранения от беременности и профилактике венерических болезней, по существу, подстрекает их к половой распущенности. （17）Но так ли это?

（18）Газета приводит данные по округу Лаббок. （19）За семь лет после отмены уроков полового просвещения и замены их беседами о воздержании в Лаббоке отмечен самый высокий в штате процент беременностей среди школьниц и самый высокий процент венерических заболеваний. （20）Опрос школьников показывает: 84 процента подростков хотят знать о сексе больше. （21）Школьные медсестры приводят в пример совершенно немыслимые вопросы, которые им приходится выслушивать от детей. （22）Может ли девственница забеременеть? （23）Передается ли СПИД через поцелуи? （24）Возможен ли секс в одежде? （25）И так далее.

（26）Вывод лаббокских воспитателей: не информированность ведет к ошибочным решениям. （27）Их порождает отсутствие информации. («Голос Америки»)（选自 Семья и школа 2003, No 5）

第1句是全文的主题句,尤其是 Секс-политика. 更具全文性; 第2句写白宫开展鼓励青年性克制运动; 第3、4、5句概括转述美国的反性革命文化浪潮; 第6、7句以精确数据说明性克制运动的规模; 第8句在形成篇章结构中起着承上启下的作用; 第9、10句说明青少年性克制的具体年龄限制; 第11句说明白宫对待这些数据的态度; 第12句在形成篇章结构中起承上启下作用; 第13句写（美国）政府打算物质支持性克制宣传。从第3~13句都围绕第2句内容展开, 也就是说, 第2句统辖第3~13句。其中, 第5句内容似乎与该文前半部分内容关系不大, 实际上不仅与反性革命有内在联系, 揭示青少年性节制的人文生理根源, 而且与该文末尾的结论有内在的深

149

层联系。

第 14 句写布什政府资助"自由青少年"纲领，与前面内容密切相关；第 15 句笔锋一转，写政府削减学校的性教育拨款，把性教育交给校委员会处理；第 16 句追溯布什性教育政策来源；第 17 句在形成篇章结构中起承上启下作用；第 18 句引出推行布什性教育政策的得克萨斯州一个区 Лаббок；第 19 句写布什的性教育政策在 Лаббок 区的实施效果。该文到此似乎已完全说明了开头的主题句，但作者并没有就此止步，而是继续挖掘。第 20 句、第 21 句分别以概括和具体方式，从"对学生的调查"和"学校护士"角度，写青少年对性知识的渴求；第 22～25 句，列举青少年性知识盲区；第 26 句和第 27 句以 Лаббок 区教育工作者的结论完成全文，表明作者对待青少年性教育的态度。教育工作者的结论与布什政府的性教育政策相互矛盾，进一步从反面说明第 1 句，隐含着对美国政府政策的嘲讽。

我们试把该文的篇章句子语义整合功能用以下图示概括：

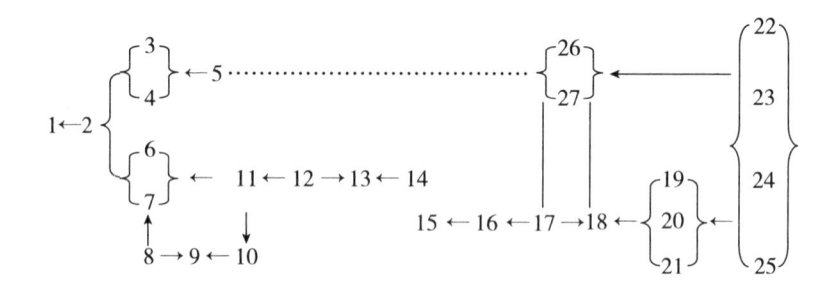

$$1 \leftarrow 2 \begin{Bmatrix} \begin{Bmatrix} 3 \\ 4 \end{Bmatrix} \leftarrow 5 \cdots\cdots\cdots\cdots\cdots \\ \begin{Bmatrix} 6 \\ 7 \end{Bmatrix} \leftarrow 11 \leftarrow 12 \rightarrow 13 \rightarrow 14 \\ \uparrow \quad \downarrow \\ 8 \rightarrow 9 \rightarrow 10 \end{Bmatrix} \quad \begin{Bmatrix} 26 \\ 27 \end{Bmatrix} \leftarrow \quad 15 \leftarrow 16 \leftarrow 17 \rightarrow 18 \begin{Bmatrix} 19 \\ 20 \\ 21 \end{Bmatrix} \leftarrow \begin{Bmatrix} 22 \\ 23 \\ 24 \\ 25 \end{Bmatrix}$$

6.2.5　篇章语义语句整合的关系

篇章句子语义整合，至少形成三种链式关系。如：**F. Danes** 的主题推进程序、**Золотова Г. А.** 的优控述题理论，实义切分 T—R 链（王福祥 1994：120）。这方面的论述已经非常多，此处不再重复。

"篇章语义核心是相应规则联系起来的命题综合体（комплекс）。"（Чебанов и другие 1999：47）我们试从语句命题角度探讨篇章中语句的语义整合关系。（对语句命题态度所形成的篇章情态语义关系的分析也应是篇章语义语句整合关系的题中之意，这方面的内容可参看华劭先生的著作 2003：316～320。）**Кобозева И. М.** 认为："句子意思的命题是现实中某个片段或某个情景的反映。"（Кобозева 2000：219）实际上，这里的现实片段或情景就是我们所说的篇章情景中的事况。因此，可以通过考察语句对篇章情景中事况的反映弄清篇章语句命题语义整合关系。从外在形式看，篇章是句子的线性序列；从内在形式看，篇章呈现出一种语义场关系。这种场关系是客观世界现实维度的多元化表现。请看下例：

8.   Дети в Интернете

  Есть сайты, на которые приятно зайти в гости. Хозяин здесь гостеприимно встретит, на славу угостит, развеселит, усладит приятной беседой. Все сказанное в полной мере относится к сайту www. newart. ru и его создателю интернет-журналисту Анатолию Опарину. Симпатяга-слон с его баннера, окруженный надписью «Галерея детского рисунка. Дети в Интернете», поистине неотразим. Поддавшись его обаянию или просто набрав адрес в окошке эксплорера, вы переступите порог музея, где прекрасно организовано хранение, умело развешаны картины, проложены интересные маршруты. Детское творчество представлено живописью. Графикой, словографикой (это такие особые черно-белые рисунки с использованием букв) и компьютерной графикой. Побродишь несколько минут по галерее – запасешься хорошим настроением. Вон какая тут водится Рыба-красавица кисти четырехлетней Алисы Кузнецовой, какой летает Ангел-хранитель Ольги Головеркиной!

  В рубрике «Стихи для детей» едва ли не лучший образчик – баллада тридцатилетнего Толика Опарина под названием «Пропала лошадь Пржевальского», где имя великого путешественника рифмуется с выражением «мало-мальского».

  Не забыта и фотография – к услугам посетителей фотовыставка

«Старики и дети», в «Уголке родителей» можно потолковать с писателем Эдуардом Успенским.

И наконец – постоянно пополняемая коллекция детских перлов. Например, таких:

«Папа говорит пятилетней Наташе после обеда: – Ложись и поспи, чтобы колбаска на пользу пошла. – Колбаска ходить не умеет! – отвечает Наташа».

Или таких: «Веронька говорит маме по пути в детский сад: – Уличных котов гладить нельзя. Можно только хозяйственных!»

（选自 Семья и школа 2003，No 5）

该文为读者展现了一个丰富多彩的网上儿童世界。第 1 句把上网比成做客；第 2 句写做客受到礼遇；第 3 句引出网站及网站的创建人；第 4 句写网站的主页令儿童喜爱；第 5 句写网上博物馆的布局；第 6 句写儿童绘画创作的种类；第 7 句是对网上儿童画廊的评价，写访问画廊使人娱乐；第 8 句举出两例幼儿画，具体介绍画廊作品；第 9 句写儿童诗歌栏，通过最好的诗作——抒情叙事诗 Пропала лошадь Пржевальского，反映儿童心目中的伟大旅行家；第 10 句写"老人与儿童"相片展、"父母之角"与作家 Успенский 的对话；第 11 句介绍童言稚趣栏，随后列出两则趣例。

一则短讯，既有画廊可供参观，又有诗歌栏、相片展可供欣赏；既有活生生的直接对话给人提供现场交流的机会，又有童言趣事可供玩味；既写了概貌，又给出典型例证。全方位、多视角地描绘了一个多元的儿童乐园。

该文的语义整合代表实用篇章的语义场关系。这种语义场反映人对现实世界片段多维空间中不同事物及其复杂关系的认知结果。正如 **Мурзин Л. Н. 和 Штерн А. С.** 所认为的那样："如果承认篇章也是对客体的描述，那么就可肯定篇章的整体性首先由所描述客体的统一性得到保障。"（Мурзин，Штерн 1991：15）

实用篇章一般无隐含意义，只有外显意义。我们把具有隐含意义的篇章称为影射篇章。影射篇章中语义场比实用篇章更复杂。这是因为影射篇章语义语句整合表现出的场关系不仅具有外显意义，而且具有隐含意义。影射篇章语义语句整合具有明显的场效应。

6.2.6 篇章语义语句整合的场效应

产生篇章语义语句整合场效应的依据，无论从篇章生成，还是从篇章理解而言，典型地表现为语句的外显意义和隐含意义在篇章语境中相互作用，表达篇章主题和意图。如果说实用篇章的语义内容和语义表达只是给出关于客观世界现实状态的知识和作者的某种评价或愿望，那么影射篇章语义整合就会形成复杂的场效应。究其缘由，主要是因为影射篇章中语句内容和信息的构成比较复杂。

词典中所记载的词汇意义在言语中的直接体现，与语言意义根据句法语义组合原则联合成的意义，组成语句字面意义。语言意义根据语境作用原则，形成语句包含语言意义转义在内的复杂言语意义。字面意义和言语意义构成语句的外显意义。

"隐含意义，依据外显意义，在外显意义与篇章背景、语句上下文、言语情景相互作用中产生，借助蕴涵推理、模型化隐喻思维等形成。"（Никитин 1996：645~646）篇章在表意过程中对人产生影响，篇章的外显意义由语句的字面意义和言语意义构成。篇章的隐含意义来自语句的隐含意义和篇章本身所产生的隐含意义。篇章外显意义和隐含意义相互联系对理解者产生全方位的影响。这种影响形成篇章语义语句整合的场效应。例如：

9. **Такая рыба с хвостом**

Георгий Калинин

Не помню уж, как мы оказались на некошеном, в глянцевом блистании поле, настолько бескрайнем, что лишь где-то далеко впереди, на линии горизонта, призрачно синела в дрожании жаркого воздуха тонюсенькая полоска леса. Не помню и того, куда вела нас с тобой, сынок, узкая, почти как тропа, дорожка среди пахучих, в самую пору цветенья, высоких трав. Но зато я отчетливо помню, каким ты был тогда: беленькое, не тронутое загаром лицо с кожей такой нежной, совершенной гладкости, что сродни разве лишь лаково-липучим листкам, вылезшим из только что распрыснутой почки. На голове у тебя было подобие голубой панамки, но с верхом в виде двух перекинутых крест-накрест лоскутков. А из-под этой шапочки смотрели и никак не могли насмотреться на то, что было вокруг, твои прозрачно-голубые, с непонятной печалинкой глаза. Насидевшись в спёртых, низкопотолочных городских комнатушках, ты попал на вольный, полевой простор и не знал, как выказать свою радость. Ты забегал вперед, опережая меня, идущего ровным шагом, ты отставал, будто забыв о моем присутствии, или забирался в траву, в ее светло-зеленую гущу, скрывавшую тебя от моих глаз, и, присев на корточки, что-то там высматривал, пока, тревожась, я не начинал звать тебя. И неумолкаемо что – то бормотал, тараторил, вскрикивал, разговаривал на все лады, разными голосами – и с самим собой, и воображая других людей, да, наверное, и с полем, и с травами, и с бабочками, что тесной стайкой вились над твоей головой и казалось, хотели и не могли разлететься в разные стороны, будто повязанные одной незримой, как паутинка, ниточкой.

Ну а я шел себе не торопясь и думал о чем – то своем. Вот этого, разумеется, не помню – о чем были тогда мои мысли. Но уж в одном убежден: что в предполуденном средоточии света и тепла не думал о минувшей войне, не вспоминал и про блокаду, про заиндевелые трупные штабеля в Госнардоме (там был морг под открытым небом), про отсеченные детские головы, кинутые в скопища нечистот. И уж конечно, думать не думал о главном виновнике той кровавой бойни, самой страшной из всех дотоле бывших. А если так, то не вспоминал я и про случай с откопанной в развалинах обледенелой еловой чуркой. Ее не брала пила, от нее отскакивал топор. Чурка же была не только чурка, но еще и преступная, злобная голова человекоубийцы, та самая, что замыслила в своем утлом черепном пространстве погубить, изничтожить необъятно распахнутую на полсвета Россию. И я колол эту вражескую чурку в своей прокопчённой каморке, я вгонял ударами молотка длинные костыли в эту тупую, кровожадную башку. И когда вошли они по самую шляпку в сучкастую, промёрзшую насквозь древесину, дрогнула чурка, затрещала и у моих ног распалась. Я же радовался победе: и враг повержен, и есть чем топить «буржуйку»...

Ах, ни о чем подобном я тогда посреди цветущего поля, не думал, ни о чем похожем не вспоминал и вот, ушам своим не поверив, услышал знакомое, резкое, отрывистое, как удар топора, имя из твоих младенчески чистых, невинных уст.

– Что, что ты сказал? – Я остановился и взял тебя за руку: – Повтори.

С гримаской удивленно – веселого недоуменья, вжав голову в плечи и отвернув ее в сторону, – пожалуйста! – ты оттараторил:

– Сегодня утром под мостом поймали Гитлера с хвостом.

– Откуда это у тебя?

– Это мы в садике сочинили.

– А кто такой Гитлер, знаешь?

Глянув на меня, уловив скрытую в моих глазах улыбку, ты почувствовал подвох, какую – то каверзу. Ты понял, что сейчас должен будешь сказать что-то сомнительное – может быть, даже очень глупое и очень, с точки зрения взрослых людей, смешное. А был ты, как и подобает человеку, уже самолюбив и вовсе не желал выглядеть чересчур глупым и чересчур смешным. Самое лучшее было бы отмолчаться и на вопрос отца не отвечать. Но я ждал, не выпуская твоей мягкой ладошки из рук, я желал услышать, кто же такой этот Гитлер, и ты уступил. Словно бы моля о снисхождении, ты поднял на меня доверчивые прозрачно-голубые глаза и тихо, упавшим глосом произнес:

— Это такая рыба.

Рассмеявшись, я обхватил обеими ладонями твою голову с торчащими из-под шапочки русыми прядками и покрыл поцелуями твое маленькое, нежное лицо. Ты вырвался из моих объятий и побежал по дороге, торжествующе-радостно крича:

— Колючий, колючий...

А мне уже застило и жгло глаза, и — спазмы в горле. Ах, сынок, в какой страшный мир ты попал...

（选自 Новый мир 2003，No 8）

小说第1句和第2句给出事件情节发生的背景。光亮闪烁的荒野，一望无际，只有天边地平线上一缕树影在炎热的空气中闪着蓝色幻影；一条羊肠小道，夹在散发着香气的莽草丛中，不知通向何方。

第3、4、5句，描写小主人公——"儿子"的外貌、头饰、表情：面色苍白，无一丝太阳晒的痕迹，肤色娇嫩光滑，帽上有两个十字交叉的破布条，帽檐下一双明亮的蓝眼睛饱含无名的忧伤，看着周围的世界，怎么也看不够。

第6句写小主人公从空气污浊的城市矮屋来到自由自在的旷野，喜悦之情无以言表。第7、8句写小主人公的行为表现：在"我"前后跑动，捉迷藏，不停地嘟嘟哝哝、大喊大叫，用不同方式、不同声音与自己交谈，与想象中的人交谈，与田野、草木交谈，与蝴蝶交谈——蝴蝶在头顶盘旋，似乎被一根无形的线缠绕，欲飞散而不能。

第1～8句，实际上采用模型化隐喻思维，影射小主人公（年青一代）

社会处境和生活。

第9～18句都写叙述人——"我"。"我"从容不迫地边走边想自己的心事，记不清想的什么。但可以确定，在阳光明媚、温暖如春的上午，"我"没有想刚刚过去的战争，也没有想围困、死人堆和扔在垃圾堆上许多孩子的头颅。当然，想也没想在所有大屠杀中最血腥的大屠杀的罪魁祸首，也没有想起垃圾堆中掘到一根冻透了的短杉木，锯它不下，斧子被弹回。这不只是木头，而且还是一个杀人狂的凶恶脑袋，正是它妄想毁灭和扼杀面向半个世界敞开胸怀的俄罗斯。在被烟熏黑了的斗室，劈开"敌人的头颅"，用锤猛击，把长长的大方钉砸进这嗜血成性的圆脑瓜，钉子沿帽头揳进多节的冻木，那朽木哆嗦一下，发出噼啪的破裂声，散落在我脚下。"我"为胜利而喜悦，因为"敌人"被打败，有了可以烧小铁炉子的东西……

第9～18句，实际上采用隐喻思维，影射叙述人——"我"（老一代）的精神世界。

第19～37句，通过叙述人——"我"（父亲）与小主人公——"儿子"的接触、交谈，引出小说的矛盾冲突。

唉，父亲在鲜花盛开的旷野没有想起这些，没有想起诸如此类的事。父亲简直不敢相信自己的耳朵，他听到一个熟悉又刺耳的名字，就像榔头打击一样，断断续续地从儿子天真无邪的嘴里说出。父亲停下来，抓住儿子的手，问他说什么，并要求重复。儿子诧异、疑惑地做了个鬼脸，脑袋一缩，转过头去。在父亲的要求下，儿子嘟出一句："今天早晨在桥下抓住一条长着尾巴的希特勒。"父亲问这从何说起，儿子说是他们在小花园瞎编的。父亲问儿子希特勒是什么人。儿子发现父亲眼中有笑意，感到问话中含有陷阱，意识到可能要说出自己根本不明白、在成人看来甚至可笑、愚蠢的答案。儿子自尊、爱面子，不愿显得极愚蠢、极可笑，最好不回答父亲的问题。但父亲想了解这个长着尾巴的希特勒是谁，紧追不舍。儿子让步了，抬起头，一双明亮的蓝眼睛充满信任地看着父亲，似乎请求谅解，声音低沉地说：这是一种鱼。父亲大笑，双手捧起帽子下露出一绺淡褐色毛发的头，多次亲吻儿子细嫩的小脸。儿子挣脱开,在路上跑起来,高兴、得意地大喊:"有刺的、扎人的……"

父子的对话和各自的表现构成矛盾对立,形成小说情节高潮。

第38和39句,描写父亲的心情和思考,对全文语义信息起画龙点睛的作用。尤其是最后一句,令人回味无穷、深思小说的深层寓意。

作家 Георгий Калинин 生于1930年,少年遭遇二战,以前所写的中篇、短篇小说都是关于战争和围困。该篇是作家首次发表在《新世界》上的题为《苏醒》的一组短篇中的一篇。

作家为我们描绘了两幅截然不同的精神世界。儿子天真、幼稚、好奇、爱幻想,在新奇、自由自在、充满物质诱惑的世界中尽情地嬉戏;父亲沉稳、爱思考、具有厚重的历史责任感。看着儿子天真无邪地在精神荒芜的旷野上奔跑、娱乐,父亲既爱怜孩子,又因为孩子对战争的无知和自己教育的失责而痛心。文末作者(文中的叙述人——主人公"我")发出疾呼:"唉,儿子,你走进了一个多么可怕的世界……"作品的结尾意味深长,是对现实的反思、不满,隐含着作者对现实的否定和批判。

小说开头的景物描写和后来对小主人公外貌、头饰、表情的描述,影射的是现实,而对"我"未思考事件的叙述,影射人类刚刚经历过的灾难史,父子的对话及各自的表现,隐含着对荒诞现实的鞭挞。小说深刻的思想蕴涵要求我们把现实和历史对比,这也是文中第1、2、3句的从句、第4、5、6句、第11句的从句、第12句、第13~18句分别对现实和历史模型化隐喻思考的依据。第24、25、26、27、34、37句,在第11~18句形成的厚重历史感语境和第38、39句形成的沉思语境作用下,让读者不由自主地从现在想到将来,从历史角度思考未来,这正是作品重要的美学价值之所在。

篇章句子语义整合效应,还表现为篇章中的句式与篇章中心思想、写作意图和谐一致,共同影响理解者的思想感情。篇章中,语句形式结构的范畴语义与篇章中心思想、交际意图和谐一致,即篇章语句的形式具有意向性效应,难怪 Norman Fairclough 认为:"将'内容'或'意义'和'形式'僵硬地对立起来，是容易引起误解的做法，因为文本的意义与文本的形式紧密地纠缠在一起，而且，文本的形式特性在各种层面上都可以获得意识形态方面的介入。例如，类似于自然灾害，有关衰退和失业的描述可能涉及偏爱不及物的、带定语的句子结构，而不是及物的句子结构。"（Norman Fairclough 2003：84）再如，«Такая рыба с хвостом»中的否定句多次重复，凸显作者的反省思维，表现作者对现实的反思态度，从而传达出呼唤人们觉醒的主题。这不仅来自否定句的命题意义，更重要的是否定句多次重复传达的形式意义与篇章主题寓意密切相连。句式与篇章句子语义整合的密切关系在指示、条例、章程、说明书等指导类（инструкция）实用篇章中也表现得很明显。这些体裁各不相同的篇章也能以其本身所具有的特有句式及其所构成的篇章风格，影响理解者的情绪和思维及其某些行为方式。此处不再举例。

第 7 章

篇章语义整合的篇素分析

7.1 篇素与篇章

7.1.1 篇素及其功能

篇素（компонент текста）是既古老又崭新的研究领域。古老是因为在古希腊罗马时期就有诗节（колон）、圆周句（период）概念。但对这个层次的系统研究，却只是在 20 世纪 40～50 年代才开始，俄语中始于 Поспелов Н. С. 和 Фигуровский И. А. 研究超句统一体的系列文章。（Поспелов 1948a，1948b，1953；Фигуровский 1948；1961）近年来的研究成果有助于我们形成比较科学的篇素概念。

篇素是语言功能描述层的直观可见单位，是篇章的组成元素，简称篇素，体现为话语中的"语音统一体（语音句组）、语序统一体（自然段）、形态结构语义统一体（复杂句法整体或超句统一体）"。（Богушевич 1985：96）其抽象构拟层单位可以称作篇位（текстема）。

篇素由一个或多个语句构成，是语言单位中直接构成篇章的层次，是对世界片段情景比较完整的反映。

描述特定世界片段（事件的整体情景）是篇素的功能。这种描述往往采用模型化方法，反映情景结构及其与其他情景的联系。篇素的结构不仅取决于交际目的，还取决于交际双方的共同背景知识对特定世界片段的结构及其与其他片段联系的筛选。因此，情景中各种语义概念之间的时间、空间、因果、让步、对立、包含等关系范畴是第一位的客观存在因素，交际双方共同的背景知识是第二位的客观存在因素。交际目的、交际策略是影响篇素发挥描述功能的主观因素。

篇素作为直接构筑篇章的语言单位，是"表达对篇章思想观念而言有价值的意思的最稳固形式"（Дымарский 2000：263）。我们认为，篇素的内在形式，不仅确定篇素与篇章所指涉的世界片段之间的关系，而且确定篇素与篇章所表达的总体思想观念之间的关系。

根据 Дымарский М. Я. 的观点，篇章的构筑单位，沉淀在写作文化传统中，是运用语言体现作者意图构成、表达对思想观念而言有价值的意思的形式，具有相对的句法封闭性、时间稳定性、有规律的再现性等特征以及在这些特征基础上形成的独立性。相对的句法封闭性，是指在篇章构筑单位内部，该单位组成成分的衔接密度比篇章构筑单位交界处明显大。有规律的再现性，是指结构组织原则的再现性。例如，当篇章构筑单位表现为一个独立句，对交际而言重要的是在篇章中作为交际单位出现一个具有相对独立性的语义成分，究竟使用具有什么类型意义的何种句法结构（简单句或复合句、什么结构模式），已不重要；当篇章构筑单位表现为超句，再现的仅仅是基本的原则性因素，即单个主题、多个语句、贯通整个超句的主—述题交际前景等。单个主题是标准，多个主题具有专门的美学任务或其他交际任务理据，是对标准的突破。（Дымарский 2000：263~265）

Блох М. Я. 认为："篇章构筑单位的层次功能不仅有主题化和风格化，而且有称名化和述谓化。"（Блох 1988：87）我们认为，根据语言单位功能序列的基本思想，较高层级吸收较低层级功能，较低层级功能支持较高层级，称名化和述谓化应看作是篇素层的间接功能，主题化和风格化才是描述功能的直接体现。主题化表达特定世界片段（事件和观念的整体情景）的主题思想，风格化为表达主题思想服务。风格化是与表达发话人交际认知过程有机编织在一起的有意识（如文学加工）或无意识活动，呈现与发话人交际目的一致并对受话人产生情景性影响的内容。

  Лаптева О. А. 认为，分析篇章的逻辑内容和结构组成，使用微篇章概念较合理。她引用 Акишина Т. Е. 的定义："微篇章是主要依据特定功能语型确定的篇章类型块，具有内部结构、典型的言语版式和句法结构，体现篇章的主题成分，全面阐述篇章的目的性。"（Лаптева 1999：337～338）

  一些人认为自然段是构筑篇章的唯一现实单位。我们认为，自然段是篇素在言语中的语用修辞体现。在修辞中态的独白语中，一个篇素常体现为一个自然段；在具有强烈感情表现力色彩的篇章中，一个篇素常体现为几个自然段；而在逻辑联系严谨缜密的独白语中，几个篇素可能体现为一个自然段。

  自然段是篇章的修辞概念，是作者行文的语用单位，自然段的划分取决于作者的语用意图。而篇素是语义概念，是反映篇章语义的本体单位，是语言学可见层的篇章单位，其对应的构拟层单位是篇位。篇素是篇位在言语中的体现，是作者下意识确定的，一般不进行外显性地切分。

  综上所述，我们认为确立篇素概念的条件已经成熟。概括地讲，篇素是篇章的构筑单位，由一个或若干个语句构成。篇素具有篇章的基本特征：整体性和关联性及相对的完整性。篇素是形式和指称、交际和主题及风格五个层面的统一体。形式层面指篇素的结构，典型的篇素可分为启（зачин）、展（развитие）、合（концовка）三部分；指称层面，其实体是篇素所反映的特定世界片段（事件和观念的整体情景），其形式"指的是现实生活、艺术情形中潜在的、并因为固定在人的意识中所以篇章作者可以根据写作意图而再现的情景类型、关系模式"（Горожанкина 2000：152）；交际层面指篇素"语句的主—述题句法交际位置（水平轴）与语句序列分布（垂直轴）形成的矩阵"，"句法交际位置反映篇素语句交际前景的语义关系，语句序列反映篇素语句的共同意思及其底层语义范畴（时间或包括因果关系在内的语义关系）"（Дымарский 2000：264）；主题层面指篇素表达对篇章事实、思想观念、情感而言有价值的语义内容和信息，风格层面指篇素的言语格调和理性评价。这五个层面之间是什么关系呢？按照**叶尔姆斯列夫**的语符学理论，我们认为形式结构是表达层面的形式，指称是表达层面的实体；交际是内容层面的形式，主题是内容层面的实体。篇素表达和内容两个层面，是作为交际形式构成单位的篇素的能指和所指，而风格则是篇素表达和内容之间的融合剂，把形式和指称、交际与主题融为一体。篇素的语义结构具有层次性，即一个篇章之中不同篇素之间的关系可能是并列关系，也可能是从属关系。

7.1.2 篇素与篇章

我们认为，篇素与篇章的关系，如同形素与词形、句素与语句的关系。篇素是直接构筑篇章的单位，一个或几个篇素依据语义逻辑关系直接构成篇章。篇素从属于篇章，具有篇章的绝大部分范畴属性，如衔接性、整体性和相对的完整性（завершённость）。篇素表达篇自身的主题思想及相互间的联系，为篇章进一步展开提供前提，保障揭示篇章所有隐涵表达的意义。

篇章为篇素产生语义信息提供背景，篇素在篇章中得到理解并产生语义信息，篇章正是通过篇素实现自身的语义内容和信息。

篇章选择、统辖篇素，是篇素的作用场。篇素是篇章基本的语义结构单位，在篇章框架内，才具有相对独立性。篇素所表达的语义信息，是对表达篇章思想观念或情感内容而言有价值的语义成分。请看下例：

1.   Сладость жизни

        Георгий Калинин

①Сквозь тонкую кожу червь впился в яблоко. Плоть чистая-чистая, белая-белая, ему досталась. Никуда ей от червя не деться. Он со света ее сживет, он ее в прах обратит. Будет из этой белизны – чернь, а из этой чистоты – слизь.

Во тьме пожирал яблоко. Таяло, таяло оно изнутри, большое с

черной, как пулевая пробоина, червоточиной на подрумяненном боку. Солнца не видел, дня не видел, мира не видел. Для чего ему солнце – чтобы, впившись, как в яблоко, тепло и свет его выесть? Для чего ему день – чтобы, на белых, прозрачных его воздухах повиснув, весь исчернить? Для чего ему мир – чтобы в утробу свою загнать, дали и веси его в прах и тлен обратить?

②А тем временем мальчик пробудился. Вскочил с постели, высунулся в окно, и дух ему от радости захватило: ах, как славно вокруг! Это мальчику нужно солнце: кто же еще даст ему столько тепла и света? Это мальчику нужен день: когда же еще по траве бегать, в мяч играть, в речке купаться? Это мальчику нужен весь мир: где же иначе солнцу светить, саду расти, речке течь?

Выбежал мальчик на крыльцо. Подавай ему солнце – где оно тут светит? Подавай ему сад – где он тут растет? Подавай ему речку – где она тут течет?

③Вот солнце на небе, вот речка неподалёку, к ней тропка протоптана, вот сад возле дома. А вот яблони растут, и ветви у них чуть не ломятся под тяжестью крупных, налитых яблок. Гнулись, гнулись ветви и уронили на землю дюжину самых спелых, будто шершавой пленкой от просохшей росы покрытых. Поднял мальчик яблоко: ах, какое славное, красивое! Надкусил, а там внутри вместо белизны – чернь, а вместо чистоты – слизь, там червь засел, ошеломленный светом, жирный червь в черной липкой трухе.

Вскрикнул мальчик, отбросил яблоко прочь, но пересилив себя, с перекошенным лицом подбежал к нему и ногой раздавил вместе с червем. Огляделся, морщась, вокруг: сколько, сколько яблок свисают с веток, сколько внизу, у самых ног, лежат, подставив кверху румяный, литой бочок! И в каждом червь, в каждом гниль. А солнце светит себе как ни в чем не бывало, и день своими воздухами не померк, и мир стоит на том же своем месте, как будто ничего не случилось.

④Отвернулся мальчик: к чему мне такое солнце, к чему мне такой день, к чему мне такой мир! Напрасно солнце в глаза ему заглядывает:

– Посмотри, ты только посмотри, какое я сегодня яркое, пылкое.

Напрасно день ему улыбается, обвевая свежестью белых, чистых воздухов своих:

– Посмотри, я сегодня как никогда светлый и ясный.

Напрасно мир его просторами своими обнимает:

– Посмотри, как привольно и широко, без конца и края, я пред тобой распростерся.

Молчит мальчик, ни на что бы глаза его не глядели.

⑤Стало темнеть, повеяло холодом. Ушло солнце за тучи, померк день, затуманился мир. Где тут речка, где тут сад, где тут дом? Разорвался оглушающе в поднебесье первый грозовой раскат, прогрохотав поблизости, и затих где-то вдали. Редкие капли застучали по листьям. Пахнуло мокрой зеленью. Хлынул ливень, косо забили тугие, блестящие струи. Все полновесней, все громче. Слышно, как, ударяясь о землю, разлетаются они вдребезги, и осколками их обдает кусты и траву.

Мальчик мгновенно вымок. Беречься поздно. Выскочил он из-под яблони и подставил себя дождю. Улыбался блаженно, весь с головы до пят в сплошной пелене воды. А ливень уже стихает, светлеет. Это солнце тянется к мальчику сквозь редеющие, блестящие струи. Это день льнет к нему чистотой и свежестью своих воздухов. Это мир готовится распахнуть перед ним свои бесконечные дали. Там, подальше, – река течет; тут, совсем близко, – дом стоит: а здесь, вокруг, – сад растет. Яблоки свисают с прогнутых веток, лежат, омытые ливнем, на земле.

А чем солнце не яблоко, желтое, нежное, созревшее на древе мира?

А чем день не яблоко, белое прозрачное, свисающее вожделенно с древа времени?

А чем мир весь не яблоко, бесконечно огромное, несказанно прекрасное: вызрело на таинственном древе Неведомого и, упав, подкатилось к нашим, человек, ногам?

— Владейте, ваше.

Да как же я могу без тебя, солнце? Да как же я могу без тебя, долгий - предолгий белый день? Да как же я могу без тебя, бесконечный, невесть откуда явившийся для меня мир?

Мокрый, с кончика носа капли стекают, поднял мальчик с земли омытое ливнем яблоко, пахучее, холодящее зубы. Внутри, под глянцевой кожицей, в пупырышках налипшей влаги, оно - крепкое, белое, сочное. Съел мальчик яблоко:

— Какое сладкое!

（选自 Новый мир 2003，N<u>о</u> 8）

该短篇小说有8个篇素，这里只分析前几个。

第1、2自然段构成第1个篇素，写蛀虫侵入苹果，寄生在果子内，躲在阴暗的角落蚕食果肉，见不得阳光、白天和周围的世界。第3、4自然段构成第2个篇素，写小男孩一觉醒来，需要阳光、白天和周围的世界。这两个篇素形成篇章全文的背景，为后面写小男孩吃苹果、扔苹果、踩虫蛀了的苹果（第3个篇素）及对生活的失望（第4个篇素）奠定前提条件。

第5个篇素描写雷阵雨骤然而至，暴雨冲刷草木的情景，似乎与前面4个篇素关系不大，但正是这场暴风雨把腐烂的苹果冲洗得洁净（第6个篇素），与文末小男孩吃到甜蜜的果子具有因果联系。

篇题点明小说的中心思想——甜蜜的生活。第1个篇素实际上写美好的生活被破坏，第2个篇素写小男孩对生活的热爱，第5个篇素实际上写生活的磨砺。(这里不需要分析所有篇素。) 这充分说明，篇素表达对全文事实、思想观念、情感而言有价值的内容和信息，保障揭示所有蕴涵意义，篇素只有在篇章框架内才能发挥实现作者交际意图的作用。

7.1.3 篇素的分类

按照组织篇章的功能，可分出实现结构功能的篇素和表达篇章主题信息的篇素。

结构功能篇素，可分为篇题、引子、过渡、插说、结束语。篇题，是一种特殊的篇素，既有结构功能，又往往是篇章主题的反映；引子，指会话开头的寒暄和独白语中的篇首题词、按语、序言、绪论、前言、开场白等；过渡，指在篇章语义结构上实现承上启下功能的篇素；结束语，指口语中讲话全部结束时的礼貌用语和书面语中的结论、后记等。有些篇章还有注解、附注、备考等组成部分。

我们认为，按照表达主题信息的方法，可分出叙述、描写、说明、议论、对话篇素。这一分类，与6.2.3中语句的语义整合类型不谋而合。这一现象的语言学依据在于：篇素的语义基础是对篇素中所有语句而言共同的事实、思想观念、情感内容；篇素的语用基础是对篇素中所有语句而言共同的交际任务。

Горожанкина Л. В. 认为："按照表达信息的内容，文学篇章有三类情景模型：第一，事件、情节，包括主体的行为、外部现实、外部现实背景中的主体行为、主体行为的动机等；第二：状况、状态，包括情感体验、情感的动机、沉思、回忆、理想、梦境、幻觉等；第三，人物、风景描写，行为主体所感知的都市或自然风光、室内布置和陈设、人物肖像等。"(Горожанкина 2000：154) 因此，文学篇章的篇素按其内容可分为以上三类。

同一篇素，划分依据不同，在不同划分体系中可能拥有不同名称。例如，从内容的逻辑构成和信息的类型角度，可分出定义、推理、证明、表述、结论、解释、图解、补充、回溯、强调等篇素。

7.2 篇章语义篇素整合

7.2.1 篇章语义篇素整合

我们认为，篇素整合形成篇章。篇素在形式和指称、交际和主题及风格五个层面有机融合，紧密相连，形成该篇章特有的语义构造，从而创造篇章形象，表达事实或思想观念，传递作者理念或情感。请看下例：

2.   След

      Георгий Калинин

① За ночь зеленые шишечки бутонов распустились. Полусогнутые лепестки легли нежными слоями вокруг желтой пушистой завязи. Серебрились в воде унизанные мельчайшими пузырьками прямые ломкие стебли.

Среди разных запахов, которыми дышало утро, в комнате неуловимо витал тонкий запах лепестков, через окно проникал уличный шум. Застывший, отстоявшийся воздух сотрясался и раскалывался на звонкие, прозрачные глыбы. Говорили прохожие, ехали машины, дребезжали трамваи. Звуки были свежи и необычны, как голос человека спросонья.

② – Какое утро, – сказал он вслух, поднимаясь с постели. – Я чувствую себя точно мальчик, которому приснился скверный сон. Теперь мальчик пробудился и рад, что наяву нет ничего похожего на то, что ему привиделось. Но какой запах у этих цветов и какое яркое нынче утро! Я, кажется, не смогу и двух минут пробыть в четырех стенах.

Он вышел из дома. Недалеко была река. Она колыхалась в гранитных берегах. Большое солнце разбивалось на тысячи ослепительных осколков.

③Грузчики носили по трапу мешки с зерном на баржу. Рукой они отирали лоб, кончиком языка облизывали губы. Пот блестел на смуглых, напряженных лицах. Тяжело опускались с плеч, поднимая легкую пыль, мешки. Грузчики думали о том, чтобы получше заработать.

④По улице шли солдаты. Они поднимали ногу, ставили ее с одним слитным топотом на асфальт. Отскакивала в сторону рука и возвращалась. Головы в зеленых фуражках покачивались в параллельных линиях. Солдаты думали о том, чтобы поскорее подошло время обеда.

⑤Девушки сидели в саду. Они смеялись и ни о чем не думали. Зубы их вот только что разделали вывалянную в сухарях поджарку, измельчили прочую попутную снедь вроде сыра и колбасы. А сейчас никто бы не подумал об этом – так красивы и белы были их зубы.

Платье их недавно стягивали с тела чьи-то сильные, насмешливые руки. А сейчас никто бы не подумал, что оно повисало мятой тряпкой на спинке стула. Таким чистым, отглаженным было платье, так наивно-простодушны были глаза.

⑥Он спиной чувствовал их осуждающе-брезгливые взгляды:

– А это еще кто? Небритая, сивая образина. То ли алкаш, то ли нищий. А одет, одет-то как! Кургузая, грязная куртка, пыльные ботинки и брючины – круглые, будто две трубы.

⑦ Он шел молча, сам не зная куда. Мимо пролетали длинные, распластанные над землей машины. Занавески трепетали в рассеченном воздухе. Мелькали на заднем сиденье упитанные, разомлевшие от жары и выпивки лица. Хозяева жизни были поглощены мыслями о деньгах и карьере.

⑧Кто же я такой? – думал он, глядя на мчащиеся лимузины! Я все тот же мальчик, забывчивый и наивный. Мальчик выдул из соломины добрую дюжину мыльных радужных пузырей, и вот они истаяли у него на глазах.

⑨А лимузины неслись и неслись навстречу, как волчья стая, готовая все пожрать, все смести на своем пути.

Белые, стеклянистые червячки поползли перед глазами в воздухе – последнее, что ему успело привидеться. Они напоминали вагонное окно, когда влепляются в него на всем ходу поезда дождевые капли; когда мелькают через мокрое стекло – лес, омет на поляне, бочажина с черной водой, и вдруг открываются на косогоре кладбищенские ветхие, покосившиеся кресты, и среди них – один новый, белый. Все стало темно, как в ту минуту, когда картина кончилась, экран потух, а зажечь свет в зале еще не успели.

⑩Через три дня хозяйка квартиры отворила дверь в комнату. Там было душно и жарко. Прокаленная солнцем, она была вся завалена книгами и рукописями. Хозяйка поспешила распахнуть окно. Воздух предвечерья хлынул в комнату, прохладно касаясь стен, вещей, бумаг, и застывал не движно.

Груду рукописей хозяйка отнесла на свалку. Книги попробовала сдать в букинистический магазин – жилец остался ей должен энную сумму, но взять их отказались: вышли из моды, не те, никому не нужны. Тогда, чертыхаясь, хозяйка отправила книги туда же – на свалку.

Лишь когда комната опустела, обратила она внимание на увядший букет: вода в банке с цветами заброснела. Усохлые, сморщенные лепестки вместе с желтой пыльцой осыпались на пол. Прямые ломкие стебли обросли зеленой, липучей слизью.

Хозяйка выбросила букет в помойное ведро. Банку из-под цветов долго промывала под краном. В комнате по-прежнему неуловимо держался их тончайший запах... （选自 Новый мир 2003，№ 8）

该短篇正文由 12 个篇素构成。第 1 个篇素，写故事发生的环境。一夜间，鲜花绽放，早晨屋内芳香缭绕；街上车水马龙，人声鼎沸，各种声响就如朦朦胧胧的人声。第 2 个篇素，写主人公像噩梦醒来的男孩，受室内花香、美好晨景的吸引，来到河边。第 3 个篇素，写搬运工辛苦地扛粮包，希望多挣几个钱。第 4 个篇素，写士兵在整齐地操练，希望快点吃饭。第 5 个篇素，写一群靠卖身谋生之人，填饱肚子后，在花园嬉笑。第 6 个篇素，转换角度，写卖身谋生者眼中的主人公（外貌、衣着）。第 7 篇素，从主人公视角，写"生活的主人们"懒洋洋地坐在轿车里，满脑子的功名利禄。第 8 篇素，写主人公的精神世界如同一个孩童。第 9 篇素，写豺狼猛兽般的高级轿车夺去了主人公的生命。第 10 篇素，明写女房东进入主人公房间情况，实写主人公身份状况。第 11 篇素，写房东扔掉主人公的手稿和藏书。第 12 篇素，写枯萎的花及残留在房间的余香。

篇章全文篇素整合分析如下。

第 1 和第 12 篇素是篇章全文的首尾篇素，非常明显地在篇素形式结构上相似：首篇素启写花开→展写花开样→合写花香和人声，尾篇素启写枯花→展写花枯样→合写残香；指称上相互呼应：花、花香；交际矩阵上类似：首篇素的主—述题方面显示为时间→花开→花瓣→花球→花茎→花香→声朦胧，尾篇素展示为时间→枯花→花瓣→花茎→扔花→残香；两篇素的语句序列底层范畴显示为时间→状态→结果；主题上对比：首篇素花开散香，尾篇素花萎留香；风格上一致：两篇素描写细腻，抒发爱花惜花的感情。这样，首尾篇素形成篇章全文的基本框架。

第 2 篇素在形式结构及交际上除过所增加的对话造成了差异，无论是在形式和交际上，还是在主题意义和指称上都承接第 1 个篇素。形式结构：启（良晨→梦醒）→展（童心→花香美景）→合（出门→河边）；交际矩阵：

主—述题方面显示为良晨→梦醒→童心→花香美景→出门→河边→大太阳；语句序列的底层范畴为空间转换（室内→河边）；主题表现主人公孩童般美好的心情；指称良晨花香，出门赏景。

第3篇素的形式结构：总启（扛包装船），展（拭汗→舔唇→汗珠→放包），合（为生计）；交际矩阵：主—述题方面展示为搬运工→扛粮包→拭额→舔唇→汗流在黝黑绷紧的脸上→包从双肩重重地掉下→多赚钱；语句序列底层范畴为繁重的劳动过程；主题是搬运工辛苦劳动为谋生；指称扛包的劳动场面。

第4篇素的形式结构：启（操练），展（抬腿→踏地→摆臂→摆头），合（盼吃饭）；交际矩阵：主—述题方面展示士兵操练→抬腿→踏地→摆臂→摆头→盼吃饭；语句序列底层范畴为士兵训练过程；主题是士兵严格地训练，盼吃饭；指称训练场面。（后面我们重点分析各篇素间的整合联系。）

第3、4篇素各自在结构形式、主题语义、风格特征、所指情景和交际矩阵上相对应；从表层语义来看，似乎与篇章主题联系不甚密切，但实际上具有内在联系；第5篇素与3、4篇素形成对立，并与第6篇素形成对比。

第6篇素承接第5篇素并与之形成对比；第7篇素写"生活的主人们"，与3、4、5、6篇素写"社会底层的劳动人民"形成鲜明对照，为全文提供广阔的社会生活背景，也为后面（第9篇素）做了铺垫；第8篇素写主人公的精神世界，与第2篇素照应，与第7篇素"生活的主人们满脑子金钱、名利"，形成鲜明对照；第9篇素描写主人公生命的结束和意义：他被轿车夺去生命。一个如孩童般充满希望、充满幻想、热爱生活的人，就这样悄无声息地死了，无人看到，无人惊奇，主人公之死在社会上没有留下任何痕迹，这也许就是作者在第9篇素要表达的篇章全文深层意思，从而在结构形式、主题、语义、风格特征、所指情景和交际矩阵上把第3、4、5、6、7、8、9篇素与第1、第2篇素融为一体。

第10、11篇素，写主人公死后的影响，是故事发展的自然结局，表层来看是为了说明主人公之死影响到的人只有女房东，而这仅仅是因为主人公与女房东之间的租赁关系及债权关系。文章到这里似乎该结束了,但紧接着的一个篇素把故事的深层意义真正揭示了出来——第12篇素,写一株枯萎的花被抛弃后还留有余香,反衬出主人公死得无踪无影,无声无息;该篇素与全文篇题——痕迹结合提示全文主题,告诉我们主人公的"余香"还在,曙光仍在前面。

全文12个篇素在结构形式、主题、语义、风格特征、所指情景和交际矩阵上有机结合,塑造了一个与现实格格不入、被社会遗弃的文化人形象,表达了作者对现实中黑暗面的鞭挞和控诉以及借此唤醒世人的愿望。

7.2.2 篇章语义篇素整合的生成机制

篇素语义整合如何发生,我们认为可以运用 Сахарный 和 Стрекаловская 提出的广义主—述题结构序列来解释。"广义主—述题结构,是指出现在篇章多处,由同一对象所联系在一起的主—述题综合体总和或总体主—述题综合体。"(Сахарный, Стрекаловская 1996:124~131)广义主—述题结构反映本文所提出的篇素理论的心理现实,广义主—述题结构序列则反映篇章篇素整合的心理现实。广义主—述题结构序列的语义构成基础,是篇章共同的观念情景中最基本的语义范畴(如时间、空间、因果范畴);广义主—述题结构序列的语用基础,是篇章呈现共同观念情景的交际意图和策略。

因此,我们可以把篇章语义篇素整合的生成机制表述如下:按照篇章交际意图、交际策略的要求,呈现篇素间的共同语义要素;根据整体情景的语义、篇章交际意图选择必要的篇素,根据整体情景之间的关系、篇章交际策略,决定必要篇素的排列顺序。

我们以7.2.1的短篇《痕迹》(«След»)为例。该篇是作家 Георгий Калинин(戈奥尔基伊·加里宁)发表在《新世界》(2003年第8期)上题为《苏醒》的一组短篇中的一篇。篇章的交际意图旨在通过描写一位藏书丰富、勤于写作、热爱生活、具有孩童般内心世界的主人公之死对社会的影响,控诉忽视人的存在价值、物欲横流的社会现实,并以此呼唤人们觉醒,激起新的社会力量。

作家视角独特,以生活中极其细小的情景作为小说开头和结尾。开篇鲜花初放,香气缭人,主人公情绪骤起,要到外面走一走;文末:主人公死后,枯萎的花被扔掉,花罐被刷了又刷,房间仍残留着余香。这样,也形成了篇章首尾照应的总体结构。

从表层语义来看,花开飘香是刺激主人公出去走一走的直接原因。第3、4、5篇素是主人公眼中的世界,第6、8篇素是主人公自我感受和自我认识。第9与第7篇素的高级轿车相连,与第8篇素主人公的健忘、天真有因果关系。第10篇素女房东的行为是第9篇素主人公之死的必然结果。第11篇素也由主人公之死引起。

表面上看来,主人公之死没有产生任何社会影响。他的手稿被扔到垃圾堆,书籍原本可以变卖换几个钱以抵偿房东的债务,但旧书店拒绝回收,女房东骂骂咧咧把书也扔了。主人公之死唯一影响到的人——女房东,也如同第3篇素中的搬运工、第4篇素中的士兵、第5篇素中的妓女、第7篇素中"生活的主人们",或被物欲所困,或眼中只有物,漠视人存在的社会价值。一个满屋子藏书和手稿的人死了,只有他所租房间的花在枯死被扔后犹存一丝余香。单从第12篇素来看,可以认为,作家要告诉我们,人不如物,花死遭抛弃,尚有一丝残香留存,而一个满腹经纶的人死得无踪无影、无声无息。但是,从篇章全文对篇素的整合角度来看,这一丝生命的"痕迹",寓意深刻。篇章的深层意义通过作品的基本框架得到反映。首尾照应的篇章总体框架结构隐含深一层的意义,即主人公虽死,他的藏书和手稿虽也被扔,但犹如花枯被扔后屋里仍留有残香一般,主人公的精神影响不会消失,他那生命的残迹定会唤醒新的社会力量。联系该组短篇小说的总篇题《苏醒》,我们更能深刻地认识到该篇章这一深层意义。但这已涉及本书第9章篇际的内容,此处不详述。

7.2.3　篇章语义篇素整合的生成类型

根据篇章整合的依据,可分出依据时间序模关系、空间位置出现先后进行的篇素整合和依据因果关系等语义逻辑进行的篇素整合以及混合型篇素整合四类。

第一类，依据时间序模关系进行的篇素整合，典型地表现于篇素按事件情节发生的时间、空间先后顺序编排。例如，具有情节时间的故事篇章。

第二类，依据空间位置出现先后进行的篇素整合，典型地表现在物品说明文中按空间位置编排篇素。

第三类，依据因果、对比、矛盾、对立等关系的语义逻辑进行的篇素整合，典型地存在于政论文的逻辑推理篇章，按论点、论据间语义关系编排篇素。

第四类，混合型篇素整合，如 7.1.2 的《Сладость жизни》，既按时间序模关系又按逻辑语义关系编排篇素——既按"虫蛀苹果→小男孩吃苹果、扔苹果→大暴雨冲刷整个世界→小男孩尝大雨冲刷过的苹果"时间顺序，又通过"阳光、白天、世界"的反复出现把蛀虫与小主人公对比，编排篇素。

7.2.4 篇章语义篇素整合的功能

我们认为，篇章语义篇素整合功能典型地表现在篇素整合创造篇章作者形象。换言之，篇章作者形象呈现篇素整合的篇章功能。根据 **Горшков А. И.** 的篇章结构图（Горшков 2000：182）："作者形象由情节（сюжет）和作者形象面貌（лики образа автора）有机结合而形成，作者形象面貌由篇章思想（идея）和篇章构造（архитектоника）有机结合而形成；篇章思想由主题（тема）和现实材料（материал действительности）结合而体现，篇章构造由现实材料和语言材料有机结合而体现。"（Горшков 2000：182）我们先来看作者形象面貌概念。"作者形象面貌由篇章主题与现实材料有机结合所形成的篇章思想和现实材料与语言材料有机结合形成的篇章构造相互作用形成。"（同上）"篇章思想就是篇章观念内容的信息。"（Гальперин 1981：83）"篇章构造是指现实材料（经语言加工的事实或现象）和语言材料在篇章内的置放及相互位置。"（Горшков 2000：182）因而，篇章构造就是篇的语义层次结构。我们认为，篇章事实、思想观念、情感内容信息与篇章语义层次结构相互共轭，形成篇章作者形象面貌。篇素不仅表达对篇章事实、思想观念、情感内容而言有价值的语义信息，而且反映篇章语义层次结构。因此，篇素反映作者形象面貌。"情节是作品叙述所呈现出的事件序列。"（Горшков 2000：111）事件的整体情景是篇素的指称。因此，我们可把情节看作篇章全文篇素所指称的事件情景的序列，而作者形象面貌与情节相互作用形成作者形象。因而，我们认为篇素通过其语义信息、语义结构及其所指称的事件在篇章总体框架内有机编排，形成作者形象。请看下例：

3. **Интернет как жертва плагиата**

①Студентов, которые пытаются одурачить преподавателей, сдавая слизанные из Интернета работы, с каждым годом становится все больше. Но Дебора Вебер-Вульф из Берлинской высшей технико-экономической школы смотреть на это сквозь пальцы не намерена: в конце концов, воровство чужих идей – вовсе не мелкое прегрешение, а нарушение авторских прав. Конечно, студенты мошенничали и списывали испокон веков. Но в последнее время подобные случаи заметно участились. Полагают, что по крайней мере четверть домашних работ можно считать плагиатом. Хотя, вполне возможно, на самом деле их гораздо больше.

②Дебора Вебер-Вульф намерена бороться с мошенниками с помощью их же оружия. По ее мнению, Интернет можно использовать не только для того, чтобы заниматься плагиатом, но и для того, чтобы плагиаторов выявлять. Если у преподавателя возникает подозрение, что в том или ином сочинении не все чисто, она просто берет из него какой-нибудь отрывок и запускает его в поисковую машину. Как правило, оригинал обнаруживается в Сети уже спустя несколько секунд.

③Вот только возможности как следует наказать плагиатора в немецких вузах практически не существует. В большинстве случаев все оборачивается для мошенника лишь плохой отметкой. В то же время в США кража идей чревата поистине драконовским штрафом: виновнику может даже грозить отчисление. Во многих американских университетах экзаменационные работы обязательно проверяют на наличие плагиата с помощью специальных компьютерных программ. («Немецкая волна», (选自 Семья и школа 2003, №4)

篇题——"互联网成了作弊的受害者",给出了所报道事件引人注目的内容。正文第1篇素,说明大学生利用互联网作弊的事实及打击作弊的理由;第2篇素,提出一项查处作弊的措施;第3篇素,说明美、德两国大学对作弊者的不同打击措施。

该篇章主题是打击互联网时代大学生的舞弊、剽窃现象。无论篇题,还是正文第1、2、3篇素都在围绕这一主题为形成这一篇章思想服务。

该篇章选自《家庭与学校》杂志。作者报道国外的情况,自然是要在本国倡导一种诚信的学风。因此,作者对待舞弊、剽窃这一丑恶现象的否定态度和坚决打击的思想,始终如一,贯穿全篇。如果说第1篇素,从法律角度说明剽窃的危害性及大学生舞弊和抄袭的历史性,那么第2篇素则赞成采取"以其人之道还治其人之身"的做法;第3篇素在第1、2篇素的基础上讲述德国大学针对剽窃现象的治理措施不力,美国大学所采取的措施得力。篇章全文的思想与篇章3个篇素所构成的语义结构及其所指称的事件所构成的序列(篇章情节)有机结合,把作者形象塑造得生动、鲜明。

7.2.5 篇章语义篇素整合的关系

篇素整合,形成反映篇章多维空间结构的语义场关系。篇章语义场关系体现在篇章语义内容平面和表达平面。篇章语义内容,在篇素层次表现为各个篇素所表达的特定世界片段(事件或观念的整体情景)或篇章分主题,有机联系,相互补充,从不同维度形成反映全文篇章的总体情景,表达篇章全文的思想;篇章语义表达,在篇素层次表现为各个篇素按照它们自身的逻辑关系及它

им之间的相互关系形成篇章的语义场关系图式，即篇章的构造（архитектоника）。请看下例：

4. Хороший средний уровень

Объявлен лауреат Нобелевской премии в области литературы.

А также финалисты премии «Букер – Открытая Россия»

Вчера было объявлено имя лауреата Нобелевской премии по литературе – им стал 63-летний южноафриканский писатель Джон Максвелл Кутзее. В России опубликованы два его романа – «Осень в Петербурге» и «Бесчестье». Кутзее – единственный человек в мире, которому дважды удалось получить британского «Букера» (первый раз в 1983-м за роман «Жизнь и время Майкла К» и второй раз в 1999 за роман «Бесчестье»). Вчера же был оглашен список тех, кто тоже имеет шанс получить «Букера», но российского.

Анна ФЕДИНА

① На пресс-конференции, посвященной объявлению шорт-листа Букеровской премии, председатель жюри писатель Яков Гордин рассказал об основных критериях отбора: «Роман обязывает к весомости и серьезности, смысловой основательности. Кроме того, это должно быть хорошее чтение. Никаких уступок снобизму и эстетству мы не делали».

О том, что настоящий роман должен сочетать художественность и идейное содержание, говорили все члены жюри, и издатель Максим Амелин только подвел итог: «Русского романа без большой идеи нет – авторы легковесных романов пусть пишут на другом языке».

Впрочем, писать глубокомысленно еще не значит сухо и заумно. Юмор категорически необходим, а его, по мнени члена жюри Ирины Роднянской, очень не хватает в современных романах: «Недостает краски подлинного юмора, не стеба и не трепа, а истинного юмора. Эту краску мог добавить Михаил Панин, чей роман "Камикадзе" имел серьезные шансы на победу, но, к сожалению, две недели назад писатель скончался и автоматически выпал из списка претендентов».

②Любопытная особенность «Букера» 2003 года – четыре из шести романов-финалистов еще не вышли отдельными изданиями, и жюри пришлось знакомиться с ними по публикациям в толстых журналах. «Это напоминает первые годы росийского "Букера", тогда, 12 лет назад, с новыми романами знакомились не по книгам, а по толстым журналам. Значит, их роль не увядает», – порадовался Яков Гордин.

③Видимо, это был главный повод для радости, потому что о самих произведениях члены жюри отзывались так: «Абсолютного лидера в длинном списке не было – не каждый год появляется произведение, которое привлекает всеобщее внимание. Поэтому речь идет не о художественных шедеврах, а о той литературе, которая чаще всего занимает книжные полки. Список финалистов дает четкое представление о среднем уровне современной русской литературы». Пианист Николай Петров выразил эту мысль короче: «Братьев Карамазовых» в коротком списке нет.

④Впрочем, на то и «Братья Карамазовы», чтобы появляться раз в столетие, а перед вами список финалистов литературной премии «Букер – 2003», в нем: раскрученный детективщик Леонид Юзефович («Казароза»), Леонид Зорин («Юпитер»), Афанасий Мамедов («Фрау Шрам»), а также малоизвестные широкой публике Наталья Галкина («Вилла Рено»), Гальего Рубен Давид Гонсалес («Белое на черном») и Елена Чижова («Лавра»), Победитель будет объявлен 4 декабря.

⑤Все финалисты получат по $ 1 тыс., а победитель – $ 15 тыс.. Для справки: 10 декабря на церемонии вручения Нобелевской премии по литературе Джон Максвелл Кутзее получит $ 1 млн 300 тыс. (选自消息报 2003.10.3.)

该篇报道由篇题、副篇题、引子、正文构成，正文有5个篇素。

篇题——优秀的中等水平作品，揭示作者要表达的观点。副篇题报道两大事件——国际上，诺贝尔文学奖得主揭晓；国内，"开放的俄罗斯布克文学奖"决赛选手最终确定。正、副标题的内容给读者一个明确的信号：获奖和可能获奖的小说是中等水平的文学作品。这一类型的篇题，可说是报刊新闻报道的典型结构。

引子，先较详细地介绍了诺贝尔文学奖得主——南非作家 Джон Максвелл Кутзее 的情况，再从他曾两度荣获不列颠布克奖，引出新闻——俄罗斯布克奖决赛选手的名单敲定。该引子可谓匠心独具。读者也许会问，曾两度荣获不列颠布克奖的南非作家获得诺贝尔奖，那么俄罗斯布克奖得主作家何日摘取诺贝尔文学奖。这或许正是作者的良苦用心。

篇章正文第1篇素，报道评委介绍对参赛作品的要求；第2篇素，报道2003年有资格参加决赛的6部作品中有4部尚未出版单行本，引出评委们如同12年前一样，手中拿着小说期刊判断作品优劣，正如评委主席所说："大型期刊还有用途。"；第3篇素，承上（第2篇素评委主席因"大型期刊还有用途"而高兴）报道评委和钢琴家 Петров 对所有参赛作品的评价，引出本报道的主题：2003年参赛作品代表当代俄罗斯文学的中等水平；第4篇素，承上（决赛参选作品之中无《卡拉马佐夫兄弟》这样百年才遇的作品）报道6部参加决赛的长篇小说作品及作者；第5篇素，报道布克奖决赛参选奖金、获胜奖金和诺贝尔文学奖奖金。

篇题、引子和正文都把布克奖和诺贝尔奖相提并论，且冠以共同题目 хороший средний уровень，但却对诺贝尔奖作品只字未提，不能不说寓意深远。作者也许要读者明白，无论诺贝尔奖，还是布克奖，都只代表一定时期优秀作品，真正的艺术精品要经得起历史的考验。

该报道篇章的语义关系，充分体现了"数点并列，多脉交织，呈并举式"（白春仁1990：5）的思辨性思维特点，呈现了俄语篇素整合在语义表达平面所表现出的场关系特点，适合对该篇章语义场关系图式的概括描述。

7.2.6 篇章语义篇素整合的场效应

篇素所表达的指涉语义（特定世界片段），虽有相对的完整性，但只有在篇章全文整体性框架内才能为表达篇章全文的指涉语义服务，获得实现交际意图的功能。

我们认为，篇章对篇素的语义整合，既是篇章整体性的要求，又是篇章整体性的综合体现。篇章全文的各类构成篇素，按一定的主题层次有机联系，融为一体，共同形成产生篇素语义整合效应的篇章结构依据——篇章的语义场关系图式。如前所述，从形式层面来讲，篇章语义场关系图式就是篇章构造（архитектоника）。篇章作者创造这种语义场关系图式并通过它表达篇章思想，传递作者理念；读者通过这种语义场关系图式理解篇章思想，捕捉篇章所传递的作者理念，形成自己的理念，产生情感的波动。这样，篇章就达到了篇素语义整合的场效应。请看下例：

5.   **Моя учеба в университете**

Ю. А. Овчинников

①Университет дал мне широту восприятия мира. Честно говоря, поступив в МГУ, я увидел себя в совершенно ином свете. Все мои прежние представления об уровне моих знаний резко изменились. Сразу стало ясно, как мало я знаю.

В МГУ я научился трудиться так, что стирались грани между ночью и днем. Так что если говорить о качествах, полученных в университете, то выделю, пожалуй, как одно из главных – стремление к широкому, универсальному знанию. Необходимость постоянно работать над собой, чтобы хоть немного приблизиться к тем высотам науки, которые ощущаешь, едва переступаешь порог университета.

②Скажу по секрету, я и сейчас буквально бегу, лечу на лекции в МГУ. Получаю такой свежий заряд мысли, который может быть, пожалуй, лишь в студенческой среде.

Недавно первокурсник озадачил меня вопросом: "Если наследуется цвет глаз, форма рук, то почему не передаются колоссальные знания родителей? Почему новому поколению приходится «стартовать» опять с нуля?" Подобного вопроса, признаться, никогда не слышал даже от самого выдающегося из встречавшихся мне биологов.

③Ученый не только сегодняшнего дня, но и грядущего – это человек широких взглядов и, я бы сказал, решительных, масштабных действий. Университет – идеальное заведение для развития этих качеств. Он в силу своей универсальности как бы уравновешивает наблюдающуюся тенденцию узкой специализации в науке, заставляет специалиста шире и увереннее смотреть на проблемы. Ведь, работая в биологии, нельзя не вникать в вопросы современной физики, химии и математики. Поэтому будущее за университетской формой подготовки специалиста.

④В науке, как мне представляется, главное – сконцентрировать свой мозг, творческие усилия, все способности на том, чтобы найти правильное решение. Яркое, оптимальное. Умение настроиться – одно из основных качеств современного ученого.

Чтобы сказать свое слово в науке – нужны гигантские усилия. Зачастую научному работнику, даже способному творчески мыслить, недостает организованности, умения сконцентрировать свое внимание, способности, взвесив полученный результат, реализовать его.

⑤Необходимо четкое осознание того, что на своем месте именно ты несешь главную ответственность за дело, которому отдаешь молодые годы. Темпы сегодняшней науки, да и жизни вообще, требуют полной самоотдачи, желания и умения участвовать в самых важных делах, не жалея времени для них.

И второе, что укрепляет стойкость ученого, помогает переносить неизбежные в любом деле разочарования – сознание пользы полученных результатов для общества, для людей. Все это окрыляет необычайно.

⑥В мир академической науки меня ввел университетский профессор Юрий Александрович Арбузов. За внешним обликом педанта и сухаря скрывалось огромное душевное богатство, неисчерпаемый кладезь знаний. Мягкость и доброта сочетались в нем, я бы сказал, с истовым отношением к своему делу. Он научил меня добиваться нужного эффекта в экспериментах, не жалея для этого ни времени, ни сил. Арбузов требовал кристальной, абсолютной чистоты в проведении опыта. Случалось, он затрачивал на отрицательный результат, подтверждающий еще раз положительный, вдвое больше времени.

⑦Вся моя последующая сознательная работа в области науки, которой занимаюсь теперь, связана с именем Михаила Михайловича Шемякина – основателя нашего института. Это был человек необычайно талантливый, страстный, не признающий компромиссов. Он умел видеть перспективу.

До встречи с ним я не представлял себе, что человек может столько трудиться. Для меня Михаил Михайлович был не просто учителем или руководителем, он был духовным отцом...

(选自《东方大学俄语7》)

该篇章由7个篇素构成，可分为三个层次。

第1篇素，写作者进大学后勤奋学习；第2篇素，写大学活跃人的思维；第3篇素，写大学培养学者广阔的视野；第4篇素，写现代学者应具备善于投入工作的能力；第5篇素，写事业责任心、社会使命感可以增强学者顽强工作的精神；这构成第一个层次。第6篇素，写作者的一位大学恩师Арбузов；第7篇素，写作者的另外一位恩师Шемякин。这构成第二个层次。

如果深究篇素间的联系，就会发现，第 1、2、3 篇素联系密切，都与大学学习有关，说明掌握广博知识须勤奋；第 4、5 篇素从理论上写现代学者的基本品质，即善于集中脑力、创造力和所有的能力，以便找到正确的解决方案，善于找到科学的兴趣点，具有强烈的社会责任感和顽强的工作精神；第 6、7 篇素具体列举两位辛勤耕耘的师长，说明业精于勤。这构成第三个层次。

产生该文篇素语义整合效应的篇章语义场关系图式，符合 Robert Kaplan 理论假说中提到的篇章组织模式（Kaplan 1966：20；林大津 1994：14），体现俄语篇素语义整合的结构特点。我们把这一模式图示如下：

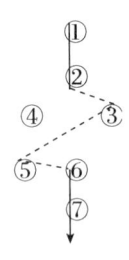

```
        ①
         ↓
        ②
   ④ ⋯⋯ ③
   ⑤⋯⋯⑥
        ↓
        ⑦
        ↓
```

如果能从这一角度设计教材练习或课堂篇章分析，那么能够加深对俄语篇章语义层次结构——篇章构造（архитектоника）的理解，培养学生自觉运用俄语篇章构造知识阅读和写作俄语篇章，有助通过篇章语义场关系图式比较容易地捕捉到篇章全文的语义信息。

从表层意义上看，第 1 篇素和第 6、7 篇素联系密切，第 2、3 篇素和第 4、5 篇素，与 1、6、7 篇素联系不甚紧密；从深层意义来看，无论是活跃人的思维（第 2 篇素）、广阔的视野（第 3 篇素），还是现代学者的基本品质①，都离不开一个"勤"字，这是该篇章全文所有篇素的底层语义。因此，全文 7 个篇素可由一个"勤"字统领。读者特别是大学生读者，也许更能从中领悟到"业精于勤"的道理，取得陶冶自己思想感情的效果。

---

① 善于勤奋地投入工作（第 4 篇素）、强烈的社会责任感和顽强的工作精神（第 5 篇素）及模范师长的工作勤奋（第 6、7 篇素）。

第8章

篇章语义整合的多层级分析

8.1 篇章

8.1.1 篇章及其功能

语言功能影响层的抽象构拟单位是语篇，直观可见层单位是篇章。从直观可见层来看，篇章全文在语音、语序、形态结构这三个层面的界限是吻合的。此吻合由篇章全文的完整性决定。

篇章全文的语音完整性，典型地表现在篇章格律。其实，语音词、语段、语音句、篇素都有格律。格律就是节奏，说明发话人对语言音段节奏结构的感觉。篇章格律模型决定篇素格律，篇素格律模型决定句子格律，语音句格律模型决定句素的格律。归根结底，篇章格律反映篇章的信息流。正如马丁所说："篇章格律是用来捕捉信息流规律的——信息峰相连形成一个有规律的模型，波的层级形成一个可预测的节奏。"（王振华2002：181）因此，篇章格律是篇章语义运行的音节律动，自然体现篇章全文一致的语义、情态等功能界限。

在语序和形态结构上，篇章全文的重合表现得更加明显。从语序上看，篇章由自然段整合而成；从形态结构上看，虽然自然段的分界与超句统一体并非总是吻合，但是篇章完整性保障篇章全文在语序和形态结构上体现一致的语义和情态等功能界限。

在语言单位功能层级序列中，篇章的功能是影响。"篇章是交际的基本单位。"（Родионова 2003：189）交际个体依据交际条件选择信号或篇章，消除交际中的不确定性。篇章生成者以给受话人提供完整信息的方式影响受话人，使受话人围绕篇章形成符合交际任务的思想或行为。因而，影响的本质在于，消除篇章接受者在某一交际行为理解上的不确定性。

在交际中，篇章完成质询、呼唤等影响功能。例如，讲故事的目的可以为了娱乐，也可以为了改变受话人的行为而说服他们干某事等。这个时候，故事就体现篇章的影响功能。无论何种类型、何种体裁的篇章，都唤起受话人的某种认同感，激发受话人的某种思想感情。因此，篇章从总体上来讲，或者说从抽象构拟层来讲（即语篇），是旨在影响受话人的思想或行为的言语交际行为。

8.1.2 篇章与语篇

篇章与语篇的关系，如同音素与音位、形素与词素、词形与词、语句与句子、句素与句位、篇素与篇位的关系。语篇是抽象构拟层次上的篇章，篇章是语篇在言语中的实际体现。

篇章与语篇是两个不同的概念，但相互联系。近20年来，篇章语言学发展迅速，术语产生的多，术语使用上难免有一些混乱。我们认为，有必要把本文的篇章术语用法与其他人的用法加以区别。

俄罗斯学者 Арутюнова Н. Д 对 текст（篇章）和 дискурс（话语）的区别（Арутюнова 1998：137）与我国学者王宗炎对 text（篇章、语篇）和 discourse（话语）的理解（王宗炎 1988）一致。

本文的篇章概念则与俄罗斯学者 Николаева Т. М. 的 текст 概念（Николаева 1998：507）和我国学者王福祥的话语概念（王福祥 1994：2）一致。

本文的语篇指潜在的语言单位，是篇章概念形而上的概括，是语言单位功能层级序列中的抽象构拟概念。为了避免术语使用上的混乱和由此可能引起的误解，我们只在需要强调抽象构拟层概念的地方使用语篇一词。语篇是指脱离具体的现实交际情境的篇章。它指篇章的构成模式。从篇章内容平面来看，语篇指篇章语义内容和宏观编排，即内容结构，由语义层次结构和内容总体结构组成；从篇章表达平面来看，语篇指篇章的构造，即语言材料在篇章表层的连接系统。

8.1.3　篇章的分类

篇章可依据外部标准（如交际情景）和内部标准（如篇章的形式、内容结构）进行分类。

Левицкий Ю. А. 认为，篇章类型划分的参数有：交际双方、交际情景、言语对象、交际目的、交际形式（口头或书面）、时间限制（Левицкий 1998：79～94）等外部标准。依据外部标准所做的分类，与言语体裁分类和功能语体分类一致，可看作是语篇的分类。但这些分类太细太复杂，不适合本书的篇幅和选题任务。

Шмелев Д. Н. 提出的三分法（即非文学专业类、文学专业类、口头交谈类）可谓简明扼要。（见 Лаптева 1997：139）我们理解的专业篇章包括科学、宗教、政治、商业、法律、广告、新闻、公文等非文学类篇章和文学类篇章。

Лаптева О. А. 认为："书面科学言语、公文事务和报刊言语（即 Шмелев 划分的非文学专业类）领域的语言外因素具有思辨性（逻辑性、准确性、衔接性、经济原则），文艺和口头交谈类言语领域的语言外因素具有情景性。"（Лаптева 1997：140）因此，我们把非文学专业类篇章归为一类，把文学和口头交谈类篇章归为另一类。这正好与篇章整合的两大分类一致（请参看本书 1.2.3）。

依据内部标准，可分出说明类、描写类、叙事类、议论类篇章。当然，还可以细分。如从说明类分出定义、指导、程序类篇章，从议论类分出论辩、评价、说理类篇章。这种分类之所以与篇章句子整合类型、篇素类型一致，是因为这些类型都与交际者的认知过程相联系。

8.2 篇章语义的场能量说

8.2.1 篇章词汇语义的场能量

A. 篇章词汇语义的场

我们要特别强调，篇章通过多层级系统整合实现其整体性和多维空间语义结构。这集中显示为，在篇章思维活动过程中，各个语言单位的系统特性不是孤立地发挥作用，而是紧密结合、相互依赖、相辅相成，各层语言单位的语义既保持自身固有的一些特性，又以此而获得与篇章共同信息一致的特性或凸显自身与篇章共同信息一致的内容。

从篇章理解角度来看，局部解码和整体解码是同时进行的，认知活动同时运用自高级单位向低级单位和自低级单位向高级单位的双向解码策略。篇章语义是运用多层级语言单位体系综合表达的多维整体结构。具体篇章的语义整合，可看作是交际活动在这些语言单位所形成的语境作用下，积累与篇章要表达的信念相关联之共同意义，继而把这些共同意义连续不断地编织进新的语义构成（言语表达），组成篇章多条语义链（语义流、连续统或序模），众多语义链相互交融、形成语义网。而在形成语义网的同时，语义链会沿人的篇章认知交际活动做螺旋式移动，形成篇章整合的多维语义空间。

链是线性关系，网是由链上节点纵横联系构成的同一个面上关系，场则是由不同面上的节点交错联系形成的多维空间结构关系，可能是三维，也可能是四维，甚至更多。

篇章多维语义的场与语言单位层级体系在整体上具有对应关系，但在整体内部，绝不是一对一关系，而是多对多关系。这是因为各个语言单位的所指不仅具有原型表达手段，而且具有非原型表达手段，并且具体篇章中并不是所有原型表达手段都具有优势地位。有些语言单位及其层面可能无明显的篇章意向性，只起辅助作用。这就是说，多层级系统整合分析，并不意味着我们必须对具体篇章中所有语言单位进行整合分析。因此，目的不同，方法各异，具体篇章具体对待。一些篇章可能依据整个语言单位层级，另一些篇章可能依据意向性典型的语言单位层次。人们公认词汇是大多数语言的基本单位，所以我们以篇章词汇语义的场为例论述篇章多维认知活动空间语义的场能量说。

Выгоцкий A. 把词看作是与意识相关的基本功能单位，认为："词在整个意识活动过程中起着中心作用。词可以反映意识。意识以词来表现自己，就像一滴水和太阳的关系。"（赵秋野 2007：161）因此，毫无疑问，词也是认知工具，在篇章理解过程中发挥着极其重要的作用。无论词在人类理解中的心理地位如何，在某些语言活动阶段，人们不得不识别词，在心理词库中寻找词的意义。并且基于同一个词的心理结构可以形成不同的动态系统信息，同一个词可以通过不同的方式进行心理整合。这正是篇章词汇语义整合的诱人之处。这一现象的词汇语义学依据在于，词汇语义场的构成，以词语的义项为单位，同一个词有几个不同的义项，就可能分属不同的语义场；语义场具有层级性，语义场中的核心义素发挥非常重要的作用；不同层级的语义场在篇章中按作者交际目的和交际策略对义素进行组合。

B. 篇章词汇语义的场结构关系

表达篇章中心思想和篇章思路布局的词分别形成主题链和思路链，主题链和思路链构成篇章题旨语义链；表达篇章时、空概念的词汇，形成篇章时、空连续统；表达动作、行为概念的词汇形成篇章行为链。我们认为，从体现共同意义的角度看，题旨语义链和时、空连续统以及行为链是链式关系；从语义联系的角度看，题旨语义链和时、空连续统以及行为链中的词汇表现为链式关系中的各个节点，题旨语义链中的节点形成题旨语义关系网；

时、空连续统中的节点形成篇章时间语义网和空间语义网；行为链中节点形成行为语义网；行为语义网与时、空语义网通过结合形成篇章词汇活动语义的场；反映篇章言语格调和评价的词汇形成篇章词汇风格。风格是语义实体与其形式（语言表达及其组织结构）的融合剂。无论是语义链的线性关系，语义网的面性关系，还是场的多维空间关系，它们共同构成人们对篇章词汇语义整合所形成的语义结构关系之认识。

C. 篇章词汇语义的场能量

我们认为，篇章语言内容和信息，无论是语义链的线性关系，语义网的面性关系，还是场的多维空间关系，都是对同一对象的认识，只是角度不同而已，但最终都落实于多维空间场的结构关系。篇章语义的定向流动，在特定语义的场范围内运行、做功并创造能量，篇章的题旨、时空、行为、活动语义场和风格场都是多维的场能量关系。所以，在语言交际活动过程中的词，其做功和创能都是在篇章词汇多维语义的场里进行，篇章词汇语义的能量是场能量。这种场能量形成篇章交际实践中的场效应。

正如我们在第三章所述，词汇是语言基本的语义结构单位，许多哲学家、语言学家都对其有精辟且富含哲理的论述。Флоренский П. 说："我们使用词并通过词认识现实，词也就是现实本身。" Лосев А. Ф. 说："词是人所领悟到的事物，有权得到合乎情理的承认。词是事物本身，是在人理解中显示出的（事物本身）。"（Султанов 2002：277）Булгаков С. 在阐释词的存在时，把词的产生比作孩子出世。若没有父母，孩子不能来到世上，但孩子作为精神个体，不是父母想出来的，而是自己形成的。词也是这样，词虽然不能离开人而产生，但作为意思个体，不是人想象出来的，而是在人中间自行产生的。Лосев А. Ф. 认为："人使用的词究竟是什么？要知道，任何一个词，就其意义和细微差别而言，都无限丰富；人使用的任何一个词，就其对理解这个词的人所产生的影响而言，也无限丰富。一两个词就可使人悲伤，至少可使人发窘；一两个词可使人从肉体上消失；一个或几个词也可使人复活，至少可使人充满希望。也有控制整个人民大众的巨词。总的来说，人使用的任何一个词，从其基础上来讲，都有语义电荷。人们常常不知会因此而发生什么。这当然不是物理电荷，但也不只是语音表达的意义。这是某种深层的东西，不可归为词的某些功能，而是基于词的所有功能，是这些功能的生命力时而大时而小，经常出人意料，因为还不能提前知道，某个词有什么能力，在人的生活中可能引起什么事件。必须说明一点，词就其根本而言，不是物理电荷，而是交际语义电荷。"（同上）

综上所述，言语中的词是思想中的事物，词反映事物；词通过事物把人的能量释放出来，影响人们改造世界的活动。也正如 Лосев А. Ф. 所认为的那样，词具有交际语义电荷。我们认为，任何语境中的词，因其处于特定篇章多维语义的场之中，就其对交际活动主体的影响而言，都会作用于交际者的思想和言语及非言语行为。这种作用全部叠加在一起，就是词在篇章多维语义的场中所做的功的集合。词的能量，是词做功的能力之和，是在交际中所做的全部功，外显为语言交际所引起的反映和效果。

8.2.2 篇章语义的场能量说

语言实践活动中，不只是词会产生场能量，所有交际单位——篇际（见本书第9章）、篇章、篇素、语句、句素、词形、形素、音素，因其处在各自独特的多维语义的场中，从而都具备这种场能量。如当一个人处于恐惧之中时，几句壮胆的话往往就能减轻人的恐惧程度。格言警句常给人以力量，给人以奋发向上的鼓舞，坚定人们不懈进取的意志。法律、纪律、规章制度、批评警告等对成人的行为规范具有极大的约束力，誓言、表扬等对人有很大的鼓舞作用。这些都能说明语句等单位在语境中的功能表现。

这些能量整合为一体，就产生了篇章全文语言内容和信息的场能量。

篇章的场能量虽然在篇章相互作用及信息流通中起着重要作用，但它仍然是篇章的一种属性——做功的能力，能量的性质和大小，仍然是信息表征的一种篇章属性内容，能量也不可能脱离篇章而单独存在。篇章，是在信息控制下的能量有序化，信息体现为统辖篇章内、外在形式统一体的意义构成,能量体现为篇章内、外在形式统一体所发生的整体效应。

为了进一步说明篇章语义的场能量在言语交际中如何产生,我们可以运用篇章语境概念。篇章所使用的包括词汇在内的所有语言单位反映出的客观存在,构成篇章的外部语境。外部语境有宏观与微观之分,其中,宏观语境是指生成和阐释篇章时的社会人文环境,微观语境是指篇章内容所反映的各种形象、知识、情感等语言内容和信息。外部语境作用于人的认识,产生内部语境。在篇章活动过程中,呈现在作者和受话人大脑中的一切情感、知识、形象等构成篇章理解的内部语境。多维空间语义场既可看作外部语境的存在形式,又可看作内部语境的表现形式。内、外部语境有机结合,形成篇章多维空间认知主体的相互作用活动场。而场能量就是这些主体在篇章语境中活动所产生的。

场具有能量。从本质上来讲,这种能量来自人的意识能动性。我们认为,篇章把人的能量积聚并释放出来,影响人们改造世界的活动。具体来讲,发话人使用语言把自己的思想、情感赋予特定篇章,篇章通过特定语言形式手段及内容和信息、语义结构布局和总体结构以及风格形成篇章多维语义的场能量;受话人通过自己的篇章活动体验和接受或排斥、增强或减弱这种能量的影响。

篇章语言内容和信息的场能量大小由篇章所表现出的不同层面的能量叠加并一体化而生成。从生成角度来看,场能量大小可看作由篇章全文及其各部分的内容和表达平面所衍生的多层语义结构和形式之间的相互关联以及谐和程度而决定;从理解角度来看,能量大小取决于理解者对篇章不同平面及平面间联系的理解程度和从篇章中所获得的多层信息对理解者的意识和情感及思维,乃至行为上的影响。理解程度受到理解者的认知结构和水平、情感状态和阅读语境等因素制约。名著之所以要反复看、仔细读,就是这个道理。不同读者在每一次的阅读中,都会有不同的理解和体会,有时会产生截然相反的心理、生理乃至动作行为反应,这是篇章语义的场能量所产生之结果,也可以看作篇章语义整合所产生的场能量效应在篇章理解上的典型反映。

如何认识篇章、信息、能量及其与语言交际的关系呢？篇章是语言交际的客观体现；信息和能量是篇章的属性体现。篇章，是信息和能量的载体，是在信息控制下的系统能量；信息是篇章及其语言内容的价值表现，是篇章能量在时空中的存在秩序；能量是篇章做功的能力，是篇章信息流通的动力。信息可以消除篇章能量变化的不确定性，控制篇章能量按照一定秩序增减。篇章交感融合、篇章信息流动隐显、篇章能量转换兴衰，这三大过程整合构筑语言交际系统。

8.3 篇章语义多层级整合

8.3.1 篇章语义多层级整合

所谓篇章语义整合的多层级分析，是指在同一篇章中，多个层级语言单位相互联系，综合作用，形成篇章整体性和篇章多维空间语义结构。篇章原本是语言单位多层级体系中的手段共同参与形成的交际过程，前面六章之所以分别叙述，是为了便于我们分析和认识篇章语义整合。

语言单位多层级体系包括音素、形素、词形、句素、语句、篇素、篇章、篇际8个语言单位及其语音、语序、形态结构、单位范畴、单位特征、单位类别、体系8个层面。从理论上来讲，篇章语义整合涉及8个单位和6个层面（语音、语序、形态结构、单位范畴、单位特征、单位类别）之积——48个方面及其系统化。这里，系统化反映在体系层。我们之所以没有把抽象构拟层计算在内，是因为抽象构拟层是语音、语序、形态层的抽象对立层。抽象构拟层与直观可见层相互作用，相互转化，直观可见层以物质形式体现抽象构拟层，抽象构拟层从功能上说明直观可见层，只有把直观可见层和抽象构拟层做对比才能发现直观可见的特点。因此，48个层面及其体系整体综合，建构篇章。当然，这48个层面只是所有可能涉及的分析层面。具体篇章具体对待。篇章整合工程可谓浩大，况且对一些单位（如篇位、语篇等）的范畴化及系统化，学术界目前尚无统一认识，一些单位（如句位、语篇际）只是近20年才提出来的研究课题。要弄清如此庞大的整合，可能需要几代人的努力。但是，可以依据意向性强弱，把篇章语义整合分析应涉及的语言单位及其层面在具体篇章中的功能实现（即完成特定交际任务的目的性），进行分类。**Бондарко А. В.**把语言单位功能的实现分成两大类，第一，语言单位功能与说话人表达特定意思共轭的意向性实现；第二，语言单位功能与说话人意图无联系的非意向性实现。语言手段的非意向性实现参加言语活动，在言语活动过程中发挥特定作用，但不直接表达言语意思。（Бондарко 1996：14）语法上许多必选的语言手段，其功能实现属非意向性用法。如 Эту проблему я затрагивал（затрагивала） в ранее вышедших работах. 中的性范畴。

正如形态（即句素，本书作者注）范畴及其所传达的概括意义建立人对世界进行观念化的坐标网（Болдылев，Беседина 2007：10），语言单位层级系列中的所有单位及其范畴都反映人认识世界的成果。这些认识成果在具体篇章中的凸显状况，取决于篇章的意向性。

我们认为，各个语言单位，其潜在功能之一，就是体现篇章的总体意向，是表达篇章语义内容和信息的基本手段。篇章中关键的言语实体单位，如音素（串）、形素、词、句素、语句、篇素，就具体实现这种意向性，体现这种功能，是表达篇章语义内容和语义信息并进而形成篇章语义场能量的典型手段①。所谓关键音素（串）、形素、词、句素、语句、篇素、篇章、篇际，也可称作意向性主导音素（串）、形素、词、句素等。语言单位功能的意向性是作者意志的体现，以各类语言单位的主观情态性为核心，由作者意志引导为达到篇章写作目的而编排语言手段。语言单位功能的意向性引导

---

① 各类语体特色鲜明、具有一定表现力色彩的语言单位是形成篇章语义场能量的典型语言手段。

篇章理解，激发受话人接受篇章作者（通过主人公）所传达的理念。意向性的核心是观念内容信息，传递主人公或作者的理念。篇章语义整合围绕该核心进行。构成篇章的各个篇素含有篇章全文的部分观念内容信息。篇章语义整合的多层级分析，把不同语言单位构成的各个篇素围绕观念内容信息融合为一个统一体。在这里，不同层级语言单位间的联系反映多层级语言单位系统整合的特点，篇章语义本身的层级性也得到体现。请看 Паустовский К. Г. 的短篇 «Дождливый рассвет»（《雨濛濛的黎明》，选自《高级俄语4》）。

  该短篇以卫国战争为背景，写人生中一次偶然的邂逅及由此引起的心灵颤动。少校军官 Кузьмин 在战地医院养好了伤，乘船去某地休养。途中，要到一个山城小镇，为了给同病房一位军官 Башилов 的前妻转交一封信。Кузьмин 因轮船晚点，在一个落着细雨的夜间到达码头，第2天黎明又要赶路。为了完成同室病友的委托，他在码头雇了一辆马车，向山城赶去。马车经过大坝，驶进漆黑的小镇，穿过街侧的小巷，来到一座有小阁楼的屋前。敲醒沉睡的门，收信者是一位年轻的妇人，一双既深邃又带点儿蒙眬的眼睛，闪耀着光辉。她将 Кузьмин 转交来的信没有看就随手放在了钢琴上，而且说："您别生气，有邮局，也有电报局，我不明白他为什么要麻烦您。"Кузьмин 从那位同病房军官交给他这封信时的郑重态度和所说的几句话中，知道那位军官深恋着他的前妻，而从这位少妇对待这封来信的冷漠神情和不满语句，他感到这中间存在着某种悲剧：她并不爱她的前夫，对她的前夫没有相应的感情。Кузьмин 对少妇说："特地送信来并不算什么麻烦，相反，这倒挺好。"少妇问："为什么？"他脸红了。当少妇又一次追问时，他沉思着回答说："怎么对您说呢？……一切好的东西，总是在身旁一闪而过。"接着他叙述了自己在人生的旅途中，一些瞬间而过，但一生都会记得的情景。"在我的一生中，我永远期待着像这样意外而又单纯的事情。每当找到它，我就觉得幸福。虽然幸福的感觉不长久，但却常有。"年轻的妇人问他："现在也是这样么？"他回答："是的。"但他无法说清此刻的幸福感。他看着少妇，心里想到，要不是因为有同病房的那位军官，他就绝不会离开这座小城到其他任何地方去了。他会留下来，怀着激动的心情生活，直到假期结束，仅仅因为这位可爱而此刻显得非常伤感的少妇生活在近旁。黎明在雨濛濛中来到了，女主人提议，像古时一样，在出远门前默坐一会（以此祝福远行的人一路平安）。女主人送他到码头，此时此刻，要同这位素不相识却又这样亲近的女人告别，他的心都紧缩了，难道一切都将成为往事，难道这一切在他或她的生命中都将成为一个沉重的回忆吗？他吻了她伸过来的手。当他抬起头，少妇轻轻地说了一句什么话，他没有听清楚，好像是两个字："徒然……"船在雨濛濛的黎明中开动。

故事情节简单，但作者却写得生动、抒情。作者的意图在于，创造一种情调、一种气氛，表达一种微妙的感情，从人与人的关系、人对待物的态度中，挖掘人物性格的美和生活的美。作者创造了这种气氛、情调，读者沉浸到这种气氛、情调，体验到人物性格的美和生活的美。这些在那个严酷的战争背景下，尤其是感人至深，引人向上。我们读完这篇小说，心灵震颤了，激起我们对生活的爱和对美好生活的向往。篇章创造的精神世界与读者理解篇章时的心理产生共鸣，作者成功地达到了写作意图。

这些是如何通过语言单位的多层级体系进行整合的呢？

首先，完整事件体现篇章情景所指的整体综合。整个事件可看作由5个篇素构成，其中第2、3、4个是复合篇素，复合篇素体现了篇素的层次性：①轮船到达送信地点，Кузьмин 向副船长问清楚，轮船停泊时间→ ②Кузьмин 雇马车到达小镇（雇车→与车夫交谈→沉思，第1次想留下度过整个假期→马车夫的疑惑→见面前的顾虑→插叙 Башилов 的情况，Кузьмин 与 Башилов 的交往→过大坝、沉思、第2次想留下、作者对 Кузьмин 情况的介绍→进城、翻山、走向收信人家）→ ③Кузьмин 亲手把信交给收信人、受到招待及与收信人长谈（叫门→进屋→室内的沉思、第3、第4次想留下→结识→招待和长谈）→ ④收信人送 Кузьмин 回码头（出门、第5次想留下→穿过街道→穿过公园→下悬崖→告别）→ ⑤轮船离开码头。

其次，一声轻轻的叹息，一丝淡淡的忧伤，一种朦胧、微妙的感情，始终缠绕在主人公的经历中；安宁、纯朴、实实在在的和平生活和主人公对这一美好生活的向往，从头至尾贯穿整个事件。一个心中始终充满着对和平生活的珍惜之情和热爱、向往生活中美好事物、大半生漂泊不定的主人公形象，跃然纸上。

这些篇章观念内容的信息，渗透在作品的字里行间，表现在人物的所闻、所见、所思、所言、所感、所为。我们在这里选取一些有代表性的例子。

主人公听到副船长的 вздохнуть、赶车人的 храп、высморкаться、зачмокать、крикнуть、хлеснуть вожжой、зевнуть，雨夜中的 шуршать、барабанить 以及 стучать（2次）、шуметь（2次）、перешёптываться、постукивать、стук、шорох、狗的 лаять、报时的钟 удар、马蹄的 застучать、высекать、电线的 завизжать、门铃的 заболтать、猫的 промурлыкать、女主人的 шопот 和裙子的 шелест、轮船的 загудеть、закричать、公园里的 зашуметь、轮船蒸汽机 свистеть、柳丛的 шум，都是拟声词；在主人公的回忆和他与 Башилов 的谈话中，使用 гудок（Башилов）、пробормотать（Кузьмин）、звон、звенеть（2次）、гудеть 也是拟声；描写女主人脖子的词 изгиб 是象声；描写主人公动作的词 вздохнуть 同样是拟声。如果说，描绘副船长、赶车人、主人公和 Башилов 的拟声用法直接反映着人物的感情，那么其他的拟声（如写雨、轮船、猫、柳丛等的拟声）则是主人公感情的物化表现，使寂静、漆黑的雨夜显得更加安宁、祥和。

主人公看到 один фонарь（数量句素被语气副词句素 только 加强，突出描写码头的寂静、漆黑）、тьма、дождь、лошадь、пролетка、извозчик、темнота、городок、аптека、улица、лужа、дом с мезонином、галерейка、низкая теплая комната、висячая лампа над обеденным столом、белый матовый абажур、оленьи рога、картина、пепельница из розовой раковины、букет полевых цветов、черная маленькая женская шляпа、рояль、небрежно брошенные на столе часики в никелевом браслете、вазоны с бегониями、мокрый куст сирени、знакомое лицо женщины、синие старые чашки с золотыми ободками、кувшин с топлёным молоком、мед、самовар，看到女主人 высокие плечи、тяжелые косы, заколотые узлом на затылке、чистый изгиб шеи，看到 городской сад、густые、запущенные аллеи、липы、обрыв над рекой、тусклые огни бакенов、туман、деревянная лестница、мокрая от дождя трава、пристань、зеленые и красные огни парохода、тревожные, строгие глаза из-под платка 和站在悬崖木梯上的女主人，以及 длинные волны、прибрежные кусты лозняка。如果说 тьма、дождь、звезда、лужа 为情节展开做背景铺垫，那么 лошадь 和 извозчик、дом、диван、стол、раскрытая книга、низкая теплая комната、лампа、абажур、оленьи рога、картина、пепельница、букет цветов、шляпа、рояль、вазоны、куст сирени 这些久违了的宁静生活中的人与物，激起主人公对和平生活的向往；如果 знакомое лицо женщины、старые часики、кувшин с топлёным молоком、мед、самовар 和女主人 высокие плечи、тяжелые косы、чистый изгиб шеи、тревожные строгие глаза из-под платка 使主人公有了一种异样的、使他幸福的感觉，那么 длинные волны、прибрежные кусты лозняка 则隐喻主人公离别时难以平静的心情。

文中所用的词中有 крылечко、галерейка（3 次）、комнатка、рябинка、Марфушка、ступенька（2 次）、домишко、лошаденка 8 个指小表爱（表卑）名词。这些词的指小表爱（卑）形素所带的感情色彩，使人感到亲切，使人易动心，也与那种使读者沉浸其中的氛围密不可分。

文中五次提到主人公多么想留下来度过整个假期。

第一次，马车启动后，听到雨打马车顶篷的声音和远处的狗叫，听到钟楼上裂了缝的钟报凌晨一点，他想 Остаться бы здесь на весь отпуск.，新鲜的空气、新的环境、受伤后的一切不愉快都将成为过去，应该租一间窗户面向花园的房子住下。

第二次，马车驶过大坝时，Кузьмин 想起同房病友委托转交的信，遗憾自己四十多岁还没有像病友那样爱过。看着陌生的城市、空旷的花园、深夜下着的雨以及弥漫在草地上的雨雾，Кузьмин 顿觉时光如梭，生命就这样一闪而过，Снова ему захотелось остаться здесь.。他想象和平生活的场景：从门廊上，可看见河对岸的街道、宽阔的上山路和尾部拖着柴草的大马车，他热爱这充满俄罗斯味的小镇。

第三次，看过收信人屋里桌上摊开的书，他抬起头，环视四周，Низкая теплая комната опять вызвала у него желание остаться в этом городке.。

第四次，在收信人的屋内看到一些久违了的老式物品，感到一种特别纯朴的舒适及和平长久的生活气息，这时，他又一次想，Как хорошо было бы остаться здесь и жить так, как жили обитатели старого дома.。在收信人的屋内，听到雨滴敲打窗外铁皮槽的声音，他脑子里冒出光阴一去不复返这个自古萦绕着人类的念头，怀疑自己是否年龄大了。

第五次，看着女主人高耸的双肩、脑后的大辫子和清晰的脖子曲线，他心里想，要不是有同病房的那位军官，他就决不会离开这座小城，也不到其他任何地方去了，Остался бы здесь до конца отпуска.，有这位可爱的、此刻显得非常伤感的女主人生活在近旁，他会怀着激动的心情来生活。

这里既有词 остаться 的重复，又有命题句的重复。词和命题句重复，旨在揭示主人公历经漂泊后，在严酷的战争环境中对安宁生活的向往，对舒适、纯朴、温馨生活的热爱，对和平生活的追求。

所言、所感基本上都由语句表达。当敲开门、进屋坐在收信人家里的长沙发上时，感到一种无名的激动、紧张。这是一种夜里闯入陌生人家里、闯入令人感到神秘而猜测不透的陌生世界时常有的感觉。女主人在家里招待Кузьмин。Кузьмин 一直等着女主人寻问她前夫的情况，而她未曾问起。他感到越来越窘迫。女主人也没有看他特地送来的信，他觉得自己未完成病友委托的任务，感到愧对病友。当收信人——女主人说"我不明白他为什么要麻烦您"时，Кузьмин 忙答道："Какое же затруднение!"然后又说："Наоборот, это очень хорошо."当女主人再三追问为什么时，他沉思着回答说："怎么对您说呢？……一切美好的东西，总是在身旁一闪就过去了。"于是，他叙述了在人生的长途上一些转瞬即逝但终生难忘的情况。他说："在我的一生中，我永远期待着有像这样意外而又单纯的事情。每当我找到它，我就觉得幸福。幸福的感觉不长久，可是常有。"女主人问他："现在也是这样吗？"他回答："是的。"但他无法说清他此刻的幸福感。其实，主人公这种良好的感觉，早在马车进入小镇，翻越山岭时就产生了。当时，他跟在马车后，忽然感到自己的生活非常离奇，不可思议。2个月前还在波兰宽阔宁静的Висла河前线作战，现在夜里冒雨来到一个叫作Наволоки的偏僻小镇，要给一位陌生的女人转一封非常重要但想必并不令人愉快的信。真是太不可思议，可也很好。

当女主人送他下悬崖，到达最后一个梯台，他们即将告别时，Кузьмин的心都缩紧了，他意识到现在就要同这位素不相识却又这样亲近的女人告别，而他什么也不能对她说，甚至一句谢谢。当他吻了她伸过来的手时，他感觉到在黑暗的屋子里初次聆听雨声时那种淡淡的香水味；当他抬起头时，感到女主人说了一个词"徒然"。

全篇小说，动词完成时占绝大多数。整个事件从头至尾，对主人公行为的描写几乎都采用动词完成时句素，只有极少数采用未完成时：вышел、подумал、поёжился、застегнул、разыскал、спросил、вышел、поднялся、постоял、увидел、сказал、согласился、назвал、закурил、откинулся、подумал、вздохнул、задумался、захотелось、слез、почувствовал、нашёл、потянул、дёрнул、подождал、позвонил、сказал、вошёл、остался、вошёл、спросил、сел、поколебался、достал、закурил、встал、наклонился、пропел、поднял голову、осмотрелся、прислушался、подумал、поклонился、извинился、достал、подал、сел、попросил、предложил、зажёг、испугался、согласился、вышел、расплатился、вернулся、ответил、покраснел、ответил、сказал、замолчал、сказал、назвал、спохватился、замолчал、ответил、спросил、встал、сел、подумал、помог、 встревожился、спросил、подал、взглянул、поцеловал、почувствовал、поднял голову、показалось、сбежал、прошел、вошёл、поднялся、прошёл、посмотрел、поднял руку。完成时所具有的界限意义和行为动作的连续性，使主人公的活动处于不停息的急匆匆的动态气氛中，突出了"旅途中人"的奔波和追求。

最后，正如篇题 дождливый рассвет 所示，文中 тьма、темнота 由浓厚到稀薄；свет 从码头一盏灯到小镇药店的灯、天空的一颗星、室内微弱的光到天空发蓝，天色始终未大亮，дождь 由大到小，到停，天地间始终湿漉漉的一片。小说开端就是 ночью、тьма、дождь，紧接着 скользкая лестница、шуршит дождь、барабанил дождь，随后 темнота гуще、шумел дождь、темный городок、в черноте、ощупью、огня нету、слабый дождь、тяжёлые капли、однотонно шумел дождь、дождь не стихал、дождь прошел、но еще падали капли、черный сад、в темноту、один фонарь、синяя лампочка、звезда、слабый свет、неяркий свет、падавший из окна、свет спички、синело водянистое небо、предрассветные дождливые дали、тусклые огни бакенов、туман，最后是 мокрая от дождя трава、чуть светало，交织在一起的漆黑和光亮、连绵不断的雨声和潮湿的空气，伴随着女主人淡淡的忧伤和男女主人公朦胧的爱情，贯穿全篇。

篇际单位在该短篇中出现两个。一个是在 Кузьмин 与 Башилов 的交谈中，Башилов 吟诵俄罗斯象征派诗人 Волошин М. 的诗句 "Изгнанники, бродяги и поэты, кто жаждал быть, но стать ничем не смог"。另一个是 Кузьмин 在收信人屋内桌子上一本摊开的书上读到 Блок 的诗句：

И невозможное возможно,

Дорога дальняя легка,

Когда блеснёт в дали дорожной

Мгновенный взор из-под платка...

这些篇际单位都与篇章主题、语义结构具有内在联系，我们第9章再讲。

8.3.2　篇章语义多层级整合的生成机制

正如我们在本书第1章所指出的那样，层级是普通逻辑概念，是人类思维所表现出的形式特征。层级是事物发展阶段性和连续性相结合的产物。（请参看本书1.3.2）现实中许多事物都有层级关系。如人们最常见的管理机构。

篇章语义及其理解也呈现层级关系。（请参看本书1.4.4）具有本体性大三角关系的思维、现实、语言都具有层级性。篇章可看作思维运用语言工具（或在语言活动中）认识现实，反映认识结果，并以此影响人的所有社会活动的活动。因此，作为交际活动的篇章，就不可能由单层级语言单位通过语义整合完成。

我们认为，篇章语义与表达篇章基本语义要素的多层级语言手段之间具有某种对应关系。正如我们在第2~7章所分析的那样，语言符号的音响具有语义联想场，能够影响音段单位的义素而创造一定的情感评价意义，形成语音意义，篇章语音意义服从篇章交际意图，与篇章主题、格调和评价等范畴和谐一致；形素是反映事物语义关系特征的标志，篇章利用构词模式在语义结构或形式结构上的相同，凸显某个形素的特定意义，表达篇章基本语义要素；词称名事物，是表达篇章基本语义要素的核心语言单位，篇章是义素型思维产品，篇章语义可看作由义素的内在联系构建而成，篇章中词的语义整合机制，可看作词汇义素相互接连，形成实现篇章交际意图的多维语义内容和信息的结构；句素（синтагма）是表达篇章情景事件、事实缩图构成部分的原型语言单位，有些句素也能表示情景中事件、事实，篇章句素整合产生于句素所反映的关系范畴，通过实现句素语义范畴的对比、照应或重复，凸显篇章要表达的基本语义要素；语句是表达篇章事件情景中某事件、事实缩图或篇章微主题的基本语言单位，篇章一体化情景中的事件、事实缩图之间，具有因果、连续、递进、程度、说明、对比等语义关系或上下位、同位层级关系，篇章语句整合产生于这些关系，语句在篇章完整性所形成的认知语境框架内，由这些关系整体综合为一个语义整体；篇素表达事件的整体情景、观念世界片段整体情景或篇章分主题，是反映篇章情景中事件、事实缩图组合模式的基本语言单位。篇章整合，根据整体情景的语义和篇章交际意图选择必要的篇素；根据整体情景之间的关系和篇章交际策略决定必要篇素的排列顺序；按照交际意图和策略的要求呈现篇素间共同意义。篇章是直接表达若干事件总体情景或篇章主题思想、反映若干世界片段组合模式的原型语言手段；篇际单位通过引用篇章和被引用篇章融合而出现的语义和形式结构的张力实现语义参照，形成交际语义场，凸显篇章基本语义要素（篇际语义参照、交际语义场请详看本书第9章）。语言单位所指的层级关系如下：事物标志≤事物≤事件或事实缩图的构成部分≤事件、事实缩图≤世界片段≤若干世界片段组合成的总体情景≤交际语义场。**Бондарко А. В.** 认为："在言语所体现的语言意义是内容平面的组成部分这一点上，语境（言辞语境——本书作者注）内容平面和篇章内容平面具有相似性。"（Бондарко 2002：104）而语言意义是该语言的单位和范畴所具有的、包含在语言体系中的，并反映语言体系特征的内容。因此，多层级语言单位体系在篇章中所体现的语言意义形成篇章语义内容平面的组成部分或言辞语境内容平面的组成部分，多层级语言单位体系与言辞语境（篇章音素语境、形素语境、词的语境、句素语境、语句语境、篇素语境、篇章语境、篇际语境）具有对应关系。篇章基本语义要素、语义内容和信息与语言单位层级体系、言辞语境之间的对应关系，揭示篇章语义整合的多层级分析机制，我们尝试图示如下。（见 P205）

篇章整合，若从理解角度来看，正如我们在词汇整合机制中讲过的，语言单位是进入篇章语境的手段，人的思维借助语言单位从篇章言辞、情景和社会文化等外部语境开始，深入交际者先有的语言和非语言经验、有意识和无意识经验，进而形成由篇章读者个体的知觉、认知、情感、评价等构成的放射状内部语境，外、内部语境有机结合最终形成篇章多维认知空间；若从

语言单位	音素	形素	词形	句素	语句	篇素	篇章	篇际	情景、社会文化语境
	↕ 音的评价特征	↕ 事物特征的标志	↕ 事物	↕ 事件、事实缩图的各构成部分	↕ 事件、事实缩图	↕ 世界片断的整体情景	↕ 世界片断的总体情景	↕ 交际语义场	
外部语境	篇章音素语境	形素语境	词的语境	句素语境	语句语境	篇素语境	篇章语境	篇际语境	
	↕ 音的评价特征	↕ 事物特征的标志	↕ 事物	↕ 事件、事实缩图的各构成部分	↕ 事件、事实缩图	↕ 世界片断的整体情景	↕ 总体情景	↕ 交际语义场	
内部语境（语义内容信息）	篇章语音意义	篇章基本语义要素	篇章基本语义要素	篇章基本语义要素	篇章基本语义要素	篇章基本语义要素	篇章多维空间语义场		
				语义场	语义场	语义场			
							交际意图		

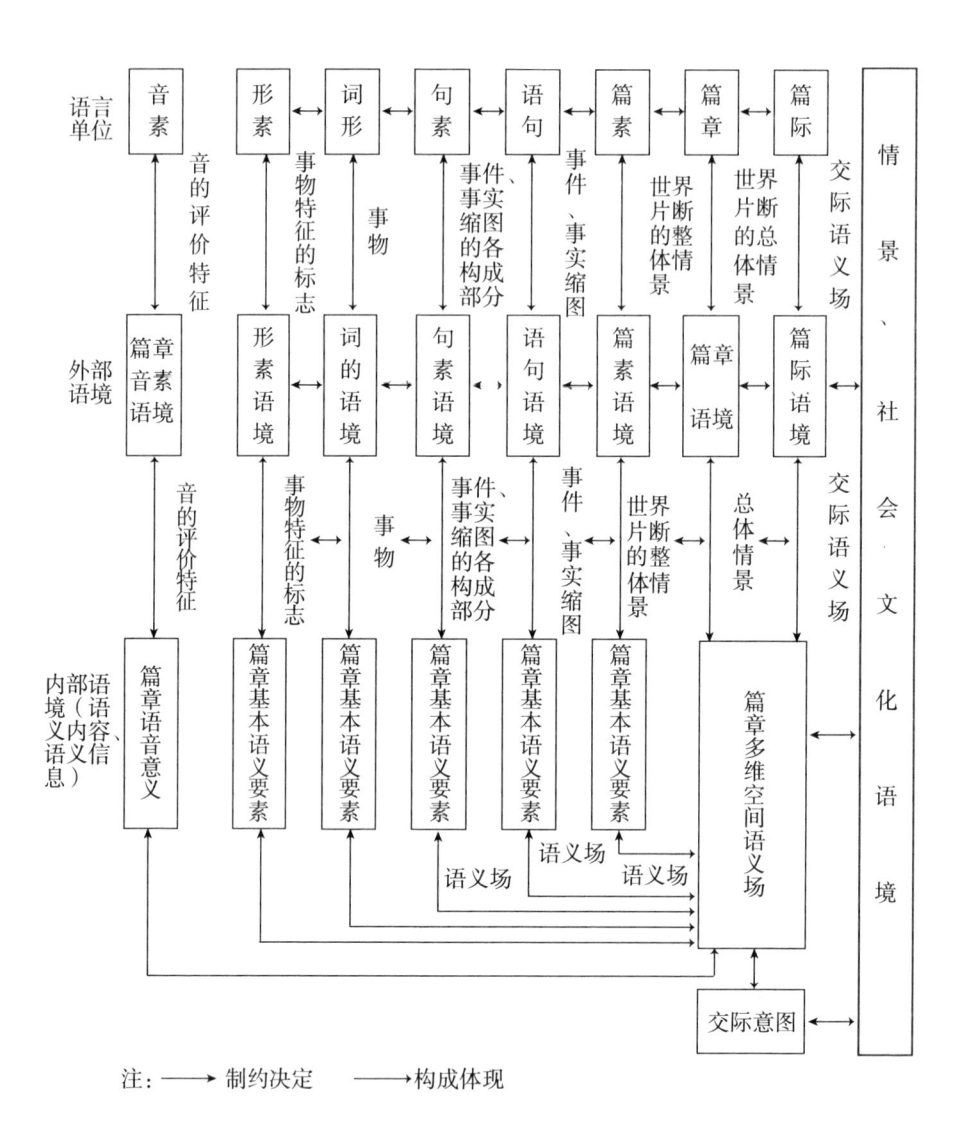

注：⟶ 制约决定　→构成体现

篇章生成的角度来看，发话人为了达到一定的交际意图，就要把自己的知觉、认知或情感、评价、信念等观念内容信息，通过思维借助语言单位反映在篇章的言辞语境中，在情景语境和社会文化语境的影响下，发话人选择相应的语言单位，构筑篇章实体（тело текста）。

8.3.3 篇章语义多层级整合的生成类型

篇章语义整合的多层级分析，从整合的依据来看，可分为两类：第一，依据几个事件形成的总体情景或客观存在或虚拟存在的活物世界若干片段的组合；第二，依据物质世界或观念世界若干片段的组合。第一类典型地显示在文学语体篇章的整合，第二类显示在以科技文本为典型代表的非文学篇章的整合。文学篇章整合常以具体事件的时空范畴关系为线索，科技文本以概念间逻辑语义关系为线索；后现代篇章时空范畴常退居次要地位，而把作者意志和写作目的作为逻辑语义线索。若把时空也看作广义因果关系，则文学篇章和科技篇章都依据因果等语义逻辑进行整合。

第一类，如文学篇章和口头交谈，是情景性的言语交际，以记叙、描写言语类型为主，多使用主观言语格调，语音组织有表意可言，经常使用具有感情表现力色彩的形素和词组织篇章整合，词的时、空连续体比较明显，句素范畴语义的意向性强烈，篇素按事件情节发生的时、空转换进行整合。

第二类，涉及的功能语体较多，但其共同特点是思辨性强，整合特点也基本上一致。篇章整合无语音意义。整合中涉及的形素，一般在语言的构词模式范围内就可分析清楚，如外来词的借用、旧词的复活；词整合通过义项的相加就可完成；语句整合反映客体事物的存在状态，以说明、议论语型为主，也使用叙述、描写，但叙述、描写为说明、议论服务；篇素整合反映物体世界或观念世界若干片段间的联系；篇章无隐含意义，语义信息等同于语义内容。

第三类，混合型篇章整合。不同语体相互吸收、相互渗透是产生这一类篇章整合的基础。如文学类篇章中可使用公文语体的词、句刻画人物性格。这在«Анна Каренина»中 Каренин 人物形象的刻画上表现突出。

8.3.4 篇章语义多层级整合的功能

篇章语义多层级整合的功能，是指通过包括篇际在内的多层级语言单位的系统整合实现篇章整体性和多维空间语义结构。这集中显示为，在篇章思维过程中，各个语言单位的系统特性，不是孤立地发挥作用，而是紧密结合、相互决定、相辅相成，语言单位的语义既保持自身固有的一些特性，又以此而获得与篇章共同语义信息一致的特性。我们还以《Дождливый рассвет》为例，选取几个典型。

第一，在 Башилов 与 Кузьмин 交谈中，所吟诵俄罗斯象征派诗人 Волошин 的诗句，显然是为揭示主人公 Кузьмин 的人物性格服务，而主人公浪迹天涯、漂泊无依的心理状态，也通过这一段诗得到凸显。这些经历的极点就产生了在旅途中渴望停下来度假、休养，在战争中渴望宁静和平生活的心愿。Кузьмин 在女主人屋内桌子上一本摊开的书上读到俄罗斯诗人 Блок 的诗段，也与反映男主人公在历经长期漂泊和转战千里、负伤、养伤等磨难后渴望得到一份温馨，渴望享受一段安宁、闲舒的生活愿望密切相连。当然，这两段诗的思想内涵和意义，绝非仅限于此。更重要的是，被应用的篇章诗段成为小说篇际情节发展变化必不可少的语义环节。在该短篇小说中，受作品全文和诗段所处篇际及诗段上下文语境的制约，所有与小说主题情景关系不大的语义要素退而转入交际的背景，凸显的只是与塑造人物形象、反映主人公对和平生活向往有关的语义要素。

第二，该文中 Кузьмин 回忆有关 Башилов 的情况和他与 Башилов 的交往，是作品中的插叙。显而易见，Кузьмин 与 Башилов 的交往，不仅为小说主要情节——送信做细节交代，而且为揭示 Кузьмин 这个主人公的性格和说明 Башилов 对前妻深切的爱与眷恋服务。对 Башилов 情况的介绍，从表层意义来看，是写 Башилов 与其他伤员的相处情况，说明 Башилов 为人尖酸、刻薄、固执、缺乏同情心、自私、冷漠的一面，为紧接着写 Башилов 与 Кузьмин 的交往和 Башилов 对前妻的感情进行对比铺垫，从深层意义来看，既为刻画 Кузьмин 人物性格服务，又与揭示小说主题——反映生活的美和对生活的爱具有内在联系。Кузьмин 能够接受一个用他的话来说 такой уж сухарь 的委托，说明 Кузьмин 性格的善良、单纯。善良、单纯的 Кузьмин 向往和平、宁静的生活，Башилов 也同样渴望一份安宁、一份亲情和温暖。这深层的含义只有在作品全文语境下才能体现出来，读者也只有把该段放在作品全文语境中才能感知作者通过该篇素所要传递的信念。

第三，在马车翻越山坡时，Кузьмин 跟在车后，忽然感到自己的生活真是令人奇怪、不可思议。（Вдруг почувствовал всю странность своей жизни.）他想到了前线，想到眼前要送的信，他感到有些不可思议和出乎意料。

当 Кузьмин 与女主人的长谈结束时，女主人督促他说下去，说出所有心里话，并接着说了一句，虽然这一切都有些令人感到奇怪、不可思议（Хотя всё это немного странно.）。当 Кузьмин 问她，什么令人奇怪、不可思议时，她说，一直在下着雨，我们就这样见了面，"И весь этот наш ночной разговор, разве это не странно?"（还有我们深夜里的这个交谈，难道这不令人感到奇怪和不可思议嘛?）

这两部分提到的各个语句都在说明主人公对和平生活的眷恋和热爱，但正如 Блок 诗中所言，и невозможное возможно，正是在这奇怪和不可思议中产生了朦胧的爱、一线对和平生活状态的希冀，这些句子也因之获得了新的义素，即一丝新奇，一丝爱意。

第四，根据我们的统计，文中总共使用 389 个完成体、221 个未完成体，完成体占绝对优势，完成体绝大部分叙述主人公的行为、动作，未完成体绝大部分描写场景或用在对话中。如果说完成体推动情节的动态发展，使主人公活动呈现在不停息和急匆匆的奔波中，那么未完成体对情节做静态描写，凸显主人公奔波中的歇息，在完成体占绝对优势的背景下，更显得有必要停下来喘一口气。

第五，一些普普通通的词在篇章单位语境作用下产生了独特的象征意义和审美价值，最典型的要数 рассвет 和 дождь。рассвет 不仅指黑夜过后，黎明到来，而且象征 Кузьмин 与女主人之间刚刚产生的朦朦胧胧的感情和对正常和平生活的向往。дождь（дождливый）不只实写自然现象，还象征故事发生的时代背景。

第六，形素在篇章中意思的改变，首推 домишко 和 лошадёнка。

домишко、лошадёнка 分别是 дом 和 лошадь 的指小表卑，在篇章中受其他指小表爱构词影响，受上下文及全文言语风格、主题思想的制约，失去表卑义素，获得示爱义子。

第七，篇章语音组织与小说意境具有内在联系，尤其是具有鲜明语音意义的 изгиб，具有独特的音素构成（前舌擦音/ʒ/ + 后舌塞音/г/ + 双唇音/п/）其音响能使人联想到弯曲、回折的形象。文中描写女主人转过头去，脖子上形成的曲线，使用 чистый изгиб，可谓传神。当听到从码头传来的汽笛声，Кузьмин 要离开时，女主人提议像古时一样，在出远门前静坐一会，Кузьмин 看着女主人的背影，思绪万千，心潮微起。изгиб 在这个语境中发挥激起读者体会主人公 Кузьмин 心绪的功能。

8.3.5 篇章语义多层级整合的关系

篇章语义是运用多层级语言单位体系综合表达的多维整体结构。语言单位的所指也有层级关系，可表示如下：事物标志≤事物≤事件、事实缩图的各个构成部分≤事件、事实缩图≤世界片段（事件的整体情景）≤若干世界片段组合成的总体情景≤交际语义场。具体篇章的语义整合，可看作通过这些语言单位的所指并在这些语言单位所指各自原型表达手段（语言单位）形成的语境的作用下，积累与篇章要表达的信念一致的共同意义；交际活动把这些共同意义连续不断地编织进新的语义构成（言语表达），组成篇章多条语义流（语义链、连续体或序模）；语义流相互交融、形成语义网；形成语义网的同时，语义流在沿人的篇章认知交际活动螺旋式移动，形成篇章整合的多维语义场。篇章多维语义场与语言单位层级体系在整体上具有对应关系。但在整体内部，绝不是一对一关系，而是多对多关系。这是因为各个语言单位的所指不仅具有原型表达手段，而且具有非原型表达手段，并且具体篇章中并不是所有原型表达手段都具有优势地位。有些语言单位及其层面可能无篇章意向性。这就是说，多层级系统整合，并不意味着具体篇章的语义整合分析必须凭借所有语言单位进行整合。因此，为了说明篇章语义系统整合关系，不一定非得在同一篇章分析所有单位层级语义的系统整合。具体篇章具体对待，一些篇章可依据所有语言单位层级，另一些篇章可依据意向性典型的语言单位层级。我们以«Дождливый рассвет»为例。

该短篇小说的拟声（见本书2.13）和изгиб一词的语音意义，从篇章开头的вздохнуть，至篇末的шум лозняка贯穿始终，奠定了小说篇章的格调。酣睡声、马蹄声、狗叫声、钟声、门铃声、猫的喵唔声、人语声、裙子的沙沙声，散发出一缕生活的气息；风声、雨声、叹息声透出一丝无名的忧思，изгиб的"曲折"意义激发读者对主人公思绪的同感。几个指小表爱（卑）形素穿插其间，形成小说表情语义链。主人公Кузьмин及其所见所闻（词形）、所思所感（语句）、所作所为（句素）形成篇章题旨语义链和篇章主观性言语风格。自然景物的人情化描写（如перешёптывался слабый дождь、торопливо стучали тяжёлые капли、однотонно шумел дождь）、主观感情的风物化（如сердито закричал пароход, жалуясь на промозглый рассвет, на свою бродячую жизнь в дождях, в туманах）与дождь、тьма、темнота、туман、свет、рассвет等的象征用法相结合，形成表达主人公感情、思绪和篇章主题思想的又一链式关系。表达时间、空间义素的词，表示时间定位性的完成体句素，表达空间转换的句素，表示时间、空间变化的语句，共同构成篇章的时—空连续体。这些表情语义链、题旨语义链、言语风格链等链式关系与篇章时—空连续体相互交错、融合，形成语义场。

篇章语义系统整合，在篇素层直接表现为场的空间关系。Кузьмин与马车夫的交谈、Кузьмин的沉思、马车夫的疑惑、Кузьмин的顾虑、对Башилов情况的介绍和Кузьмин与Башилов交谈的插叙、Кузьмин的沉思和作者对Кузьмин性格、外貌等情况的介绍、Кузьмин在收信人室内的沉思、Кузьмин与女主人的长谈、出门前的沉思、告别时的思绪，这些直接反映观念内容的篇素，穿插在小说故事情节的发展中，形成篇章多维语义关系。

从篇章理解角度来看，局部（篇素以下层级的语言单位）解码和整体解码（篇素、篇章、篇际）是同时进行的，认知活动同时运用自高级单位向低级单位和自低级单位向高级单位的解码策略。因而，各种语义流（链）的定向移动，是在所形成的语义场范围内运行，形成篇章语义多层级整合的场效应。

8.3.6 篇章语义多层级整合的场效应

篇章是言语交际的宏观单位，其交际参与者包括作者、读者、篇章中的主要人物三个不同层次的交际主体。作者是篇章生成的主体，读者是篇章解码的主体，作者和读者都是篇外的交际主体。而篇章人物是篇内交际主体。作者为了实现写作意图，就要针对具体的交际语境，选取合适的交际方式，表达特定交际内容和信息。作者可以通过篇章人物的各种活动表达自己的信念，也可以直抒胸怀或借助篇章人物讲出自己的信念。读者可以借助作者的言语和篇章人物的各种活动（包括言语活动）领会作者所传递的理念。篇章作为交际活动，涉及作者、读者两个言外交际主体。作者把自己的世界观、人生理想、生活信念、审美观等通过语言单位多层级体系反映在篇章中，读者借助语言单位多层级体系理解篇章语义内容，体会篇章韵味，挖掘篇章思想内涵和意义，获得篇章语义信息，从身心都受到感染和影响。因此，篇章可看作语言单位多层级体系对相关交际参与者所有相互共轭的必要交际行为的系统映射。这种系统映射通过篇章所指层（денотативный）、心理层、价值层呈现篇章语义多层级整合的场能效应。我们以«Дождливый рассвет»为例。

小说的所指层体现为篇章的情节构成。事件在时间和空间轴上的发展线索，奠定小说情节的组织基础，构成语义整合情节上的基本语义范畴概念，是作者建构篇章的直观依据，也是对读者理解篇章而言最易把握的认知图式。小说事件的情节层奠定篇章语义多层级整合场效应的基石。小说情节大多由篇章表达。表达手段的线性编排顺序受篇章外在形式层面的线性制约，但篇章中事件情节的发展线索由事件发展的逻辑决定，具有客观性，属作者和读者共有的世界知识图景。该短篇的情节可简化图示如下：

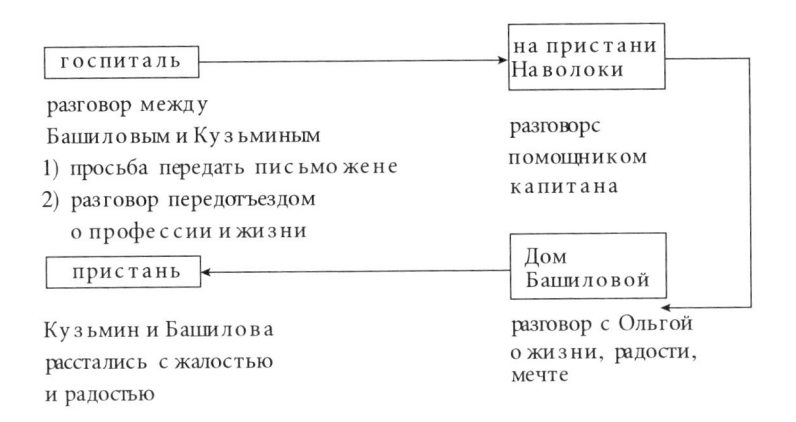

```
┌──────────┐         ┌──────────────┐
│госпиталь │────────▶│на пристани   │
└──────────┘         │Наволоки      │
                     └──────────────┘
разговор между
Башиловым и Кузьминым       разговор с
1) просьба передать письмо жене   помощником
2) разговор перед отъездом        капитана
   о профессии и жизни
┌──────────┐         ┌──────────────┐
│пристань  │◀────────│Дом           │
└──────────┘         │Башиловой     │
                     └──────────────┘
Кузьмин и Башилова
расстались с жалостью        разговор с Ольгой
и радостью                   о жизни, радости,
                             мечте
```

（邓军 1997：191）

心理层反映所有与主人公情感、知觉等内心世界有关的内容。反映心理层的语言单位有音素（如8.3.1中提到的拟声、象声词中具有鲜明语音意义的音）、形素（如8.3.1中指小表爱（卑）形素）、表达和反映情感或生理活动的词，如 вздохнуть、завидовать、жалеть、пристрастие、хорошо、не ласково、испуганно、смущённо（2次）、однотонно、безжалостно、счастлив、покраснеть、вполголоса、нахмуриться）；语句，如 Эта любовь удивляла его самого; Вдруг почувствовал всю странность своей жизни; Он волновался, и непонятное это волнение его сердило. Им овладело то чувство, какое всегда бывает, когда попадаешь ночью в незнакомый дом, в чужую жизнь, полную тайн и догадок; Его удивили её молодость и блеск глаз..., сосредоточенное это лицо с чистым лбом показалось Кузьмину знакомым; Кузьмин испытывал от этого всё большее смущение; Ему уже казалось, что он... и очень в этом виноват; Это очень хорошо; Ольга Андреевна опустила глаза; Обязательно счастливое и необыкновенное; хотя все это немного странно; сердце у Кузьмина сжалось от сознания, что сейчас он расстанется с этой незнакомой и такой близкой ему женщиной и ничего, ей не скажет – ничего, неужели вот сейчас, сию минуту, всё уйдёт в прошлое и станет одним из томительных воспоминаний и в её и в его жизни? Кузьмин... и почувствовал тот же слабый запах духов, что... 。文学篇章中作者往往借物抒情，把客观事物人情化，把主观感情外物化（如 Но с реки сердито закричал пароход, жалуясь на промозглый рассвет, на свою бродячую жизнь в дождях, в туманах），部分表示智力活动的词（如 подумать、задуматься）和诸如 ночью、тьма、туман、дождь、водянистое небо、свет、светать 及表示雨声、风声的词、句在篇章语境中所获得的隐喻意义也间接反映主人公的情绪等心理活动。

  价值层是作者通过作品中描绘的事物所反映的审美观、人生信念等。主人公 Кузьмин 感情丰富，40 多岁了，仍孑然一身。受伤后，同病室的其他人接到过信，但没人给他写信。他躺着，想象着自己战后未来的生活，那一定会是幸福的，不寻常的。伤愈后，去疗养途中，在一个雨濛濛的夜间，一辆马车把他拉到一座有阁楼的小屋，面对一位可爱的、因为不幸的婚姻而有些感伤的少妇，有了一种异样而又使他感到幸福的感情。这是一种朦胧的爱。Кузьмин 之所以对这位少妇产生感情，是因为从战场、医院来到如此宁静的和平环境中，面对如此可亲并有点伤感的少妇，Кузьмин 这个漂泊了大半生，一向珍惜那些从身边一闪而过的美好事物的人，感到时光易逝，生命珍贵，认识到和平安宁生活的美和自己对生活中美好事物的爱。作者以他那独特而娴熟的语言驾驭能力，运用语言单位多层级体系中所有单位，为我们描绘了这种美好的微妙感情，传递了追求生活的美和勇于发现生活中美好事物的人生信念。

  情节层和心理层相互缠绕在一起，作者情绪和所描写的对象融为一体，创造作品朦朦胧胧的格调，也许只有这朦胧的格调才能更好地烘托出那种微妙的好感情绪，以此体现篇章价值层。读者在这朦朦胧胧的情调中才有可以体验和想象的空间，以此激起读者热爱生活、热爱生活中一切美好事物的感情，培养读者用心去体验生活的敏感性和丰富性。

第 9 章

篇际语义整合分析

9.1 篇际与篇章

9.1.1 篇际

A. 篇际的概念

语言功能相互影响层的抽象构拟单位是语篇际,直观可见单位是篇际。篇际(intertext;интертекст),是语言单位多层级体系即篇际≥篇章≥篇素≥语句≥句素≥词形≥形素≥音素中的最高层单位,指的是两篇或两篇以上具有参照关系的篇章经整合所形成的语言交际单位。参照关系典型地显示在篇际的参考验证或仿拟对照。也就是说,篇际才是语言存在的最高形式,而不是以前所认为的篇章是语言存在的最高形式。

Степанов Ю. С. 这样论述篇际概念:"篇际(интертекст),是两个或更多作者(也包括佚名作者)不同篇章的交感和融合现象,是文化观念以言辞或其他形式存在的合理环境,通常出现在文化环境'热点'上。"(Степанов 2001:3)既然篇际是一种"环境",那么说明它是比篇章更大的系统,是高于篇章的语言机制。

Караулов Ю. Н. 在讨论语言个性理论时，提出先例篇章①（прецедентный текст）的概念、分类及存在形式。他所提出的先例篇章三条判断标准中的第一条是："对个体语言而言具有认知价值和情感价值。"（Караулов 2002：216）**Костомаров В. Г.**、**Бурвикова Н. Д.** 在分析篇章如何成为先例篇章时，提出先例语句、先例词等概念（Костомаров，Бурвикова 1994：74～77）。在对先例篇章的进一步研究中，他们提出作为语言与文化中介单位的语言文化信息单位（логоэпистема）概念（Костомаров，Бурвикова 2000：44～46）。篇章的建构和理解，"不仅仅需要有关语义内容的知识。人们需要对众多相关话语或篇章②的体验，而正是这些话语或篇章构成了西方文化的某些信念体系"（Hatim, Mason 1990：121）。

  所有这些研究，都把篇际及其相关现象与文化捆在一起，把篇际或其相关现象看作是承载文化信息的单位。我们认为，篇际首先是语言交际单位，相互影响是其基本功能。文化信息是研究篇际这个言语音段的特征时所要涉及的题中之义，但文化是篇际作为交际单位而发生语义参照的结果，语言单位所反映的文化因素通过篇际参照得到凸显。被文化语言学者作为特殊语言现象来研究的先例词、先例语句等语言单位都是篇际相互影响功能产生的结果，但先例词、先例语句等不是篇际。它们是篇际单位的标记符号，是对先例篇章的指示。篇际是两个以上篇章的相互参照与融合，如同不能把"具有下列……综上所述，等等"看作篇章一样，先例词、先例语句还不是篇际，只有先例篇章能够与其引用篇章结合才能构成篇际。因此，我们认为篇际单位涉及三个元素：被引用篇章、引用篇章、篇际。被引用篇章显现为篇际中的先例篇章或先例篇章的片段；引用篇章显现为篇际中除过先例篇章成分之外的部分，二者是篇际区别于篇章的外在语言表现；篇际实际上表现为引用篇章与先例篇章或其片段的整合所产生之结果，是不同于被引用篇章（先例篇章）和引用篇章的一类语言单位。篇际内原本属于先例篇章和引用篇章的

---

  ① 先例篇章强调篇际形成的前提和预设。
  ② 相关话语或篇章强调篇际形成的条件。

事物各个部分有机联系，实现整体化，形成新质——篇际的整体性，这是篇际区别于先例篇章和引用篇章的本质属性——篇际的语义内容和信息。

事实上，篇际语义参照所凸显的文化蕴含，不仅产生在先例词、先例句、先例篇章等特殊词汇和句子及篇章单位——即语言文化信息单位的音段及其特征上，而且表现在篇际的格律、句法—格律等非音段特征层。如**Мерлин В. В.** 认为，Блок А. 的诗歌«Зачатый в ночь, я в ночь рожден...»，行末重音音节韵，四音步行与三音步行交替出现，抑扬格音步整齐均匀，一方面是诗人受自幼熟知的德语浪漫派自述体诗歌影响，另一方面是受俄语浪漫情诗的影响。(Мерлин 1986：4~16) **Гаспаров М. Л.** 发现了俄语诗歌的一种句法—格律型式化。如"в мечтах надежды молодой, в альбоме Ольги молодой, красами Ольги молодой（Пушкин）；лицо у Ольги молодой, в своей отваге молодой（Баратынский）；С прекрасной рифмой молодой（Батышков）"。(Гаспаров 1986：198) 因此，文化蕴含不只是词、句或篇等语言单位可以承载的信息，篇际也如同其他语言单位一样承载着文化蕴涵。

综上所述，我们认为应该重视研究篇际现象的文化蕴含。篇际，像其他一切语言活动机制一样，与认知和社会文化环境密不可分，像人类其他文化样式一样，具有极大的丰富性、开放性和多样性。但文化不能是判断篇际单位的标准，因为篇际单位的存在基础不是文化意义的传达，而是相互影响的交际功能。正如巴赫金所言："我生活在他人话语世界里。我自己的全部生活，都是在这一世界里定位，都是对他人话语的反应……以掌握他人话语始……以掌握人类文化终。"（巴赫金 1998：407）篇际是语言交际的基础和原因，文化是篇际活动的结果。学者们对产生篇章联想关系的词、句、篇段或其超音段特征的归纳分类，有助于我们了解先例词、先例语句等先例单位所标记的篇际单位的类型化特点。

B. 篇际语言活动机制

篇际，就像音素、形素、词形、句素、语句、篇素、篇章等单位一样，是一种语言活动的机制，任何语言交际都不能脱离这一机制。正如巴赫金所言："实际上，任何表述，除了自己的对象外，总是以某种形式回答此前的他人表述。"（巴赫金1998：180）（巴赫金所说的表述是指话语的具体表现——本书作者注）这是现实生活中人类思想意识本身存在之对话关系在语言交际中的反映。

　　作为一种语言单位的层次，篇际的语言机制是什么呢？

　　篇际在言语交际中的运用同样是语言成分组合或分解性在起作用。**Степанов Ю. С.** 认为，语言（融合）机制形成简短篇际，简短篇际是较大篇际的基层单位。他使用 имеет место быть 由 имеет место 和 имеет быть 融合而成说明篇际形成的语言机制。（Степанов 2001：7）**Костомаров В. Г.** 和 **Бурвикова Н. Д.** 在说明先例语句是篇章的浓缩时，引用诸如 челобитная←недостойный холоп челом бьет；азбука←аз，буки；алфавит←альфа，бета；рецепт←recipi 篇章关系词（слова-текстонимы）。（Костомаров，Бурвикова 1994：74）这些都说明篇际在言语交际中的功能同样有语言成分的组合性或分解性特征在起作用。

　　下面我们从作为互主体所参与的语言交际活动角度进一步阐释篇际概念的本质。

9.1.2　篇际的本质

A. 篇际的三种属性

　　篇际作为一种语言活动具有三种属性：语言对话、多重互主体、社会文化。语言对话，是指构成篇际的篇章之间在语言材料和篇章结构、语义内容和篇章信息、体裁和风格等方面的对应或相交，这种对应或相交会形成强大的张力；多重互主体，是指构成篇际的篇章及其作者和篇章内形象以及读者，他们互为主体，形成篇际的评价与认知交际模式；社会文化，是指篇际所凸显的信息反映广阔而深厚的历史语境、丰富多彩的形象和思想意识。

　　作为一种语言活动的篇际活动，是互为主体的主体之间进行的相互作用、相互对话、相互沟通和相互理解，是人的基本存在方式之一，是通过话语而进行的信息情感交流。话语发自不同主体，要实现篇际的意义，既要在各个相关篇章主体间对话,又要靠读者主体与不同的篇章主体进行对话,在多重互主体间进行选择。这样,就形成了篇际的作者和读者及其人物形象之主体间的语言对话。篇际语言活动是互为主体的双方或多方间的"对立、对峙——对话、交流",是双方或多方能动的双向语言作用,是"我——你"关系。这种主体之间的交际首先是一种共同参与,是一种主体的共享,一种共同创造。它强调相互间的投射和筹划,相互渗透,同时又具有一种相互批评、相互否定、相互校正、相互调节的功能。

篇际活动的表现模式,是多个篇章的作者、读者、篇章内在形象之主体间的散点辐射(多个主体在篇际线性表达和篇际语义空间中的呈现特点)与焦点连动(多个主体在主要线性表达上的呼应和对比、在语义空间中的主要联系和对话)的并存与并进。互主体在篇际中的运作,集中展示在文学篇际活动中的任何交际实践都必然发生于传承文化、传统、经验的历史链中,负载着人类以往文化艺术实践的全部成果,又不断批评、否定、创新、改造,与当下碰撞、对话、融合,从而形成新的历史。

人与人之间的交际关系在人自我意识和无意识、语言和文化中的反映,构成篇际互主体的客观存在基础。现实世界中人与人在社会劳动和日常生活中形成了丰富多彩的交际关系,这种关系必然反映在我们大脑的智能活动中,一些属于我们能动的反映活动,另一些属于我们没有觉察到的反映活动,我们通过语言把这些活动展示出来,这种关系得到反映,就会形成篇际。人们在社会劳动和日常生活中所创造的精神和物质财富——文化,也通过语言得到反映和传承。丰富多彩的交际关系反映在文化中,记载于语言中,篇际则以多重互主体间的交际关系凸显了相关的文化成分。

因此,篇际是语言对话、多重互主体、社会文化的评价与认知的多维互动过程,是互主体的语言文化活动,这些构成了篇际的本质。

B. 篇际本质的心理基础

篇际本质的心理实在是语言活动互主体人格中意识与无意识的辩证统一。互主体人格的自我意识和无意识,尤其是集体无意识,构成篇际意义生成的心理基础。①

根据瑞典心理学家**卡尔·古斯塔夫·荣格**的人格结构理论，人格由三个层面组成：意识（自我）、个体无意识（情结）和集体无意识（原型）。（荣格 1997：57）

意识（自我）处在人格最上面一层，能被人觉知，如我们所觉察到的记忆、思维和情绪，以及意识只占很少部分的心理活动。篇际活动，如同其他所有语言活动，属于人的思想意识行为。

个体无意识处在人格结构的中间层，作用要比意识大。个体无意识的主要内容是情结。情结往往具有情感因素，是一组被压缩的心理内容聚集在一起而形成的无意识丛，如批评情结、权利情结等。语言个性的特色内容来自个体无意识。个体无意识起源于人性中比经验更为深邃的东西——集体无意识。

集体无意识处在人格结构最底层，作用比个体无意识大，所占比例也最大，包含由先祖在内的历代人活动方式和经验存储在大脑中的遗传印迹。集体无意识的主要内容是原型，人在心理上追求原型固有的目标；有多少典型情境就有多少原型，如出生和死亡原型、懒惰和勤奋原型、流浪汉和小丑及绅士原型、骗子和骑士及贵族原型、魔鬼和圣灵原型、魔与佛及仙的原型、胆小鬼和英雄原型、壮士和武士及侠士和勇士的原型、太阳和月亮原型、武器和战争原型；原型由人们世代积淀和遗传而来，与特定情境具有稳定的联系，不需要借助经验的帮助，当一种与特定原型相对应的情境出现时，就会被意识激活，像一种本能的冲动不可抗拒地表现出来。

篇际互主体的语言文化活动，主要源自主体人格深层的无意识。这种无意识是一种历史积淀。当无意识遭遇篇章主体的自我意识，事物图式原型痕迹就会交错与叠置，从而形成抑制或兴奋点，产生篇际活动。

---

① 互主体一方面是针对客体而言，强调事物之间不是我与他或它的主客体关系，而是我与你的主体对主体关系；另一方面是针对主体之间的联系而言，强调主体之间的能动关系，突出一方对其他各方和其他各方对这一方的影响与渗透作用。

9.1.3 篇际的分类

A. 篇际分类的依据

如果说篇章是一个相当复杂的人文现象，那么篇际就更庞杂了。篇际涉及面广泛，界限模糊。我们当然可以参考 Красных В. В. 对先例现象的分类（Красных 2002：50～58），把篇际分为某一言语社团成员间存在的篇际、某个民族文化群体成员间存在的篇际和若干民族范围内普遍存在的篇际。但这是从语言外因素——篇际发挥作用的范围进行分类，况且这个范围会随时间、地点、交际主体的不同而变化。

我们主张依据篇际内部关系——被引用篇章与引用篇章之间的符号关系区分显性篇际和隐性篇际。

B. 显性篇际

所谓显性篇际，是指被引用篇章以先例形式与引用篇章融合而成的篇际，即篇际中出现交际主体（作者、作品中人物、读者）先前就已熟悉的篇章中的特定成分。如 Паустовский К. Г.（帕乌斯托夫斯基）的短篇 «Дождливый рассвет»（《雨濛濛的黎明》）中就有 Блок А.（布洛克）的诗段和 Волошин（沃洛盛）的诗句。这样的篇章成分不同于一般的篇章片段。它们是先例篇章的指示。既然篇际中的先例成分所发挥的功能是指示，那么按照皮尔士符号论思想，这些篇际中的先例成分在符号的抽象程度上比在先例篇章中要弱一级，也比引用篇章中的同类的抽象符号更具体，抽象程度更弱。它们在篇际中实指先例篇章的某个成分，这种指示关系是直接的、限制得较具体的，不是任意的。因而，这种篇际是较为明显的篇际。如 «Задонщина»（《顿河彼岸之战》）就是一显性篇际。从语言材料来看，《顿河彼岸之战》是由 «Слово о полку Игореве»（《伊戈尔远征记》）中的语句、引文构成的集句诗篇；从思想内容上来看，正如 Лихачев Д. С. 所指出的那样："《顿河彼岸之战》成书在古里科夫战役大败异教徒之后，正是对描写异教徒战胜伊戈尔之役的《伊戈尔远征记》的最好回应。"（Якобсон 1998：

421）再如，Шукшин В. М.（舒克申）«Экзамен»（《考试》）是引用《伊戈尔远征记》整合而成的显性篇际。

仿照篇际是一种特殊的显性篇际，指当前篇章的题材或体裁、结构或风格、内容或主题、人物形象或社会事件借自先例篇章，所谓旧瓶装新酒。这方面较典型的例子要数模拟作品（пародия）所反映的篇际。如 Цветаева М.（茨维塔耶娃）的长诗«Молодец»（《俊男》）和民间诗体童话«Упырь»（《吸血鬼》），构成最典型的仿照篇际。茨维塔耶娃挖掘民间故事的合理寓意，沿用民间诗体形式，把一女子摆脱魔鬼、神奇脱险的传说改造成献身爱情、最终与心爱的人双飞升空的爱情诗篇。

从被引用篇章或其成分在篇际中所发挥的实际指示作用来看，仿照篇际中先例篇章成分所起到的实指作用，比在其他显性篇际中先例成分所发挥的实指作用更弱，任意性更强。因此，从这个角度来看，仿照篇际处于（其他）显性篇际向隐性篇际的过渡地段。如果说改写、转写、缩写的作品属于显性篇际，那么续写的作品就属于隐性篇际。

C. 隐性篇际

隐性篇际，是指两个以上篇章在事件内容、思想内涵、作品风格、艺术特点等方面相互对比、验证而形成的篇际。隐性篇际中出现的被引用篇章成分，完全溶解在引用篇章的整体内容中。引用篇章与被引用篇章在体裁、主题、布局、情节等篇章全文要素上进行了全面的重新整合。篇际中的被引用篇章成分，它们的符号性在抽象程度上已非常接近于或者已等于其在源篇章中，也就是说，作为指示符号的被引用篇章成分已更多地抽象化为任意性符号，较难认清其属于被引用篇章。因此，隐性篇际与引用篇章就很难区分，尤其是当被引用篇章以引用篇章的预设形式参与交际的情况下。如采用含沙射影的批评方式反驳对方观点的议论文，隐性篇际简直就等同于引用篇章了。这种情况也验证了我们在本文开头所说的篇际等于（或大于）篇章，是语言递归性的表现。

9.1.4 篇际与篇章的关系

A. 篇章是篇际的前提和基础

从篇际语义参照来看，篇章为篇际而存在。篇章是篇际的直接下属层次，是篇际的前提与支撑。篇章与篇际的关系是客观存在的。我们认为，这种关系的实质是篇章之间的信息和情感交流，这也是篇际作为语言单位而存在的价值之一。篇章形成了语言信息交换的交际活动场——篇际，篇章是形成篇际的基础。篇章不仅以引语（цитата）、引用（аллюзия）、变异（трансформация）等形式直接进入篇际，而且通过这些形式使篇际产生联想，指向特定的（先例）篇章情景、形象、事件，可以超越时空界限，表达交际的语用信息和语义信息。如《Комсомольская правда》（《共青团真理报》）2000 年 9 月 5 日曾有这样一段话：Землю - крестьянам! Фабрики - рабочим! Сортиры - террористам!（给农民土地！给工人工厂！给恐怖分子厕所！）前两句是十月革命后布尔什维克向全国人民发出的公告用语，也是当时常见的政治口号和标语；后一句则是当时俄罗斯总统普京讲话"мочить террористов в сортир"（把恐怖分子冲入厕所）的"口号式"变异。这一篇际跨越时空，把相隔近 80 年的历史事件联系了起来，一方面反映了俄罗斯社会的反恐斗争如同当年的十月革命一样迅速向全国蔓延，另一方面也折射出反恐斗争的全民性和艰巨性及对于俄罗斯社会的历史意义。

B. 篇际是篇章的作用场和归宿

篇际由篇章经整合而构成，篇际是篇章的直接上级层次；篇际为篇章发挥传递信息、感染读者的功能提供合理作业场；如同词形的功能显现在句素中、语句的功能显示在篇素中，篇章的功能只有在篇际层才能得到充分完整的体现。两个以上篇章的任何相交部分都只是篇际作业场较显眼的成分，是另一个篇章（先例篇章）的代表和浓缩，可以说在许多情况下只是冰山一角，在语言交流中实际起作用的是由相关篇章（引用篇章与被引用篇章）整合而成的篇际。可以说，相交部分中最容易被我们认识的是由言辞表达外显在篇章中的篇际成分。我们认为，篇际成分不仅包含"经典作品和民间创作精品"（Караулов 2002：217），而且包含"公文事务语体中的文件、决议、法规""科学语体中的论文、论著和报刊语体中的政论文等"。（Супрун 1995：19）因而，各个语体的篇章都有其顶头上级——篇际。作为语言最高表现形式的篇际，其交际意义比篇章更大。例如，采用含沙射影的批评方式反驳对方观点的议论文等隐性篇际，其交际价值更容易引起人们重视。篇章只有在篇际中才能真正全面实现自身历史价值——创造文化，传承历史。

  篇际是语言交际的最高单位。相互影响的交际功能是形成篇际单位的基础。引用篇章与被引用篇章经概念整合形成篇际。篇际的本质表现为语言对话、多重主体、社会文化的评价与认知过程，其心理实在是语言活动主体人格中意识与无意识的辩证统一。根据形成篇际的篇章之间的符号关系可区分显性和隐性两大类篇际。篇章是形成篇际的前提和基础，篇际是篇章的作用场和归宿。因此，作为语言交际单位的篇际对语言实践（包括教学）和研究具有不可忽视的意义。

9.2 篇际语义整合

9.2.1 篇际语义整合

  "篇际，是两个或更多作者（也包括佚名作者）不同篇章的交感和融合现象，是文化观念以言辞或其他形式存在的合理环境，通常出现在文化环境'热点'上。"（Степанов 2001：3）从广义来讲，篇际是指由两个以上具有语义联系的篇章（引用篇章和被引用篇章）所建构的高一级语言交际单位。所谓篇际语义整合，是指发话人在交际互主体（发话人自身、作品作者和人物形象、受话人）作用下从交际情境中切分出各种语义联系、运用语言材料及其结构组合等表达手段的复现或空位，形成语义成分的交织和重构，完成整体思想观念的综合构筑及言语表达；受话人（读者或听众）在互主体（受话人自身、作品作者和人物形象、发话人）语境作用下对篇际语言内容和信息的综合解读。从语义整合来看，篇际为言语交际提供活动空间，为整合提供语义参照的平台。篇际会以其固有的机制（概念重叠或语词重组）作用于言语生成和阐释。篇际语义整合，使各个交际主体拥有篇际交际单位的概念、形象、事件联想，把篇际的思想观念、作者形象编织进新的多维语义网络，形成新整体性，丰富言语交际思想内涵，拓展篇际多维语义。请看下例。

　　茨维塔耶娃的长诗《俊男》（1922）——引用篇章和民间童话《吸血鬼》——被引用篇章构成独特的参照篇际。《俊男》题材来自诗歌体裁民间童话《吸血鬼》。《吸血鬼》，讲述一个名叫玛璐霞的姑娘遇到一个年轻英俊的吸血鬼，被其迷惑。她怕吸血鬼，时而躲到床上，时而从窗户向外探望。她知道，只要喊出吸血鬼的名字，所有人都可得救，但她固执地不愿意承认所看到的一切。兄弟、母亲都成了吸血鬼的牺牲品。作家茨维塔耶娃从玛璐霞身上不仅看到了恐惧，而且看到了爱情。爱情的魔力使她守口如瓶，眼睁睁失去兄弟、母亲，且不惜牺牲自己的生命。作家从古老的童话故事中看到了情与罪、爱与恨、舍己……作家感到有责任在童话框架内揭示故事本质，使故事摆脱迷信色彩。她认为没有必要创造新的形式。因此《俊男》虽源自民间文学，其民歌化的只是形式（篇际的语义结构和语言材料结构，即题材和诗体），实体是非民歌性的，因为实体（篇际的语义和语言材料）服从于作品具体的抒情主题。

　　而《俊男》情节是这样的，美丽的姑娘玛璐霞在乡村举行的娱乐活动中与俊男相爱。在得知俊男是吸血鬼后，她拒绝离开他，因为这将威胁心上人的生命。她为了心爱的人献出兄弟、母亲，牺牲了自己，而他为她留下了一滴血，以便她能够复活。这滴血在葬着玛璐霞的十字路口长出一棵小树，还开了花。公爵坐车经过，把小树带回家。小树变成了一位姑娘，玛璐霞复活了。玛璐霞复活后做了公爵夫人，过着顺心如意的日子，还生了儿子。后来家里来了一些客人，他们要破俊男为了玛璐霞平静生活所制定的禁忌——隐居和禁绝红色。玛璐霞与公爵来到教堂做弥撒。当传来«Оглашённые, изыдите!»时，俊男出现在窗户上。他和玛璐霞一起飞向了发着蓝光的灯火。

茨维塔耶娃在民间文学中找到了属于她自己的东西，即对民间诗歌进行合理改造后所形成的作品，使得《俊男》与《吸血鬼》有一种割不断的联系；追溯意识起源的古典风格，使得《俊男》的现代性（女主人公为爱情而献身的自我意识）具有历史的渊源；潜藏着语音和语法及修辞和语义可能发生变化的俗语，使得《俊男》语言风格独特而有个性。这些因素共同作用创造了具有深厚文化蕴涵的文学篇际。

《吸血鬼》的民间文学诗体使得茨维塔耶娃得以展现她那个时代语言的潜能。篇际作品《俊男》因茨维塔耶娃个性化的语言、独特的艺术风格不仅成为俄罗斯民族的文学精品，而且成为人类世界文化宝库中的共同财富。这也得益于《俊男》和《吸血鬼》所形成的篇际交际场的语义整合张力。

9.2.2　篇际语义整合的生成机制

法科尼尔、特呐和其同事探索意义建构和信息融合的概念整合理论（conceptual blending theory），是认知语言学的新发展。在这一理论指引下，许多认知语言学家都从不同视角对概念整合的心理空间维度、映射机制、整合程序等问题进行了深入探讨。他们的研究得出了下列基本结论：①概念整合空间是多维的，②整合过程是有序的，③整合离不开有形支点，④整合与分解是相对的。我们尝试根据概念整合及其发展理论提出篇际概念整合网络。该网络由来自不同域但具有共同性的多个心理空间通过映射和语义项的投射而形成。这个概念整合网络可以解释篇际语义整合的生成机制。

从概念整合的机制角度来看，篇际是引用篇章与被引用篇章经整合而形成的语言单位。当被引用篇章显现为先例篇章，先例篇章在篇际整合过程中会发生省略或结构、语义等的转换，其出现在篇际中的成分在篇际交际活动中的基本符号功能是指示，即直接指向具体的被引用篇章。因此，这个语义整合网络可看作由下列四个意识空间及其映射组成：输入空间1——引用篇章的心理意识、输入空间2——被引用篇章的心理意识、整合空间——篇际、共有空间——引用篇章和被引用篇章的心理重叠空间。整合过程按下列程序实现：分解引用篇章、提取热点语义项→投射并激活被引用篇章中相应语义项→映射到共有空间→形成新的整合空间。简言之，被引用篇章和引用篇章，属于两个不同的心理输入空间，两个输入空间之间存在图式映射关系，通过映射，具有共性的两个输入心理空间产生一个新的心理空间——篇际心理空间。在篇际整合中隐显项及其语义是心理空间映射的稳定联系。所谓隐显项是指图式原型痕迹交错与叠置的抑制或兴奋点。隐显项及其外在特征牢固地存贮在人们的记忆之中。映射方向一般是从具体到抽象。正因为篇际单位的存在及其在语言活动中的功能——相互影响，才会有"不同篇章的交感融合"（Степанов 2001：3）或"篇章联想"（Супрун 1995：17），而无论是"交感融合"或是"联想"都可看作心理空间的映射。这种映射具有从具体出发的单向性特征，人与物、观念与事实都可能成为图式原型痕迹抑制或兴奋的有形支点。这里可以把人、物看作实在物质，而把观念与事实看作人或物的属性。前者就存在从人到物、从人到人和从物到物三种方式。这是我们从认知语言学角度对篇际语义整合机制所做的解释。

9.2.3 篇际语义整合的生成类型

从篇际生成角度来看，可区分显性和隐性篇际语义整合类型。

显性篇际语义整合，是指先例篇章或先例篇段等单位参与整合。篇际中出现交际主体（发话人、作品人物、受话人）先前就已熟悉的篇章中的特定成分。这些特定成分直接指向某个（些）先例篇章，把特定的情景、事件、形象、概念等引入篇际语义整合，创造篇际多维空间语义的场。

所谓隐性篇际语义整合，是指篇际单位在言语活动中并无明显特殊的表达手段，也就是说，篇际语义参照或交际语义场隐退到交际后景，被引用篇章与引用篇章共有重要的语言内容和信息，而表达这些内容和信息或表达与这些语言内容和信息密切相连的篇章语义的语言材料和结构，已经失去纯粹指向某个（些）篇章的功能，完全溶解在引用篇章中。引用篇章与被引用篇章在体裁、主题、布局、情节等篇章全文要素上进行了全面的重新组合。篇际中的被引用篇章成分，它们的符号性在抽象程度上已非常接近于或者已等于其在源篇章中。也就是说，作为指示符号的被引用篇章成分已更多地抽象化为任意性符号，较难认清其属于被引用篇章。一种情况，发话人的言语具有较明确的篇际针对性，但却含而不露、隐而不显；受话人也许当时就已明白，也许不一定能马上意识到，但事后定会恍然大悟，读者尤其是处在距离作者较远时空的读者，要借助写作的时代背景，才能弄清。另一种情况，受话人在理解时，可能把当前篇章与自己熟悉的另一篇章结合从而形成参验篇际，而读者自己熟悉的这个篇章可能是作者在生成当前篇章时并不熟悉的，这种篇际语义整合在那些对篇章进行解构、对作者进行消解从而确立读者中心论的后结构主义文艺理论——接受理论那里被发挥到极致。

9.2.4 篇际语义整合的功能

我们认为，篇际语义整合的功能表现为，篇际不仅参与创造语言交际场，而且丰富交际情景、事件和形象，呈现互主体的语言文化交流。篇际在大的社会文化语境、交际情景作用下通过交际场影响言语活动。篇际创造言语交际多维空间语义的场，具体地表现为，交际语义场中的基本语义要素及其组合成为篇际语义综合一体化的有效成分，这些语义要素及其组合形成篇际多维空间语义的场——篇际语义内容、语义信息；篇际在形成言语交际多维空间语义的场的同时丰富交际情景、事件和形象，二者同时发生，是一个问题的两个方面。在相互流动的双向活动中呈现不同作品和主人公及作者和读者等多重互主体的语言文化交流，形成篇际语言内容和信息的能量场。

请看 Шукшин В. М.（舒克申）的短篇小说«Экзамен»（《考试》）。

2. **Экзамен**

В. М. Шукшин

– Почему опоздали? – строго спросил профессор.

– Знаете... извините, пожалуйста, ... прямо с работы... срочный заказ был... – Студент – рослый парняга с простым хорошим лицом – стоял в дверях аудитории, не решаясь пройти дальше.

Глаза у парня правдивые и неглупые.

– Берите билет. Номер?

– Семнадцать.

– Что там?

– «Слово о полку Игореве» – первый вопрос. Второй...

– Хороший билет. – Профессору стало немного стыдно за свою строгость. – Готовьтесь.

Студент склонился над бумагой, задумался.

Некоторое время профессор наблюдал за ним. Перед его глазами за длинную жизнь прошла не одна тысяча таких вот парней; он привык думать о них коротко – студент. А ведь ни один из этой многотысячной армии не походил на другого даже отдалённо. Все разные.

«Всё меняется. Древние профессора могли называть себя учителями, ибо имели учеников... А сегодня мы только профессора», – подумал профессор.

– Вопросов ко мне нет?

– Нет. Ничего.

Профессор отошёл к окну. Закурил. Хотел додумать эту мысль о древних профессорах, но вместо этого стал внимательно наблюдать за улицей.

Вечерело. Улица жила обычной жизнью – шумела. Проехал трамвай.

На повороте с его дуги посыпались красные искры. Перед семафором скопилось множество автомобилей; семафор подмигнул им, и они все сразу ринулись по улице. По тротуарам шли люди. Торопились. И машины торопились, и люди торопились.

«Люди всегда будут торопиться. Будут перемещаться со сверхзвуковой скоростью, и все равно будут торопиться. Куда все это устремляется?»

– Кхм. – Студент пошевелился.

– Готовы? Давайте. – Профессор отвернулся от окна. – Слушаю.

Студент держал в толстых грубых пальцах узкую полоску бумаги – билет; билет мелко дрожал.

«Волнуется, – понял профессор. – Ничего, поволнуйся.»

– «Слово о полку Игореве» – это великолепное произведение, – начал студент. – Это… шедевр… Относится к концу двенадцатого века… кхэ… Автор выразил здесь чаяния…

Глядя на парня, на его строгое, крепкой чеканки лицо, профессор почему-то подумал, что автор «Слова» был юноша… совсем – совсем молодой.

– … Князья были разобщены, и… В общем, Русь была разобщёна, и когда половцы напали на Русь… – Студент закусил губу, нахмурился: должно быть, сам понимал, что рассказывает неинтересно, плохо. Он покраснел.

«Не читал. – Профессор внимательно и сердито посмотрел в глаза студенту. – Да, не читал. Одно предисловие дурацкое прочитал. Черти полосатые! Вот вам – ягодки заочного обучения!» Профессор был противником заочного обучения. Пробовал в свое время выступить со статьей в газете – не напечатали. Сказали: «Что вы!» «Вот вам – что вы! Вот вам – князья разобщены».

— Читали?

— Посмотрел... кхэ...

— Как вам не стыдно? — с убийственным спокойствием спросил профессор и стал ждать ответа.

Студент побагровел от шеи до лба.

— Не успел, профессор. Работа срочная... заказ срочный...

— Меня меньше всего интересует ваш заказ. Если хотите, меня интересует человек, русский человек, который не удосужился прочитать величайшее национальное произведение. Очень интересует! — Вы сами пошли учиться?

Студент поднял на профессора грустные глаза.

— Сам, конечно.

— Как вы себе это представляли?

— Что?

— Учебу. В люди хотели выйти? Да?

Некоторое время смотрели друг на друга.

— Не надо, — тихонько сказал студент и опустил голову.

— Что не надо?

— Не надо, — тихонько сказал студент и опустил голову.

— Что не надо?

— Не надо так...

— Нет, это колоссально! — воскликнул профессор, хлопнул себя по колену и поднялся. — Это колоссально. Хорошо, я не буду так. Меня интересует: вам стыдно или нет?

— Стыдно.

— Слава тебе господи!

Они минуту молчали. Профессор ходил около доски, фыркал и качал головой. Он даже как будто помолодел от злости.

Студент сидел неподвижно, смотрел в билет. Минута была глупая и тяжкая.

— Спросите еще что-нибудь. Я же готовился.

— В каком веке создано «Слово»? — Профессор, когда сердился, упрямился и капризничал, как ребенок.

— В двенадцатом. В конце.

— Верно. Что случилось с князем Игорем?

— Князь Игорь попал в плен.

— Правильно! Князь Игорь попал в плен. Ах, черт возьми! — Профессор скрестил на груди руки и изобразил на лице великую досаду оттого, что князь Игорь попал в плен, и оттого, главным образом, что разговор об этом получился очень уж глупым. Издевательского тона у него не получалось — он действительно злился и досадовал, что вовлек себя и парня в эту школьную игру. Странное дело, но он сочувствовал парню и потому злился на него еще больше. — Ах, досада какая! Как же это он попал в плен?

— Ставьте мне, что положено, и не мучайтесь. — Студент сказал это резким тоном. И встал.

На профессора этот тон подействовал успокаивающе. Он сел. Парень ему нравился.

— Давайте говорить о князе Игоре. Как он там себя чувствовал? Сядьте, во-первых.

Студент остался стоять.

— Ставьте мне двойку.

— Как чувствовал себя в плену князь Игорь?! — почти закричал профессор, опять испытывая прилив злости. — Как чувствует себя человек в плену? Неужели даже этого не понимаете?!

Студент стоя, некоторое время непонятно, смотрел на старика ясными серыми глазами.

— Понимаю, — сказал он.

— Так. Что понимаете?

— Я сам в плену был.

— Так... То есть как в плену были? Где?

— У немцев.

— Вы воевали?

— Да.

Профессор внимательно посмотрел на студента, и опять ему почему-то подумалось, что автор «Слова» был юноша с голубыми глазами. Злой и твердый.

— Долго?

— Три месяца.

— Ну и что?

— Что?

Студент смотрел на профессора, профессор — на студента. Оба были сердиты.

— Садитесь, чего вы стоите, — сказал профессор. — Бежали из плена?

— Да. — Студент сел. Опять взял билет и стал смотреть в него. Ему хотелось скорей уйти.

— Как бежали? Расскажите.

— Ночью. С этапа.

— Подробней, — приказал профессор. — Учитесь говорить, молодой человек! Ведь это тоже надо. Как бежали? Собственно, мне не техника этого дела интересна, а... психологический момент, что ли. Как чувствовали себя? Это ведь горько – попасть в плен? – Профессор даже поморщился... – Вы как попали – то? Ранены были?

– Нет.

Помолчали. Немножко дольше, чем требуется для беседы на такую тему.

– А как же?..

– Попали в окружение. Это долго рассказывать, профессор.

– Скажите, пожалуйста, какой он занятой!

– Да не занятой, а...

– Страшно было?

– Страшно.

– Да, да. – Профессору почему-то этот ответ очень понравился. Он закурил. – Закуривайте тоже. В аудитории, правда, не разрешается, но... ничего...

– Я не хочу. – Студент улыбнулся, но тут же посерьезнел.

– Деревня своя вспоминалась, конечно, мать?.. Вам сколько лет было?

– Восемнадцать.

– Вспоминалась деревня?

– Я из города.

– Ну! Я почему-то подумал – из деревни. Да...

Замолчали. Студент все глядел в злополучный билет; профессор поигрывал янтарным мундштуком, рассматривал студента.

– О чем вы там говорили между собой?

– Где? – Студент поднял голову. Ему этот разговор явно становился в тягость.

– В плену.

– Ни о чем. О чем говорить?

– Черт возьми! Это верно. – Профессор заволновался. Встал. Переложил мундштук из одной руки в другую. Прошелся около кафедры. – Это верно. Как вас зовут?

– Николай.

– Это верно? Понимаете?

– Что верно? Студент вежливо улыбнулся. Положил билет. Разговор принимал совсем странный характер – он не знал, как держать себя.

– Верно, что молчали. О чем же говорить! У врага молчат. Это самое мудрое. Вам в Киеве приходилось бывать?

– Нет.

– Там есть район – Подол называется, – Можно стоять и смотреть с большой высоты. Удивительная даль открывается. Всякий раз, когда я стою и смотрю, мне кажется, что я уже бывал там когда-то. Не в своей жизни даже, а давным-давно. Понимаете? – у профессора на лице отразилось сложное чувство – он как будто нечаянно проговорился о чем-то весьма сокровенном и теперь, во-первых, опасался, что его не поймут; во-вторых, был недоволен, что проговорился. Он смотрел на студента с тревогой, требовательно и заискивающе.

Студент пожал плечами, признался:

– Как-то сложно, знаете.

– Ну, как же! Что тут сложного? – Профессор опять стал быстро ходить по аудитории. Он сердился на себя, но замолчать уже не мог. Заговорил отчетливо и громко: – Мне кажется, что я там ходил когда-то. Давно. Во времена Игоря. Если бы мне это казалось только теперь, в последние годы, я бы подумал, что это старческое. Но я и молодым так же чувствовал. Ну?

Повисла неловкая пауза. Два человека смотрели друг на друга и не понимали, что им, собственно, требуется сейчас выяснить.

— Я немного не понимаю, — осторожно заговорил студент, — при чем тут Подол?

— При том, что мне показалось очень точным ваше замечание насчет того, что — молчали. Я в плену не был, даже не воевал никогда, но под Подолом, я каким-то образом постигал все, что относится к войне. Я додумался, что в плену — молчат. Не на допросах — я мог об этом много читать, — а между собой. Я многое там узнал и понял. Я, например, много думал над вопросом: как бесшумно снимать часовых? Мне думается, их надо пугать.

Студент удивленно посмотрел на профессора.

— Да. Подползти незаметно и что-нибудь очень тихо спросить. Например: "Сколько сейчас времени, скажите, пожалуйста?" Он в первую секунду ошалеет, и тут — бросайся на него.

Студент засмеялся, опустив голову.

— Глупости я говорю? — Профессор заглянул ему в глаза.

Студент поторопился сказать:

— Нет, почему... Мне кажется, я понимаю вас.

"Врет. Не хочет обидеть", — понял профессор. И скис. Но счел необходимым добавить еще:

— Это вот почему: страна наша много воюет. Трудно воюет. Это почти всегда народная война и народное горе. И даже тот, кто не принимает непосредственного участия в войне, все равно живет теми же чувствами и заботами, какими живет народ. Я это не из книжек вычитал, сами понимаете. Я это чувствую и верю этому.

Долго после этого молчали — отходили. Надо было вернуться к

исходному положению: к «Слову о полку Игореве», к тому, что это великое произведение стыдно не прочитано студентом. Однако профессор не удержался и задал еще два последних вопроса:

— Один бежали

— Нет, нас семь человек было.

— Наверно, думаете: вот привязался старый чудак! Так?

— Да что вы! Я совсем так не думаю. — Студент покраснел так, как если бы он только что так именно и подумал. — Правда, профессор. Мне очень интересно.

Сердце старого профессора дрогнуло.

— Это хорошо, солдат. Это хорошо, что вы меня понимаете. «Слово» надо, конечно, прочитать. И не раз. Я вам подарю книжку… У меня как раз есть с собой… — Профессор достал из портфеля «Слово о полку Игореве», подумал. Посмотрел на студента, улыбнулся. Что-то быстро написал на обложке книги, подал студенту. — Не читайте сейчас. Дома прочитаете. Вы заметили: я суетился сейчас, как неловкий жених? — Голос у профессора и выражение лица были грустными. — После этого бывает тяжело.

Студент не нашелся, что на это сказать. Неопределенно пожал плечами.

— Вы все семеро дошли живыми?

— Все.

— Пишете сейчас друг другу?

— Нет, как-то, знаете…

— Ну, конечно, знаю. Конечно. Это все, дорогой мой, очень русские штучки. А вы еще «Слово» не хотите читать. Да ведь это самая русская, самая изумительная русская песня. «Комони ржуть за Сулою; звенить слава въ Кыевъ; трубы трубять въ Новьградъ; стоять стязи въ Путивль». А? – Профессор поднял кверху палец, как бы вслушиваясь в последний растаявший звук чудной песни. – Давайте зачетку. – Он проставил оценку, закрыл зачетку, вернул ее студенту. Сухо сказал: – До свиданья.

Студент вышел из аудитории. Вытер вспотевший лоб. Некоторое время стоял, глядя в пустой коридор. Зачетку держал в руке – боялся посмотреть в нее, боялся, что там стоит «хорошо» или, что еще тяжелее, – «отлично». Ему было стыдно.

«Хоть бы "удовлетворительно", и то хватит» – думал он.

Оглянулся на дверь аудитории, быстро раскрыл зачетку... некоторое время тупо смотрел в нее. Потом еще раз оглянулся на дверь аудитории, тихо засмеялся и пошел. В зачетке стояло: «плохо».

На улице он вспомнил про книгу. Раскрыл, прочитал: «Учись, солдат. Это тоже нелегкое дело. Проф. Григорьев».

Студент оглянулся на окна института, и ему показалось, что в одном он увидел профессора.

... Профессор действительно стоял у окна. Смотрел на улицу и щелкал ногтями по стеклу. Думал.

（选自《东方大学俄语7》）

该短篇中出现了诸如 Игорь（伊戈尔）、«Слово о полку Игореве»（《伊戈尔远征记》）、«Слово»（《远征记》）、"Комони ржуть за Сулою; звенить слава въ Кыевъ; трубы трубять въ Новьградъ; стоять стязи въ Путивль"（苏拉河畔战马萧萧，基辅城内钟传捷报；诺夫戈罗德吹起军号，普季夫尔战旗飘飘）这样的篇际单位信号和主人公函授生与伊戈尔公相似的战争经历、教授与大学生评价《伊戈尔远征记》的言辞、教授对战争的思考以及由战争而引发的议论、教授看着眼前的大学生而推测《伊戈尔远征记》的作者、教授询问大学生学业时的问话"В люди хотели выйти?"（想出人头地?）所折射出的篇际，以及教授给大学生的赠言："Учись, солдат. Это тоже нелегкое дело."（努力学习吧，好战士。学习也不是一件轻松事）等所设定的篇际成分。它们组合形成小说的多维空间场。

篇题是篇际的文眼。«Экзамен»（《考试》）的表层所指是Григорьев（戈利高里耶夫）教授给函授生Николай（尼古拉）进行的古典文学考试，深层所指是饱经战乱的俄罗斯人民在二战后面临挽回战争损失、重建家园的严峻考验和主人公尼古拉同时面临繁忙的工作与接受严格的大学教育的考验。这与《伊戈尔远征记》中主人公伊戈尔大公的遭遇具有内在联系。因而，可以认为篇题本身所包含的深厚思想内涵也是篇际单位影响的结果。以东方大学俄语教材编写者的观点，该短篇也可冠上 урок 篇题。从深层意义来看，урок（教训，经验教训）也与篇际主题在本质上有相通之处。

小说主人公古典文学教授戈利高里耶夫的精神世界一直生活在先例篇章《伊戈尔远征记》提供的历史感中，尤其是教授那一大段由战争引发的议论："Страна наша много воюет. Трудно воюет. Это почти всегда народная война и народное горе. И даже тот, кто не принимает непосредственного участия в войне, все равно живет теми же чувствами и заботами, какими живет народ."（我们国家打仗太多，打得很艰难。几乎都是全民战争，给人民带来了巨大灾难。甚至那些没有直接参与战争的人也与人民一起整个身心承受着同样的感受和忧虑）更是把人物、事件置于俄罗斯民族历史长河之中。

这样，篇际《考试》在小说情景、事件和形象上就与《伊戈尔远征记》深厚的历史文化蕴含建立起动态的图式映射联系。

篇际语义整合之所以能够丰富言语交际的情景、事件和形象，是因为篇际整合产生了语义的散点辐射和焦点联动关系。

9.2.5 篇际语义整合的关系

为了阐明篇际语义整合所形成的关系，我们可以从篇际语义整合类型入手。外显性篇际语义整合，表现为作者在篇际语义交际场作用下运用"他人言语"传达自己观点，实现自己的交际意图。这些"他人言语"散布于当前篇章的语言表层和语义里层，其中与篇际主题思想第一相关的言辞表达及其意义集中于篇际多重互主体（作者、篇际的人物、读者）之间你来我往的相互联系。这样，篇际单位的形式或内容就得到再现、强调和重构。隐含性篇际语义整合，表现为作者在篇际语义交际场作用下，针对某些思想观念发表自己的见解，或赞成，或反对，但都未明确表示自己观点的针对性或自己观点的来源，篇际单位虽未得到言辞表达，但却时不时地使交际主体感觉到它真实地存在着。被引用篇章与引用篇章在语义上具有千丝万缕的联系。被引用篇章映出篇际的存在。多个篇章的作者、读者、篇章内在形象之主体间的散点辐射（多个互主体在篇际线性表达上和篇际语义空间中的呈现特点）与焦点联动（多个主体在主要线性表达上的呼应和对比、在语义空间中的主要联系和对话）并存与并进。散点辐射与焦点联动都是篇际语义整合所形成的关系。没有散点辐射，篇际的语义会失去原本丰富而深邃的联想价值；没有焦点联动，篇际的语义就会失去整体交际意义。言语活动处在篇际语境影响之下，篇际对交际互主体产生认知或情感影响。篇际语义超越具体交际时、空的局限。因而，篇际整合表现出明显的发散性语义辐射关系和主要联系内部的聚集性联动。这种关系产生的语义张力，使篇际语义延伸到多重主体在主题方面的互动交际场，甚至延伸到多国社会历史文化语义交际场。我们还以《考试》（«Экзамен»）为例。

该短篇小说中«Слово о полку Игореве»（《伊戈尔远征记》）及其简称«Слово»（《远征记》）是先例篇章的篇题；князь Игорь（伊戈尔公）是先例篇章故事中主人公的名；"комони ржуть за Сулою - звенить слава въ Кыевь；трубы трубять въ Новъградь；стоять стязи въ Путивль."（苏拉河畔战马萧萧，基辅城内钟传捷报；诺夫戈罗德吹起军号，普季夫尔战旗飘飘）是先例篇段。这些篇题、主人公之名，还有先例篇段，共同显现出构成篇际的被引用篇章。具体分析如下。

«Слово о полку Игореве»(《伊戈尔远征记》)或«Слово»(《远征记》)使人想起基辅罗斯时一次伟大而悲壮的远征及记述这次远征的抒情史诗;"князь Игорь"(伊戈尔公)使人想起这次远征的主帅及其被捕和虎口脱险的历史命运;先例篇段第1部分——"苏拉河畔战马萧萧,基辅城内钟传捷报"(комони ржуть за Сулою - звенить слава въ Кыевь)(李锡胤译1991:16);根据《伊戈尔远征记》内容,伊戈尔和其弟伏谢沃罗德是擅自出征,基辅大公并不知情,捷报更无从谈起,推测应是写此次伊戈尔远征之前所发生的战役;先例篇段第2部分——"诺夫戈罗德吹起军号,普季夫尔战旗飘飘"(трубы трубять въ Новыградь; стоять стязи въ Путивль.)(李锡胤译1991:16)。伊戈尔远征的进军路线是从诺夫戈罗德出发,经普季夫尔向东南与从库尔斯克出兵的伏谢沃罗德会师,这部分是写伊戈尔远征的壮阔场面。该先例篇段实际上追写几代古罗斯大公争先恐后、卫土拓疆的历史事实。抚今追昔,《考试》小说主人公戈利高里耶夫教授这段饱含激情的引用,不仅激发尼古拉的爱国激情和求学自信,而且把小说语义内容发散到自强不息的民族历史长河。

再来看小说主人公戈利高里耶夫的心理活动。当函授生尼古拉抽到题签《伊戈尔远征记》,戈利高里耶夫教授就浮想联翩,从眼前的大学生,想到古时的教授,看着尼古拉回答问题时刚毅、严肃的面庞,想到《伊戈尔远征记》的作者一定是位非常年轻的小伙子。当发现尼古拉并没有认真地阅读作品正文,只看了一下序言时,戈利高里耶夫教授对尼古拉的上学动机产生怀疑,他问"В люди хотели выйти? Да?"(想出人头地吗?啊?)这句问话的意思不由得使人想起《伊戈尔远征记》中对公爵们把"针尖大的微利看成头等大事"(李锡胤1991:28)和对伊戈尔与其弟伏谢沃罗德"把先前的武功据为己有,把将来的勋业两人平分"(李锡胤1991:34)的议论。教授戈利高里耶夫启发大学生想象伊戈尔公在被捕后的感受,可大学生宁愿得二分,也不愿意顺着教授的思路往下想。老教授几乎喊叫着说道:"一个人被捕后什么感受?难道这你也不明白?!"大学生一双明亮的灰色眼睛有些不解地看着老教授,半晌才说:"我明白!"交谈中,老教授得知大学生有着与伊戈尔公相似的战争经历,打仗——被围——被捕——逃脱。老教授定睛看了一眼大学生,不知为什么心理又想到,《伊戈尔远征记》的作者是一个小伙子,有一双蓝色的眼睛,凶猛、坚强。老教授问大学生,在被捕后是否思念故乡、思念母亲,在敌营中谈论什么。大学生说,不谈论什么。老教授不由自主地谈起自己在基辅的波多儿(Подол)登高望远,神游太虚,想象自己回到伊戈尔公所处的基辅罗斯时代。他非常赞同大学生的看法,也就是,在敌方的监狱,人们沉默不语。老教授从没打过仗,但是一站在基辅波多儿举目远眺,他就明白了与战争有关的一切,他不禁想到,战争中人们沉默不语。他苦思冥想怎样悄无声息地干掉哨兵然后逃出敌营。

这些情景中的篇际内容,尤其是小说人物——主人公戈利高里耶夫教授心理活动所反映的篇际内容散而不乱,聚而不僵,使小说语义伸展至广阔的历史大背景,形成了该篇际语义整合的散点辐射和焦点联动关系。人们借助这一语义关系认识到灾难深重的俄罗斯人民自强不息的性格特征。

9.2.6　篇际语义整合的效应

篇际语义整合效应,表现为篇际通过发散性的语义辐射关系把作品纳入更为广阔的社会文化认知语境,增加作品深厚的人文蕴涵,强化对受话人的感染力和说服力。

从信息交流的角度来看,说话人或写作者借助篇际机制对信息进行编码,并有意识或无意识地提示听话人或读者,促进听话人或读者可以利用篇际机制弥补作品中不足的信息;听话人或读者接收信息后恢复篇际的表达和内容要素,在对篇际相关成分的分析对比中,通过篇际语言机制推理来理解作品的语义信息。听话人或读者可能把并没有被说话人或写作者联想到的篇章纳入自己的理解,从而形成听话人或读者特有的篇际信息交流。正因为这一点,接受理论才认为文本(作品)最终靠读者完成。这也是篇际语义整合效应能够吸引我们进行深入探讨的一个原因。我们还以《考试》为例。

该短篇小说的情节极其简单。一场文学考试，函授生尼古拉因工作忙，未做好迎考准备，戈利高里耶夫教授非常生气，给他打分不及格，并勉励他好好学习。作者能够把这样一个看似简单的事件描绘得深刻、隽永，令人深思，耐人寻味，可以说，原因绝不是单一的。有一点却肯定无疑，即篇际语义整合，形成的语言文化体验生活的总体效应。

作者选取古典文学名著《伊戈尔远征记》作为考试的题目，可谓独具匠心。因为，该先例篇章（被引用篇章）有利反映主人公函授生尼古拉和戈利高里耶夫教授独特的精神世界。先例篇章的篇题、对先例篇章的评价、先例篇章的主人公、先例篇段把具有深厚历史蕴含的情景、人物形象和事件引入篇际整合。《考试》主人公尼古拉与《伊戈尔远征记》主人公伊戈尔公相似的战争经历和戈利高里耶夫教授对战争的思考及由此引发的议论，揭示该小说篇际与《伊戈尔远征记》相通之处，把被引用篇章所表达的强烈爱国主义感情融入篇际语义，建构小说作品的整体性。

主人公尼古拉和戈利高里耶夫教授的对话，占小说篇章的2/3强。两人对话中所反映的先例篇章单位，对揭示主人公的心理世界、塑造生动、鲜明的人物形象，意义重大。俗话说"言为心声"，小说正是通过对话反映的先例成分反映主人公戈利高里耶夫教授的精神世界，丰富了篇际的思想内涵，拓展篇际的多维语义场，使作品人物形象更加丰满、鲜明。

我们选取几个有代表性的对白。当尼古拉说工作紧，任务急，没有来得及读作品正文时，教授说："我对您的任务，没兴趣。如果您愿意，我感兴趣的是一个人，一个俄罗斯人，他无暇阅读最伟大的民族作品。"当学生针对教授的提问回答"伊戈尔公被俘"时，教授说："Правильно! Князь Игорь попал в плен. Ах, черт возьми! .. Ах, досада какая! Как же это он попал в плен?"（对！伊戈尔公被俘了。唉，真见鬼！……唉，真糟糕！他这怎么会被俘呢？）

当教授从交谈中得知，与尼古拉一起从德军手中逃生的7个人现在不相互通信时，他说："Это все очень русские штучки. А вы ещё «Слово» не хотите читать. Да ведь это самая русская, самая изумительная русская песня."（这都是些极具俄罗斯特色的事。而你还不读《伊戈尔远征记》。要知道这是最具俄罗斯味的、最精彩的俄罗斯之歌。）他接着引用了《伊戈尔远征记》中的一段"苏拉河边战马萧萧，基辅城内钟传捷报；诺夫戈罗德吹起军号，普季夫尔战旗飘飘"（李锡胤1991：16）。从表层来看，这两段引用旨在激发学生阅读古典文学的兴趣，从深层来看，则是借古人争相建功立业的精神，说明俄罗斯人民为挽回战争的损失在各自工作中默默奋斗、自强不息。

小说并没有写战争的残酷和战争给国家带来的巨大损失、给民众带来的不幸。但是小说中的被引用篇章成分通过篇际语义整合把读者的思绪引入俄罗斯民族世代所遭受的战争和不幸。读者不再把该小说看作一次简单的文学考试，而是受了一堂爱国主义教育课，感受到世代遭受战争之苦的俄罗斯人民多么珍惜战后的和平生产、生活，多么热爱多灾多难的祖国。也许有人认为小说中并没有表达诸如"强烈的爱国主义感情""为挽回战争的损失在各自工作中默默奋斗、自强不息"等意思，但只要是凭篇际语言材料所得出的结论，就有一定的价值，能够说明篇际语义整合产生的影响超越了被引用篇章作者或说话人的交际目的；（篇际）读者或受话人心灵深处受到震撼，情绪受到感染，产生了较大的篇际语义整合效应。

结　语

语义整合研究——篇章语义多维度系统分析，是从线性语言单位层级得出篇章的非线性多维空间语义场，是依据语言单位多层级体系概念和表达篇章基本语义要素的语言单位所指的多层性概念，通过把握单层次语言单位、多层次语言单位层级体系分别与篇章语义整合的动态分析过程，弄清篇章整体性和篇章多维空间语义场。

篇章语义语音整合产生篇章语音意义。篇章语义语音整合机制在于人的生理机能借助通感把人的情感之间的客观关系与篇章语音音响紧密结合。篇章语义语音整合主要生成类型有：①语词联系，②动觉联系，③声学联系。篇章语义语音整合功能表现为篇章整体结构中的音素（串）产生象征意义，有助于塑造人物形象。篇章中的主导音型产生类似语义链的音义联想链，表现篇章语音组织的语义结构特点。篇章语义语音整合形成语音组织结构，通过语音联想产生象征意义，塑造人物形象，产生感染力，从感觉、知觉、情感等方面影响朗诵者和听众。

篇章语义形素整合是指形素在篇章语境中常以形素个人用法或形素重复的方式表达和凸显篇章基本语义要素。篇章语义形素整合机制，表现为依据相同语义结构或形式结构的构词模式，实现形素的某个特定意义，表达篇章基本语义要素。篇章语义形素整合生成类型有形素的作者个人用法和形素重复两种。通过篇章语境凸显和组织特定形素及其意义，体现篇章主题、思路、评价、言语风格等范畴和宏观框架结构。篇章语义形素整合形成反映篇章词素语义结构的语义流。读者依据以形素作者个人用法和形素重复为标记手段所形成的篇章形素语义流理解篇章基本语义要素，把握篇章多维空间语义场，形成篇章语义形素整合效应。

篇章语义词整合是指篇章语境对词义素的选择和重组。篇章语义词整合的生成机制表现在词汇义素相互组合，形成实现篇章交际意图的多维空间语义场结构。篇章语义词整合的生成类型可分为由反映篇章主题和思路的词所构成的篇章题旨整合、由反映篇章时—空的词所构成的篇章时空整合和由反映篇章行为的词所形成的篇章行为整合以及由反映篇章情感、评价的词所构成的篇章风格整合。篇章语义词整合的功能，不仅表现为篇章通过词形的整合表达共同的主题思想、构成衔接篇章的时—空概念，形成适合表达篇章总体思想的言语风格，而且表现为词在篇章语境作用下获得语言系统中所没有的意义、用法。篇章语义词整合形成篇章中词形的题旨语义网、篇章中词形的时—空语义网和篇章中的行为语义网以及篇章中的活动语义场等语义结构关系。篇章语义词形的整合形成的多维空间语义是一种语义空间场。场具有能量。这种能量来自人的意识所产生的主观能动性。词把人的能量释放出来，影响人们改造世界的活动。

篇章语义句素整合，表现为句素语义范畴所表达的语义内容和语义信息与篇章语义内容和语义信息相互依存。篇章中各个不同句素的语义范畴相互依从，体现篇章基本语义要素。句素语义范畴的对立语义特征和区别语义特征是产生篇章语义整合生成机制的语言学依据。篇章作者通过实现句素语义范畴特征的对比、照应或多次重复，实现篇章语义句素整合的生成。篇章语义句素整合生成类型可分为对情景的直观再现描述和信息传递两大类。前者可分为叙述和描写，后者可分为事实叙述、事实描写、事实逻辑说明、思想分类评价和思想逻辑概括。句素范畴内容在篇章语境综合因素作用下产生新的语义特征，这表现了篇章句素的语义整合功能。篇章语义句素整合形成了诸如时间序模、空间序列等语义关系。篇章语义句素整合对理解所产生的影响形成篇章句素语义的整合效应。

篇章语义语句整合表现在两点，第一，篇章对语句施加影响，激活语句原来隐蔽的意义，甚至使其产生新的意义；第二，篇章的语义由语句语义而来，篇章中所有语句不仅在形式和语义上，在交际层和所指层各自形成篇章全文在整体上的统一性，而且服从作者篇章全文交际意图，相互交织融为一体，形成篇章整体连贯表征的形象体系，完成篇章全文的语用功能。Сахарный Л. В 和 Стрекаловская С. И. 提出的篇章多层次主—述题结构化揭示了篇章语义语句整合的生成机制。篇章语义语句整合类型可分为叙述、议论、描写和说明。篇章语义语句整合功能表现在篇章中某些看似与表达主题思想无关甚至矛盾的语句，在篇章影响下，实则在深层意义上为表达主题思想服务。篇章语义语句整合形成的语义空间场关系是具体世界和观念、情感世界多维度现实在篇章中的反映。篇章语义语句整合把语句的外显意义和隐含意义有机结合形成反映具体世界、观念世界和情感世界的多维空间语义场结构，从观念、情感和思维方式等方面对理解篇章的人产生影响。

篇章中各个篇素有机融合，紧密相连，创造篇章事物、人物形象，表达篇章思想观念，传递作者理念。篇章语义篇素整合生成机制具体地表现为：根据整体情景的语义逻辑、篇章交际意图选择必要的篇素；根据整体情景之间的关系、篇章交际策略决定必要篇素的排列顺序；按照篇章交际意图、交际策略的要求，呈现篇素间的共同语义。根据篇章整合的依据，可分出依据时间序模关系、空间顺序进行的篇素整合和依据因果关系等语义逻辑进行的篇素整合以及混合型篇素整合四类。篇章语义篇素整合功能，典型地表现为篇素整合创造篇章作者形象。篇素整合形成反映篇章多维空间结构的语义场关系。读者依据篇章语义场关系图式，即篇章构造理解篇章思想，形成自己的理念。

所谓篇章语义多层级整合，是指在同一篇章中多个层级语言单位相互联系，综合作用，形成篇章整体性和篇章多维空间语义场。篇章整合，若从理解角度来看，语言单位是进入篇章语境的手段，人的思维借助语言单位从篇章言辞、情景和社会文化等外部语境开始，深入交际者先有的语言和非语言经验、有意识和无意识经验，进而形成由篇章读者个体的知觉、认知、情感、评价等构成的放射状内部语境，外、内部语境有机结合最终形成篇章多维认知空间；若从篇章生成的角度来看，发话人为了达到一定的交际意图，就要把自己的知觉、认知或情感、评价、信念等观念内容信息，通过思维借助语言单位反映在篇章的言辞语境，在情景语境和社会文化语境的影响下，发话人选择相应的语言单位，构筑篇章实体。篇章语义整合的多层级分析，从整合的依据来看，可分为两类：第一，依据几个事件形成的总体情景或客观存在或虚拟存在的活物世界若干片段的组合；第二，依据物体世界或观念世界若干片段组合。第一类典型地显示在文学语体篇章的整合，第二类显示在以科技文为典型代表的非文学篇章的整合。篇章语义整合的多层级分析功能，是指篇章通过多层级系统整合实现作品的整体性和多维空间语义场结构。篇章语义是运用多层次语言单位层级体系综合表达的多维整体结构。篇章的语义整合机制如下：语言单位在各自的言语语境作用下积累与篇章表达的信息一致的基本语义；交际活动把这些基本语义连续不断地编织进新的语义构成，组成篇章多条语义链（语义流、连续体、序模）；语义流相互交错，形成语义网；在形成语义网的同时，语义流沿人的认知交际活动螺旋式移动，形成篇章整合的多维空间语义场。篇章作为交际活动，涉及作者、读者两个篇外交际主体。作者把自己的世界观、人生理想、生活经验、审美观等通过语言单位多层级体系反映在篇章中，读者借助语言单位多层级体系理解篇章语义内容，体会篇章韵味，挖掘篇章思想内涵，获取篇章语义信息，身心都受到影响和感染。

篇际语义整合，是指在篇际单位的语境作用下完成作品的谋篇布局及其思想观念的综合构筑。篇际语义整合的生成机制表现如下：篇际语义整合，指在篇际语义场作用下，借助篇际基本语义要素及其组合形成作品的语义内容和信息。篇际语义整合可分为隐含型和外显型两大类。篇际语义整合不仅参与创造作品多维空间语义场，而且丰富交际情景、事件和形象。篇际语义整合，表现出明显的语义辐射关系，甚至伸展至跨文化语义交际场，极大地增加了作品深厚的文化底蕴，增强了感染力和说服力。

运用语言单位多层级体系分析篇章语义整合，提供系统方法对篇章语义空间的多维性进行多层面多角度分析，认识篇章语义。依据有形且并不陌生的可靠手段——语言单位，有凭有据，有效地系统把握无形的心理意识活动——篇章语义整合，从实践角度深化了对音素、形素、词形、句素、语句、篇素、篇章、篇际的语义特性之认识，在篇章视野下细化了对这些单位的分类；从语言交际、认知角度分析篇章对作为交际活动机制的各个语言单位层次进行语义整合的概念、机制、类型、功能及其所产生的语义关系和由多维语义空间的场能量所产生的效应——对受话人的全方位影响。这是极富前景的研究领域。我们对篇章语义整合多层级系统分析的认识还需进一步深入研究，使其更趋完善。

参考文献

［1］Алпатов В. М. О двух подходах к выделению основных единиц языка［J］. ВЯ., 1982, №6.

［2］Андреева Е. С. Диалектика текста［M］. М., Эдиториал УРСС, 2001.

［3］Арутюнова Н. Д. Предложение и его смысл, логикосемантические проблемы［M］. М., наука, 1976.

［4］Арутюнова Н. Д. Номинация и текст［M］. Языковая номинация, М., Наука, 1977.

［5］Арутюнова Н. Д. Дискурс［Z］. БЭС языкознание, М., Большая Российская энциклопедия, 1998.

［6］Баранов А. Г. Проблемы методологии исследования текста［С］. - Принципы и методы исследования в филологии, конец XX века. Санкт-петербург-Ставрополь, Издатедьство С. - петербургский Государственный университет, 2001.

［7］Березин Ф. М., Головин Б. Н. Общее языкознание［M］. М., Просвещение, 1979.

［8］Блох М. Я. Парадигматический синтаксис и лингвистика［С］. - Грамматика и Перевод. М., 1988.

［9］Богушевич Д. Г. Единицы. Функция. Уровень［M］. Минск, Вышэйшая школа, 1985.

［10］Болдырев Н. Н., Беседина Н. А. Когнитивные механизмы морфологической репрезентации в языке［J］. Известия РАН. Серия лит. и яз., 2007, №1.

［11］Бондарко А. В. Проблемы грамматической семантикм и русской аспектологии［M］. Санкт-Петербург, С. - петербургский университет, 1996.

［12］Бондарко А. В. Функциональный анализ категорий грамматики, предмет и метод［C］. Проблемы функциональной грамматики категории морфологии и синтаксиса в высказывании. Санкт-Петербург, Наука, 2000.

［13］Бондарко А. В. Основы функциональной грамматики［M］. СПб., Издательство С. - петербурского университета, 2001

［14］Бондарко А. В. Теория значения в системе функциопальной грамматики, на материале русского языка［M］. Рос. Академия наук. Ин-т лингвистических исследований. М., Языки славянской культуры, 2002.

［15］Брик О. М. Звуковые повторы［C］. - Русская словесность Антология, М., Academia, 1997.

［16］Булыгина Т. В., Крплов С. А. 1998. Категория языковая; Понятийные категории［Z］. БЭС языкознание. М., Большая Российская энциклопедия, 1998.

［17］Валгина Н. С. Теория текста, учебное пособие［M］. М., Логос, 2003.

［18］Верещагин Е. М., Костомаров В. Г. Язык и культура［M］. М., Русский язык, 1990.

［19］Виноградов В. В. Стилистика. Теория поэтической речи. Поэтика［M］. М., Наука, 1963.

［20］Воронин С. В. Звукоподражание; Звукосимволизм［Z］. БЭС языкознание. М., Большая российская энциклопедия, 1998.

［21］Всеволодова М. В. Теория функционально-коммунистического синтаксиса［M］. M. , Издательство МГУ, 2000

［22］Гальперин И. Р. Информативность единиц языка［M］. M. , Высшая школа, 1974.

［23］Гальпериы И. Р. Интеграция и завершенность тектса［J］. Известия, АН СССР СЛЯ. , 1980, №6.

［24］Гальперин И. Р. Текст как объект лингвистического исследования［M］. M. , Наука, 1981.

［25］Гаспаров М. Л. Ритмико-синтаксическая формульность в русском 4-стопном ямбе［C］. Проблемы структурной лингвистики, M. , 1986.

［26］Горелов И. Н. , Седов К. Ф. Основы психолингвистики［M］. M. , Лабиринт, 1998.

［27］Горожанкина Л. В. Моделирование содержательной информации художественного текста［C］. Коммуникативнопрагматическая семантика Сборник научных трудов. Волгоград, Перемена, 2000.

［28］Горшков А. И. Лекции по русской стилистике［M］. M. , Издательство Литературного института им. А. М. Горького, 2000.

［29］Дымарский М. Я. Дейктический модус текста и единицы текстообразования［C］. - Проблемы функциональной грамматики. Санкт-Петербург, Наука, 2000.

［30］Дымарский М. Я. Возвращаясь к типологии синтаксических связей［J］. Мир русского слова, 2008, №1

［31］Журавлев А. П. Фонетическое значение［M］. Ленинград, Ленинградский Университет, 1974.

［32］Залевская А. А. Введение в психолингвистику［M］. M. , Российский государственный гуманитарный университет, 2000.

［33］Залевская А. А. Некоторые проблемы теории понимания текста［J］. Вопросы языкознания, 2002, №3.

[34] Звегинцев В. А. О цельнооформленности единиц текста [J]. Известия АН СССР, СЛЯ, 1980, №1.

[35] Золотова Г. А. Коммуникативные аспекты русского синтаксиса [M]. М., Наука, 1982.

[36] Золотова Г. А. Опыт лингвистического анализа текста [J]. Русскпй язык за рубежом, 1986, №5.

[37] Золотова Г. А. Синтаксический словарь [Z]. М., Наука, 1988.

[38] Золотова Г. А. Краткий справочник по современному русскому языку [M]. М., Высшая школа, 1995.

[39] Золотова Г. А. Говорящее лицо и структура текста [C]. – Сб. статей Язык-система. Язык-текст. Язык – способность. институт русского языка РАН. М., 1995.

[40] Золотова Г. А., Онипенко Н. К., Сидорова М. Ю. Коммуникативная грамматика русского языка [M]. М., Издательство МГУ, 1998.

[41] Золотова Г. А. Категории времени и вида с точки зрения текста [J]. ВЯ, 2002, №3.

[42] Каменская О. Л. Текст и коммуникация [M]. М., Высшая школа, 1990.

[43] Караулов Ю. Н. Русский язык и языковая личность [M]. М., Издательство научной и учебной литературы, 2002.

[44] Кобозева И. М. Лингвистическая семантика [M]. М., Эдиториал УРСС, 2000.

[45] Ковтунова И. И. Вопросы структуры текста в трудах Акад. В. В. Виноградова [C]. – Русский язык Текст как целое и компоненты текста. М., Наука, 1982.

[46] Костомаров В. Г., Бурвикова Н. Д. Как тексты становятся прецедентными [J]. Русский язык за рубежом, 1994, №4.

[47] Костомаров В. Г., Бурвикова Н. Д. Старые мехи и молодое вино [M]. М., Языки русской культуры, 2000.

[48] Красных В. В. Этнопсихолингвистика и лингвокультурология [M]. М., Гнозис, 2002.

[49] Кривоносов А. Т. «Текст» и логика [J]. Вопросы языкознания, 1984, №3.

[50] Кронгауз М. А. Приставки и глаголы в русском языке [M]. М., Языки русской культуры, 1998.

[51] Кронгауз М. А. Семантика [M]. М., Рос. гос. гуманит. ун-т., 2001.

[52] Кубрякова Е. С. Образы мира в сознании человека и словообразовательные категории как их составляющие [J]. Известия РАН. Серия лит. и яз., 2006, №2.

[53] Лаптева О. А. Дискретность в устном монологическом тексте [C]. - Русский язык Текст как целое и компоненты текста. М., Наука, 1982.

[54] Лаптева О. А. К обсуждению теории рус. лит. яз. и моделированию его структуры [C]. -Облик слова. М., институт рус. я. РАН оригинал-макет, 1997.

[55] Лаптева О. А. Современная русская научная речь том IV тексты [M]. М., Эдиториал УРСС, 1999.

[56] Левицкий В. В. Фонетическая мотивированность слова [J]. Вопросы языкознания, 1994, №1.

[57] Левицкий Ю. А. Проблема типологии текстов [M]. Пермь, Издательство Пермского университета, 1998.

[58] Ломоносов М. В. Риторика [C]. Полное собрание сочинений том I, Москва-Ленинград, 1952.

［59］Лопатин В. В. Словообразовательные средства субъективно-оценочной прагматики высказывания и текста［С］. - Русский язык Языковые значения в функциональном и эстетическом аспектах. М. , Наука, 1987.

［60］Ляпон М. В. Структура отношения и ситуативные условия его реализации в сложном предложении［С］. - Русский язык Текст как целое и компоненты текста. М. , Наука, 1982.

［61］Матвеева . Функциональные стили в аспекте текстовых категорий［М］. Свердловск, И здательство урал. ун-та. , 1990.

［62］Мерлин В. В. К определению метрико-семантической традиции［стихотворение А. Блока «зачатый в ноль, я в ночь рожден... »］［С］. - Индивидуальность авторского стиля в контексте развития литературной формы. Алма-Ата, 1986.

［63］Мурзин Л. Н. ; Штерн А. С. Тевст и его восприятие［М］. Свердовск, Изд-во Урал. ун-та, 1991.

［64］Николаева Т. М. Единицы языка и теория текста［С］. - Исследования по структуре текста. М. , Наука, 1987.

［65］Николаева Т. М. Теория текста. Текст［Z］. БЭС языкознание. М. , Большая российская энциклопедия, 1998.

［66］Николаева Т. М. От звука к тексту［М］. М. , Языки русской культуры, 2000.

［67］Никитин М. В. Курс лингвистической семантики［М］. Санкт-петербург, научный центр проблем диалога, 1996.

［68］Новиков Л. А. Художественний текст и его анализ［М］. М. , Русский язык, 1988.

［69］Новиков А. И. Семантика текста и ее формализации［М］. М. , Наука, 1983.

[70] Новиков А. И. Доминантность и транспозиция в процессе осмысления текста [C].

[71] Проблемы прикладной лингвистики. 2001. М., Азбуковник, 2002.

[72] Онипенко Н. К. Синтаксическое поле русского предложения и модель субъектной перспективы текста [C]. Коммуникативно-смысловые параметры грамматики и текста. М., Эдиториал УРСС, 2002.

[73] Падучева Е. В. Принцип композиционности в неформальной семантике [J]. ВЯ, 1999, №5.

[74] Петрухина Е. В. Особенности употребления и семантики видов в повествовательных текстах [C]. – Проблемы функциональной грамматики категории морфологии и синтаксиса в высказывании. Санкт-петербург, Наука, 2000.

[75] Попов Ю. В., Трегубович Т. П. Текст, структура и семантика [М]. Минск, вышейшая школа, 1984.

[76] Почепцов Г. Г. Семиотика [М]. Рефл-бук Ва-клер, 2002.

[77] Пстыга А. Фраземы в публицистике как интертекстуальное явление [C]. – Слово. Фраза. Текст. М., Азбуковник, 2002.

[78] Родионова О. С. Единицы членения текста [C]. – Единицы языка и их функционирование, Межвуз. сб. науч. тр.. Саратов, Изд-во Научная книга, 2003.

[79] Савченко О. В. Композиционные функции перфекта прошедшего времени английского и французского языков в структуре текста [C]. – Теоретические и практические аспекты лингвистики и лингводидактики. Сургут, Издательство СурГу, 2002.

[80] Сахарный Л. В, Стрекаловская С. И. Многоуровневое темарематическое структурирование текста у больных с афазией [C]. – Семантика и коммуникация. Санкт-петербург, Издательство С. –

петербургского университета, 1996.

［81］Седов К. Ф., Тюлякова О. А. Прагмо-семиотическая интерпретация художественного текста［С］. - Художественный текст, онтология и интерпретация. Саратов, Саратовский университет, 1992.

［82］Скороходько Э. Ф Семантические сети и автоматическая обработка текста［М］. Киев, Наукова думка, 1983.

［83］Славкин В. В. О некоторых особенностях пространственно-временного континуума в тексте［J］. 外语学刊, 1988, №4.

［84］Солганик Г. Я. Стилистика текста［М］. М., Флинта-наука, 2001.

［85］Степанов Г. В. Несколько замечаний о специфике художественного текста［С］. - Сб. Научные труды МГПИИЯ вып. 103, 1976.

［86］Степанов Ю. С. Интертекст, интернет, интерсубъект［J］. Известия АН серия литературы и языка, 2001, №1.

［87］Султанов А. Х. Слово как вещь, явленная в смысле［С］. - Проблемы прикладной лингвистики-2001. М., Азбуковник, 2002.

［88］Супрун А. Е. Текстовые реминисценции как языковое явление［J］. ВЯ, 1995, №6.

［89］Татару Л. В. Пространственная точка зрения и структура повествовательного текста, лингво-когнитивный аспект［J］. Филологические науки, 2008, №1.

［90］Топоров В. Н. Пространство и текст［С］. - Текст, семантика и структура. М., Наука, 1983.

［91］Торсуева И. Г. Современная проблематика интонационных исследований［J］. Вопросы языкознания, 1984, №1.

［92］Тураева З. Я. Лингвистика текста［М］. М., Просвещение, 1986.

［93］ТФГ - Теория функциональной грамматики［С］. Л., 1987.

[94] Чебанов С. В. и другие. Семиотика описательных текстов. Типологический аспект [M]. сПб., Изд-во С-Петерб. ун-та, 1999.

[95] Чернейко Л. О. Смысловая структура художественного текста и принципы ее моделирования [C]. - Коммуникативно-смысловые параметры грамматики и текста. М., Эдиториал УРСС, 2002.

[96] Чернухина И. Я. Поэтическое речевое мышление [M]. Воронеж, Воронежский Государственный университет, 1993.

[97] Чередниченко И. В. Структурно-семиотический метод тартуской школы [M]. СПб., Золотой век, 2001.

[98] Чугунова С. А. Различные теоретические подходы в исследованиях специфики формирования образного строя текста в процессах его понимания [C]. - Психолингвистические исследования, слово и текст сб. Науч тр.. Тверь, Твер. гос. ун-т, 2002.

[99] Ширяев Е. Н. В поисках путей исследования логиграмматических типов предложения [C]. Язык - система. Язык - текст. Язык - способность. Сб. статей, институт русского языка РАН. М., Оригинал-макет, 1995.

[100] Щерба Л. И. Языковая система и речевая деятельность [M]. Л., Наука, 1974.

[101] Якобсон Р. О. Лингвистика и поэтика [C]. Структурализм «за» и «против». М., Наука, 1975.

[102] Якобсон Р. Избранные работы по лингвистике [C]. Благовещенск, Благовещенский Гуманитарный колледж, 1998.

[103] Якубинский Л. П. О звуках стихотворного языка [C]. - Русская словесность Антология. М., Academia, 1997.

[104] Kaplan, Robert B. Cultural Thought Patterns in Intercultural Education [J]. Language Learning, VOL XVI nos. 1 and 2, 1966.

[105] Gee, James Paul. An Introduction to Discourse Analysis, Thoery and

Method [M]. 话语分析入门：理论与方法. 北京：外语教学与研究出版社. 劳特利奇出版社，2000.

[106] 巴赫金. 文本 对话与人文 [M]. 白春仁等译. 石家庄：河北教育出版社，1998.

[107] 白春仁. 比较修辞鸟瞰 [J]. 中国俄语教学，1990（2）.

[108] 陈嘉映. 语言哲学 [M]. 北京：北京大学出版社，2003.

[109] 邓军. 篇章的逻辑语义分析 [M]. 哈尔滨：黑龙江教育出版社，1997.

[110] 郭淑芬. Всеволодова 的语句模型观 [J]. 外语学刊，2002（2）.

[111] 胡壮麟. 语篇的衔接与连贯 [M]. 上海：上海外语教育出版社，1994.

[112] 华劭. 关于语言单位及其聚合关系和组合关系问题 [C]. 俄语语法学论丛，哈尔滨：黑龙江大学俄语研究所 俄语系，1987.

[113] 华劭. 语言经纬 [M]. 北京：商务印书馆，2003.

[114] 黄国文. 语篇分析概要 [M]. 长沙：湖南教育出版社，1988.

[115] 黄苏华. 俄罗斯诗歌中的拟人化手法——从俄语名词的性范畴谈起 [J]. 外语学刊，2002（2）.

[116] 李勤. 俄语不确定/确定范畴：语言手段及其言语功能 [M]. 上海：上海外语教育出版社，1998.

[117] 林大津. 国外英汉对比修辞研究及其启示 [J]. 外语教学与研究，1994（3）.

[118] 廖秋忠. 篇章与语用和句法研究 [J]. 语言教学与研究，1991（4）.

[119] 罗纳德·兰艾克. 认知语法十讲 [M]. 北京：外语教学与研究出版社，2007.

[120] 诺曼·费尔克拉夫. 话语与社会变迁 [M]. 殷晓蓉，译. 北京：华夏出版社，2003.

[121] 皮亚杰. 结构主义 [M]. 倪连生, 王琳, 译. 北京: 商务印书馆, 1996.

[122] 钱冠连. 语言全息论 [M]. 北京: 商务印书馆, 2002.

[123] 钱文彩. 语篇对比若干问题的思考 [C]. 对比语言学论文集, 北京: 外语教学与研究出版社, 1992.

[124] 荣格. 分析心理学的理论与实践 [M]. 成穷, 王作虹译. 北京: 生活·读书·新知三联书店, 1997.

[125] 王福祥. 话语语言学概论 [M]. 北京: 外语教学与研究出版社, 1994.

[126] 王宗炎. 英汉应用语言学词典 [Z]. 长沙: 湖南教育出版社, 1998.

[127] 王振华. 马丁论篇章格律 [C]. 语篇·语言功能·语言教学, 广州: 中山大学出版社, 2002.

[128] 王永. 俄语口语语气词功能研究 [M]. 北京: 外语教学与研究出版社, 2005.

[129] 姚小平. 洪堡特——人文研究和语言研究 [M]. 北京: 外语教学与研究出版社, 1995.

[130] 杨炳钧. 整合语言学概观 [J]. 外语教学与研究（外国语文双月刊）, 2004 (2).

[131] 约翰·泰勒. 应用认知语言学十讲 [M]. 北京: 外语教学与研究出版社, 2007.

[132] 张维友. 语篇构架中的特殊词汇——准实义词 [C]. 语篇·语言功能·语言教学, 广州: 中山大学出版社, 2002.

[133] 赵秋野. 心理语言学与外语教学 [C]. 哈尔滨: 黑龙江人民出版社, 2007.

[134] 周小成. 篇章语音整合 [j]. 中国俄语教学, 2003 (4).

[135] 周小成. 语音意义 [j]. 外语研究, 2004 (5).

语料来源

［1］ Andrei Voznesensky. Antiworlds and *The Fifth Ace* ［M］. Bilingual edition, Anchor Books, City, NY, Doubleday & Company Inc. Garden, 1967.

［2］ Антология русский поэзии. http：//www.stihi－rus.ru/page3.htm

［3］ Баранов М. Т. Русский язык：Справ. материалы 6-е изд. ［M］. Москва, Просвешение, 1993.

［4］ Блок А. Стихотворения и поэмы ［M］. Москва, Государственное Издательство художественной литературы, 1969.

［5］ Булгаков М. А. Белая гвардия. М., 1998.

［6］ Гедымин А. Рассказы ［J］. Дружба Народов, 2003, №6.

［7］ Генш К. Пекин и Северный Китай ［M］. Москва, Восток-Запад, 2006.

［8］ Горький М. Избранные сочинения ［C］. Москва, Художественная литература, 1986.

［9］ Дружба народов ［J］ Декабрь 2003г., №6.

［10］ Есенин С. Сочинения в двух томах ［M］. Москва, Государственное Издательство художественной литературы, 1956.

［11］ Известия ［N］. 3-е октября 2003г.

［12］ Исаковский М.. Собрание сочинений в пяти томах ［C］. Москва, Художественная литература, 1981.

［13］Крокодил［J］. Январь 2003г. , №2.

［14］Маяковский В. Всемирная библиотека поэзии. Избранное［M］. Ростов‐на‐Дону, Издательство Феникс, 1997.

［15］Молодёжная эстрада［J］. Октябрь-ноябрь 2002г. , №10－11.

［16］Молодёжная эстрада［J］. Март-апрель-май 2003г. , №3－4－5.

［17］Нагибин Ю. М. Зимний дуб［A］. 北京外国语学院俄语系. 当代俄罗斯文学原著选读［C］. 北京：外语教学与研究出版社, 1985.

［18］Новый мир［J］. Август 2003г. , №8.

［19］Паустовский К. Г. Михайловские рощи：Повесть и рассказы［C］. Ярославль, Верхне-Волжское кн. изд-во, 1982.

［20］Пильняк Б. Повесть непогашенной луны［M］. Москва, Издательство "Книжная палата", 1989.

［21］Почепцов Г. Г. Семиотика［M］. Рефл‐бук Ва‐клер, 2002.

［22］Рерих Н. К. Берегите старину［M］. Москва, Междурародный Центр Рерихов, 1993.

［23］Рубин Д. Вот идет мессия!..［M］. Иерусалим, 1995-1996 гг.

［24］Семья и школа［J］. Август 2003г. , №4

［25］Семья и школа［J］. Октябрь 2003г. , №5

［26］Ставицкий В. Сто лучших поэтов России：Сборник в 2 т.［M］. Москва, ЗАО "Масс Информ Медиа", 2002.

［27］Толстой Л. Казанская повесть［M］. Москва, Государственное Издательство художественной литературы, 1956.

［28］Хлебников В. Я для вас звезда. Стихотворения. Мир поэзии［M］.

［29］Москва, Летопись, 1999.

［30］Ходасевич В. Стихотворения［M］. С.‐петербург, Издательство "Диамант", 1997.

[31] Цветаев М. Стихотворения. Поэмы [C]. Москва, Художественная литература, 1989.

[32] Цветаева М. И. Стихотворения. Поэмы. Драматические произведения [Текст] /сост., подг. текста, авт. предисл. Е. А. Евтушенко, худ. Т. Толстая [C]. Москва, Художественная литература, 1990.

[33] 北京外国语大学，莫斯科普希金俄语学院. 东方大学俄语7 [Z]. 北京：外语教学与研究出版社，1996.

[34] 北京外国语大学，莫斯科普希金俄语学院. 东方大学俄语6 [Z]. 北京：外语教学与研究出版社，1998.

[35] 无名氏. 伊戈尔出征记 [M]. 李锡胤译. 哈尔滨：黑龙江大学辞书研究所，1991.

[36] 应云天. 新编大学俄语基础教程第三册 [Z]. 北京：高等教育出版社，1999.

[37] 应云天. 新编大学俄语基础教程第四册 [Z]. 北京：高等教育出版社，1999.

[38] 黑龙江大学俄语系. 高级俄语4 [Z]. 哈尔滨：黑龙江教育出版社，1996.